Titel der Originalausgabe: White Light
© Shai Tubali
First published by Alaya Publishing House, Israel

Shai Tubali: White Light
Projektmanagement:
Marianne Nentwig
© J. Kamphausen Verlag &
Distribution GmbH, Bielefeld 2013
info@j-kamphausen.de

Übersetzung: Theresa Bäuerlein
Lektorat: Andreas Klatt
Umschlaggestaltung
und Satz: Wilfried Klei
Druck & Verarbeitung:
CPI – Clausen & Bosse, Leck

www.weltinnenraum.de

1. Auflage 2013

Bibliografische Information der Deutschen Nationalbibliothek

Die Deutsche Nationalbibliothek verzeichnet diese
Publikation in der Deutschen Nationalbibliografie;
detaillierte bibliografische Daten sind im Internet
über **http://dnb.d-nb.de** abrufbar.

ISBN Printausgabe: 978-3-89901-707-6
ISBN E-Book: 978-3-89901-777-9

Shai Tubali

White Light

Reise zur Glückseligkeit

Die Anweisungen in diesem Buch sind kein Ersatz für eine medizinische oder psychologische Behandlung. Jeder, der die in diesem Buch präsentierten Techniken anwendet, tut dies auf eigene Verantwortung.

Die Namen der Menschen, die mir die Erlaubnis gegeben haben, ihre mit der White Light-Methode gemachten Erlebnisse hier zu beschreiben, wurden geändert, um ihre Privatsphäre zu schützen.

Einführung 7

Kapitel 1: Erste Erfahrungen mit der Ausdehnung 15
[Übung: White Light für positive Emotionen] 27

Kapitel 2: Eine Alchemie des Bewusstseins 35

Kapitel 3: Die Theorie der feinstofflichen Felder 45

Kapitel 4: Wie die Ausdehnung unser Leben heilt 68

Kapitel 5: Die Begegnung mit dem White Light 99

Kapitel 6: Erleuchtete Psychologie:
Eine neue Definition seelischer Gesundheit...108

Kapitel 7: Weite in Gefühle bringen 127
[Übung: White Light für negative Emotionen] 136

Kapitel 8: Das Unterbewusste im White Light 144
[Übung: White Light für Erinnerungen]..159

Kapitel 9: Die Chakren und White Light...........................168
[Übung: White Light für die Chakren] 195

Kapitel 10: Kreatives Handeln im eigenen Leben 203
[Übung: White Light für Fragen] 216

Kapitel 11: Die Schnellstrasse und der Feldweg 222
[Übung: White Light für Essenzen] 232

Kapitel 12: Erleuchtung im Licht
der feinstofflichen Felder...............................236
[Übung: White Light für die Ausdehnung der Selbst-Identität]..............248

Anhang: Schaubilder 267
Über den Autor...269
Quellen...269

Einführung

Als ich dreiundzwanzig Jahre alt war, erlebte ich eine mehrere Monate andauernde und meine damalige Welt vollständig erschütternde Ausdehnung des Bewusstseins. Ausgelöst wurde dieses Erlebnis durch eine intensive spirituelle Suche. Bis dahin hatte meine drei Jahre währende spirituelle Reise mir kurze Einblicke in ausgedehnte Bewusstseinszustände gewährt, aber diese Einblicke konnten meinen Durst nicht stillen. Diesmal brach etwas anderes in mir hervor, denn die mein ganzes Wesen durchdringende Ausdehnung löste sich nicht mehr auf, sondern wuchs von Tag zu Tag stärker an, ohne dass ich dafür eine nennenswerte Anstrengung unternommen hätte. Es hatte den Anschein, als würde meine Aufgabe fortan einzig und allein darin bestehen, den Prozess zu betrachten und mich nicht einzumischen.

Ich lebte damals bei meinen Eltern. Ein ganzes Jahr lang zog ich mich in mein kleines Zimmer zurück, nur manchmal verließ ich das Haus, um spazieren zu gehen und neugierig meine neue Beziehung zur Welt zu erkunden. Natürlich nannte ich es damals nicht „die Ausdehnung des Bewusstseins“ – ein Begriff, mit dessen Tiefe und Bedeutung noch alle, die dieses Buch lesen, vertraut gemacht werden –, da ich damals nicht über die entsprechende Terminologie verfügte. Tatsächlich reichten Worte nicht aus, das ganze Ausmaß meiner Erfahrung zu beschreiben, sie schienen dafür zu klein und zu zerbrechlich. Meine gewohnten Denkstrukturen zerbrachen und fielen in sich zusammen. Eins war sicher: Die Art, wie ich mich selbst und die Essenz meines Wesens, meine Gefühle und Gedanken, meine Beziehungen und meine Bestrebungen für die Zukunft wahrnahm, hatte sich unwiderruflich gewandelt, da mein Selbst und mein persönliches Leben in der Weite dieser Bewusstseinsebene letzten Endes absolut bedeutungslos geworden waren; es gab nur jene unendliche, grenzenlose Präsenz, eine allumfassende Liebe und den Duft der Ewigkeit, der mir folgte, wohin auch immer ich ging.

Gegen Ende dieses Jahres kamen spirituell Suchende von hier und da auf mich zu, weil sie hofften, von meinem neuen Zustand inspiriert zu werden. Langsam aber sicher wurde ich in ein völlig neues Leben des Lehrens und Schreibens über das Thema spiritueller Entwicklung hineingetragen. Seitdem beschäftigt mich ständig eine Frage: Was bringt einen Menschen dazu, sich im Kern seines Wesens zu verwandeln? Was sind die idealen Bedingungen, die es einem Menschen ermöglichen, sein ganzes Wesen umfassend zu transformieren?

Eine Tatsache stand bei all dem deutlich vor meinem inneren Auge: Viele mentale und emotionale Muster, die einst meine Persönlichkeit geformt und konditioniert hatten, lösten sich durch diesen Prozess der Ausdehnung des Bewusstseins einfach nach und nach wie von selbst auf. Ein Zustand der Freude und Glückseligkeit, der nicht von äußeren Umständen abhing, überflutete mein Herz, eine nie gekannte Furchtlosigkeit und ein waches Zuhören strömten in mein Gehirn. Das ließ keinen Zweifel an der engen Verbindung zwischen der eigenen Stabilisierung in diese geweiteten Zustände des Bewusstseins und einer organischen Befreiung aus der Gefangenschaft psychologischer Strukturen. Aber da ich noch nicht einmal eine vage Ahnung davon hatte, was eigentlich diesen Prozess in mir in Gang gesetzt hatte, wusste ich auch nicht, wie ich ihn bei anderen in einem Maße würde entfachen können, dass er in ihnen als unumkehrbarer Zustand Wurzeln fasst, als eine neue Bewusstseinsstufe.

Ich habe also während all meiner Jahre des Lehrens und Schreibens gespürt, dass in meiner Kommunikation mit den Menschen, die eine echte Veränderung in ihren Leben erzielen wollten, etwas Fundamentales fehlte. Es fehlte die Brücke, etwas, das zwischen dem „unerreichbaren“ Zustand des ausgedehnten Bewusstseins und dem gewöhnlichen Bewusstseinszustand, der mit Leiden, Konflikt und Verwirrung angefüllt ist, vermitteln konnte. Die klassischen Meditationstechniken und auch die mentalen Techniken, die ich zu nutzen versuchte, brachten nicht die gewünschten Resultate, und ich schaffte es nicht, eine ureigene Lösung zu finden.

Erst vor drei Jahren zeigte sich, dass diese Frustration eine sehr positive und notwendige Erfahrung war, denn sie brachte mich dazu, die White Light-Methode zu entwickeln. In dem Moment, als ich anfing, diese Methode mit den Menschen um mich herum zu erproben, erkannte ich, dass die Brücke endlich gefunden worden war: Jedes Mal, wenn ein Mensch den Prozess der Ausdehnung vollzog, der das Herz dieser Methode ist, konnten er und ich uns endlich in den subtilen Ebenen des Bewusstseins begegnen und einander auf Basis einer gemeinsamen, unvermittelten Erkenntnis wahrhaftig verstehen. Niemand brauchte mich mehr als Mittler dieser Zustände, da ein von mir vollkommen unabhängiger Weg gefunden war, mit denen jeder selbst auf tiefe Weise wieder und wieder mit ausgedehnten Bewusstseinszuständen in Berührung kommen kann. Und mehr noch: Die Methode gab den Menschen um mich herum die Fähigkeit, einen Prozess zu durchlaufen, der meinem eigenen glich und es ihnen ermöglichte, psychologische Strukturen zu verändern – wodurch selbst die hartnäckigsten Muster abgelegt werden konnten. Wir alle, die wir White Light anwendeten, machten Erfahrungen mit der Fähigkeit, den Effekt der Ausdehnung des Bewusstseins auf Lebensbereiche anzuwenden, die nicht rein spirituell sind – zum Beispiel in einem therapeutischen oder kreativen Kontext. Wir konnten spirituelle Erleuchtung in unserem alltäglichen Leben nutzen.

Ich hatte es nicht darauf angelegt, eine Methode zu entwickeln. White Light ist absichtslos entstanden, während ich mit Fragmenten und Prinzipien von Methoden, Meditationstechniken und mentalen Techniken herumspielte, die ich mit den Jahren zu schätzen gelernt hatte. Während des Spiels hielt ich nach neuen Elementen und Prinzipien Ausschau, die das Potenzial für eine Transformation verstärken und vertiefen konnten. Vor meinem inneren Auge hatte ich Techniken wie den „Zero Point Prozess“ von Dr. Gabriel Cousens, Brandon Bays „The Journey“, „The Work“ von Byron Katie, die holländische Methode holografischer Reinkarnationstherapie und noch einige mehr. Auf der anderen Seite inspirierten mich die Lehren spiritueller Meister wie die Transmutation des Gehirns des Philosophen Jiddu Krishnamurti und das esoterische Wissen alter yogischer Traditionen. Die Inspiration für den Ausdehnungsprozess, wie er in diesem Buch präsentiert wird, speist sich besonders aus dem „Zero Point Prozess", der darauf basiert, eine Struktur zu definieren und auszudehnen, um Muster aufzulösen, und auch aus „The Journey", einer geführten Reise, bei der danach gestrebt wird, in den Tiefen negativer Emotionen die Glückseligkeit des Bewusstseins zu entdecken.

Die Methode fing jedoch schnell an, ein Eigenleben zu entwickeln und ihre einzigartigen Möglichkeiten zu offenbaren. Ihre philosophischen Grundfesten wurden ebenfalls immer dichter. Nach und nach entstanden Dutzende anderer Techniken, alle beruhten sie auf denselben Prinzipien, wobei jede für sich genommen über das Potenzial verfügte, einen bestimmten Lebensbereich zu verwandeln. So habe ich auf ganz ungeplante Weise erkannt, dass der Prozess der Ausdehnung auf die verschiedensten Bereiche des Lebens angewandt werden kann, und entsprechend entwickelten sich aus einer einzelnen Technik, deren ursprüngliches Ziel die Umwandlung negativer Emotionen gewesen war, mehr als fünfzig Techniken, darunter eine (sehr effektive!) für das Verstehen von Träumen, eine für das vollständige Erleben des Erleuchtungszustands und eine Reihe von Techniken für kreative Entscheidungsprozesse im alltäglichen Leben.

Heute ist White Light eine Welt für sich, eine Einladung zu einer unendlichen Reise durch die Weiten des Bewusstseins. Zweifellos ist, was die Möglichkeiten dieser Methode angeht, das letzte Wort noch nicht gesprochen. Meiner Ansicht nach besteht ihre größte Gabe vor allem in ihrer Fähigkeit, uns durch direktes Erleben zu zeigen, dass das Potenzial unseres Bewusstseins unendlich ist, und dass wir tatsächlich nur einen winzigen Prozentsatz davon nutzen. In unserem Bewusstsein gibt es eine erstaunliche Bandbreite an möglichen Richtungen und Handlungen – schließlich zeichnet das Menschsein sich vor allem anderen durch den Besitz eines Bewusstseins aus – und durch den Prozess der Ausdehnung sind wir endlich in der Lage, wichtige Teile davon zu verwirklichen.

Das Buch, das du jetzt in deinen Händen hältst, gibt dir die Möglichkeiten, den Prozess der Ausdehnung, der den Kern der White Light-Methode ausmacht, zu lernen und zu kultivieren. Es leitet dich außerdem dazu an, diesen Prozess selbstständig auf die verschiedenen Dimensionen des Lebens anzuwenden: von der therapeutischen und psychologischen Ebene über die Entscheidungsfindung bis hin zu spiritueller und meditativer Erhabenheit. In diesem Sinne macht die Struktur des Buchs selbst eine ganzheitliche Bewegung der Ausdehnung – wir entwickeln dank ihr die Fähigkeit, mit der mentalen und emotionalen Welt in unserem Inneren umzugehen, wir lernen, mit der Welt um uns herum auf gesunde und positive Weise zu kommunizieren und kommen schließlich mit dem Universum und der Unendlichkeit in Berührung, die uns umgeben, wo auch immer wir hingehen.

Um diese Methode zu lernen und sie selbstständig anwenden zu können, ist es wichtig, das Wesen des Ausdehnungsprozesses tiefgehend und gründlich zu begreifen. Aus diesem Grund liefert dieses Buch eine Menge theoretischer Grundlagen. Darüber hinaus findest du hier sieben speziell für die Arbeit mit sich selbst angepasste Techniken, aus denen du nach Herzenslust und deinem eigenen Zeitplan entsprechend wählen kannst – je nachdem, wozu dein Herz sich hingezogen fühlt.

Du kannst diese Techniken auf dreierlei Weise anwenden:

1. Mit einem Freund oder Partner, der die Anweisungen auf meditative Weise vorliest und damit einen entspannten und gelassenen Raum für deinen inneren Prozess schafft. Das ist der bei Weitem einfachste und effizienteste Weg.
2. Du liest die Anweisungen laut vor und zeichnest sie auf, dann hörst du dir deine Aufnahme an und folgst den Anweisungen. Du kannst auf die Anweisungen und Fragen laut antworten. Wenn dir

das seltsam vorkommt, kannst du dies auch still für dich tun. Dies ist eine hervorragende Methode, mit sich selbst zu arbeiten.

3. Es ist auch möglich, dass du mit der Anleitung direkt arbeitest: Lies sie und schließe dann die Augen, um den Anweisungen zu folgen. Bei dieser Methode antworten wir auf die Anweisungen still für uns, indem wir sie aufschreiben oder indem wir die Dinge aussprechen. Diese Option eignet sich für Fortgeschrittene, die bereits erfolgreich mit dem Ausdehnungsprozess gearbeitet haben.

Der Zweck dieses Buchs besteht in erster Linie darin, dir die Möglichkeit zu geben, dich in einen Prozess zu verlieben, der bereits das Leben vieler Menschen verbessert hat, und in dir den Wunsch zu wecken, die Ausdehnungen täglich zu praktizieren, um so täglich mit einem inneren Zustand der Grenzenlosigkeit, des Segens, der Kreativität, eines lichtvollen Herzens und einer vollkommenen Freiheit von Leiden und Konditionierungen in Berührung zu kommen. Jede Technik in diesem Buch ist eine Welt für sich, in der man weiter und weiter reisen kann, es ist aber auch vollkommen in Ordnung, jeden Tag eine andere Technik zu wählen oder von Zeit zu Zeit damit zu experimentieren – je nachdem, wonach deinem Herzen der Sinn steht.

Wenn du feststellst, dass White Light eine tiefe Heilung und eine fundamentale Veränderung in dein Leben gebracht hat, kann es sein, dass du einen zertifizierten White Light-Begleiter ansprechen möchtest, der dich verantwortungsvoll durch einen tiefergehenden und komplexeren Prozess leiten kann. Die Techniken in diesem Buch sind speziell für die Selbstpraxis angepasst worden, aus diesem Grund sind sie deutlich kürzer und einfacher als jene, mit denen ausgebildete Begleiter arbeiten. Darüber hinaus brauchen wir oft einen anderen Menschen, der uns von außen sehen und uns so objektiver wahrnehmen kann. Dennoch haben die für dieses Buch sorgfältig ausgewählten Techniken eine hohe transformative Kraft und du kannst mit ihrer Hilfe eine Reise in die Mysterien des Bewusstseins und seine vielen Möglichkeiten antreten.

Zum Schluss möchte ich aus der ganzen Tiefe meines Herzens und meines Bewusstseins Eylon Lester danken, den Leiter der White Light-Organisation, dessen Liebe für die Methode und dessen vollkommener Glauben an ihre Bedeutung ihn Tag und Nacht dazu antreiben, sie auf jede mögliche Weise zu fördern und für ihre Verbreitung zu sorgen. Er wird dabei voller Begeisterung von seiner Vize-Präsidentin Noga Sinai unterstützt, die bereits zahllose Seminare und Kurse der Methode organisiert hat.

Ich möchte außerdem den White Light-Begleitern meine tiefe Dankbarkeit ausdrücken – ich bin beinahe sicher, dass immer dann, wenn ihr die Menschen, die zu euch kommen, mit den feinstofflichen Ebenen des Bewusstseins verbindet, etwas im Universum begeistert erzittert!

Mit allem, was ich habe und bin, möchte ich meine Dankbarkeit gegenüber dem spirituellen Lehrer Dr. Gabriel Cousens aussprechen. Dank seiner intensiven Studien im Bereich der Medizin und des Yoga konnte ich die feinstoffliche Anatomie des Menschen erkennen. Das gab mir die Möglichkeit, die Methode auf ein solides philosophisches Fundament zu stellen.

Und ich danke allen Lesern dieses Buchs – ich bin dankbar für euren offenen Geist, der gewillt ist, einander in den feinstofflichen Ebenen des einen und einzigen Bewusstseins zu begegnen.

Shai Tubali

Kapitel 1: Erste Erfahrungen mit der Ausdehnung

Alles in diesem Universum ist eine Struktur. Jedes Phänomen in diesem Universum hat seine Grenzen und Umrisse, eine eigene Form, Merkmale und Eigenschaften. Und das stimmt nicht nur für sichtbare Formen – jeder weiß, dass ein afrikanischer Elefant eine Form hat, eine Farbe, einen Charakter und bestimmte Verhaltensmuster –, sondern auch für subtilere Erscheinungen wie Gedanken, Emotionen und Empfindungen, ja auch für Ideen, Glaubensvorstellungen, Symbole und menschliche Verhaltensmuster. In der Tat hat selbst das Universum an sich eine Struktur, die wir durch unser Bewusstsein reflektieren können, und sogar unser Bewusstsein hat eine Struktur.

Das Verständnis, dass alles eine Struktur und damit auch eine Grenze hat, ist äußerst wichtig und geht über philosophische Erwägungen weit hinaus. Denn in dem Moment, in dem man eine Struktur und ihre Grenzen identifiziert, kann man sie einfach transzendieren. Wenn man entdeckt, was jenseits der Grenzen einer Struktur liegt, bedeutet dies, dass man über ihre Schranken hinausgehen kann, dass man weiter und freier als die klar umrissene Struktur wird.

Im allgemeinen Sprachgebrauch sagt man üblicherweise zu einer Person, die zu sehr auf ein bestimmtes Denkmuster fixiert ist: „Weite deinen Horizont!" Nun, das ist genau das, was wir hier zusammen tun werden. Der Zweck dieses Buchs ist, Begrenzungen zu durchbrechen, deine und meine Begrenzungen. Gemeinsam werden wir Strukturen erkennen und uns dann über ihre Grenzen hinausbewegen. Jedes Mal, wenn wir eine Grenze überwinden, wird uns klar werden, dass wir uns in irgendeiner Weise verändert haben, dass wir eine enorme Veränderung in unserem Bewusstsein, in unseren Gedanken, Emotionen und Gefühlen erlebt haben – und so erkennen wir, dass wir viel mehr sein können, als wir jemals gedacht haben oder sogar uns je vorstellen konnten.

Im Allgemeinen nutzen wir die Kapazitäten unseres Bewusstseins eher wenig aus: Wir nutzen es als Gedächtnis, um Wissen zu speichern, um auf Basis von Erinnerungen und Wissen die Realität zu interpretieren, um uns Ideen anzueignen und um zu träumen. Seltener nutzen wir es, um kreativ zu handeln, wobei wir dann unsere Fantasie und die Kraft unseres Unterbewusstseins einsetzen, oder für wissenschaftliche Forschung, bei der uns unsere Fähigkeit objektiven Denkens zugute kommt. In Wahrheit verfügt unser Bewusstsein jedoch über ein riesiges, wenn nicht gar unermessliches Spektrum an Handlungsmöglichkeiten und Richtungen, wir können Zeit unseres Lebens darin eintauchen und bleiben dennoch unerfüllt. So, wie uns der Weltraum mit seinen Milliarden Galaxien erstaunt und in sich unzählige mögliche Entdeckungen trägt, liegt auch in unserem Bewusstsein eine gewaltige Bandbreite möglicher Erlebnisse, Einsichten und subtiler Dimensionen verborgen.

Ein gewisser Teil dieses Spektrums ist im Laufe der Geschichte von vielen Menschen entdeckt worden, die sich ausgiebig mit Meditation und spiritueller Kontemplation beschäftigt haben. Ein weiterer Teil, und zwar ein ziemlich beeindruckender, kann nun durch ein sehr nützliches Werkzeug für das Bewusstsein enthüllt werden, das ich „Ausdehnung" nenne. Die Ausdehnung ist ein Werkzeug, mit dessen Hilfe man auf einer begeisternden Reise in die Weiten des Bewusstseins navigieren kann.

Um mit dem Ausdehnungsprozess zu arbeiten, brauchen wir sehr wenig: nur die Kraft unseres Bewusstseins und seiner verborgenen Sinne (die tatsächlich gar nicht so verborgen sind, wie bald deutlich werden wird). Die Ausdehnung erlaubt uns, Grenzen zu durchbrechen.

So können wir das schlummernde Potenzial erkennen, das allem, worauf wir unser Bewusstsein richten, zugrunde liegt. Fangen wir jetzt also an: Wir werden unser Bewusstsein auf ein Objekt unserer Aufmerksamkeit konzentrieren und dann eine Ausdehnung durchführen; wir werden die Grenzen durchbrechen und erkennen, dass wir auf eine neue Weise fühlen und wahrnehmen können.

Wir werden mit einer sehr einfachen Ausdehnung anfangen – der Ausdehnung einer positiven Emotion. Natürlich sind wir nicht daran gewöhnt, eine positive Emotion auszudehnen, da eine positive Emotion für sich genommen schon mehr als ausreichend scheint. Allein der Vorschlag, eine positive Emotion auszudehnen, legt nahe, dass es etwas jenseits ihrer Grenzen gibt, das wir finden sollten. Aber warum sollten wir das tun? Wenn es nach uns ginge, würden wir einfach so lange wir können in dem positiven Gefühl schwelgen (bis zum leidvollen Absturz in eine negative Emotion, einen Schmerz oder die alltägliche Anspannung, die so viele von uns kennen)! Aber es ist tatsächlich so, dass positive Emotionen uns in ihrer ausgedehnten Form zu erhabenen Zuständen führen können, zu überquellendem Glück und in ein Dasein frei von Traurigkeit, in dem es noch nicht einmal die Möglichkeit des Leidens gibt. Die einfache positive Emotion entsteht meistens aus flüchtigen Umständen, sie hängt von einem bestimmten Erlebnis ab, einer Person oder einem vorübergehenden Zustand – ihre Ausdehnung dagegen enthüllt ein neues Potenzial, eine freie und glückliche Existenz, deren Freiheit und Glück nicht von äußeren Umständen abhängt, die von nichts verursacht werden muss.

In diesem Sinne schließe jetzt also kurz die Augen und erlaube deinem Bewusstsein, ganz mühelos einen Moment oder einen längeren Zeitraum auftauchen zu lassen, in dem du die positivste Emotion erlebt hast, die du dir denken kannst. Es könnte deine Hochzeitsnacht sein oder die Geburt deines ersten Kindes; es könnte ein Moment sein, in dem du ein großes wissenschaftliches Mysterium begriffen hast oder der Moment, in dem du beim Meditieren oder in der Natur einen Zustand unendlichen Friedens gefunden hast. Schließe einfach die Augen, lasse einen Moment lang los und erlaube deinem Bewusstsein, eine derart wunderbare Zeit an seine Oberfläche steigen zu lassen...

Du brauchst nicht mit Hilfe deines Verstandes angestrengt danach zu suchen. Jede Erinnerung an das Erlebnis einer tiefen positiven Emotion verbirgt sich in genau diesem Moment in den Zellen deines Körpers. Die gute Nachricht lautet, dass die Erinnerung an positive Erlebnisse in uns ganz und gar lebendig ist, nicht nur die an traumatische Erlebnisse. Wir neigen dazu zu sagen: „Dieses Trauma verfolgt mich, als wäre es gestern erst passiert." Und vergessen dabei, dass auf die exakt gleiche Weise jederzeit auch ein seelischer Höhenflug in Reichweite ist, wir müssen dafür nur mit einer lebendigen positiven Erinnerung in Kontakt kommen. Auch unsere positiven Erlebnisse haben sich als Schichten lebendiger Erfahrung in uns angesammelt, sie sind nicht nur ein nostalgisches Festklammern an die Vergangenheit.

Sobald du eine solche lebendige Erinnerung gefunden hast, komme mit ihr in Berührung, sinnlich, emotional und visuell. Hole sie dir vor dein inneres Auge und dann, indem du dich auf sie konzentrierst und in sie hineinatmest, erlebst du sie wieder ganz und gar neu. Als Nächstes versuche diese positive Erinnerung auszusprechen – wie fühlt es sich an? Du brauchst das Erlebnis nicht zu analysieren oder zu interpretieren. Fühle es einfach aufs Tiefste und beschreibe, wie es sich anfühlt.

Eine Frau könnte sich zum Beispiel an die Geburt ihres ersten Kindes erinnern, einen Moment, in dem sie den Gipfel emotionaler und spiritueller Erhabenheit erlebt hat. Als Antwort auf die Frage „Wie fühlt es sich an" könnte sie erwidern: „Als würden Grenzen aufbrechen, als würde ich mich endlos öffnen. Es fühlt sich an wie Leben, das aus mir herausströmt, wie ein komplettes Aufgehen im Wunder der Schöpfung...". So würde sie die Struktur der Emotion zunächst charakterisieren.

Nachdem du also die Emotionen und das ganze Erlebnis zum Leben erweckt hast, ist es an der Zeit, die emotionale Struktur als – im wahrsten Sinne des Wortes – visuelle Form zu enthüllen.

Wie erkennt man eine Struktur? Jeder von uns trägt in sich nicht nur jene Sinne, mit denen er die sichtbare Welt wahrnehmen und beschreiben kann, sondern auch innere Sinne, die Sinne des Bewusstseins.

Wir nutzen diese Sinne unter anderem im Traumzustand. Wann immer wir träumen, können wir Dinge und Ereignisse berühren, riechen, schmecken, hören und sehen, die keine objektive Existenz haben. Wir benutzen also genau diese Sinne, um Strukturen in unserem Bewusstsein zu erkennen und zu beschreiben.

Am wichtigsten ist es zu erkennen, wo genau die Struktur – in diesem Fall die emotionale Struktur – in unserem Körper erscheint. Unser Körper ist der erste Anker. Selbst wenn wir es mit einem sehr hohen spirituellen oder abstrakten Zustand zu tun haben, gibt es immer einen Bereich des Körpers, der am meisten auf diesen Zustand reagiert und mit ihm verbunden ist. In diesem Sinne sollte man den Körper, und nicht die Psyche oder den Verstand, als Zentrum unserer Erfahrungen betrachten.

Eine Struktur kann überall im Körper lokalisiert werden: an der Spitze unseres Kopfs oder in unseren Geschlechtsteilen, in unserem Oberbauch oder im Zentrum unserer Brust, in unseren Handflächen oder an der Basis unserer Wirbelsäule.

Die zuvor erwähnte Frau, die sich an die Geburt ihres ersten Kindes erinnert und so wieder mit dem Erlebnis in Berührung gekommen ist, könnte dabei ein Gefühl der Öffnung in der Herzgegend gespürt haben, in jenem nicht wirklich greifbaren emotionalen Zentrum also, das sich in der menschlichen Brust zu befinden scheint.

Nachdem wir den Bereich des Körpers gefunden haben, der am meisten mit dem Erlebnis korrespondiert, können wir unsere inneren Sinne einschalten und so recht einfach die Form der Emotion erkennen. Es ist vielleicht eine Überraschung, aber tatsächlich hat jede Emotion eine Form, die irgendwo in uns existiert. Es könnte eine geometrische Form sein – ein Rechteck, ein Kreis, ein Dreieck, eine Pyramide oder eine

Ellipse – aber es ist auch möglich, dass es sich um ein weniger abstraktes Bild handelt, eine sich öffnende Blume, stille Wellen im Ozean oder ein loderndes Feuer.

Als Nächstes identifizieren wir die Farbe der emotionalen Struktur....

Dann benennen wir das zentrale Gefühl oder die Empfindung, die mit der Struktur einhergeht...

Schließlich konzentrieren wir uns auf den Geruch der Struktur – ein Geruch, der nicht unbedingt konkret wie der Duft von Rosen sein muss, sondern auch eine allgemeine Stimmung oder Atmosphäre beschreiben kann, wie der Geruch von Liebe...

Schließlich wählen wir einen allgemeinen Namen für die gesamte Struktur aus. Ein „allgemeiner Name" meint nicht unbedingt eine absolut exakte Bezeichnung, sondern einfach den ersten Namen, der aus unserem Innersten aufsteigt, wenn wir uns auf die gesamte Struktur konzentrieren, die wie soeben erkannt haben.

So könnte die glückliche Frau aus unserem vorigen Beispiel die Struktur als eine reinweiße Blume im Zentrum ihrer Brust sehen, die Empfindung dazu könnte Vollkommenheit sein oder Fülle, mit dem Geruch äußerster Schönheit. Der erste allgemeine Name, der beim Betrachten dieser Struktur in ihrem Inneren aufsteigt, könnte Neues Leben sein.

In diesem Stadium sind wir bereit, die erste Ausdehnung der emotionalen Struktur zu vollziehen.

Es ist recht schwierig, ein abstraktes Phänomen wie eine Emotion auszudehnen. In dem Moment aber, in dem ihre Struktur erkannt und charakterisiert worden ist, ist es viel leichter, sie auszudehnen und zu entdecken, was jenseits ihrer Grenzen liegt. Was ist der weiteste Zustand, zu dem die Struktur des Neuen Lebens uns führen kann? Was ist das volle Potenzial dieser Struktur – ein Potenzial, das uns weit über die Grenzen dieses oder eines anderen vorüberziehenden emotionalen Erlebnisses hinausführen kann, entgegen unserer Gewohnheit, solche Erlebnisse schon bald als bloße Erinnerungen verblassen zu lassen?

Ausdehnung ist das Jenseits; sie bedeutet, dass wir uns jenseits der Grenzen von allem bewegen, das wir kennen und gewohnt sind. Und so ist die Ausdehnung wie ein Fortbewegungsmittel des Bewusstseins, mit dessen Hilfe wir uns leicht aus jedem beengten und begrenzten Zustand in einen viel weiteren und sogar grenzenlosen Zustand bewegen können. Das hat die wundersame Folge, dass jeder kurze Moment des Glücks sich in Glückseligkeit verwandeln kann, und ebenso kann sich jede verstörende negative Emotion von einer Ausdehnung zur nächsten in spirituelle Erhabenheit verwandeln.

Wir führen Ausdehnungen auf die folgende Art und Weise durch: Wir atmen in die Struktur hinein und erlauben ihr, sich weiter und weiter auszudehnen, indem wir unsere Vorstellungskraft und unseren Atem nutzen (mit der Zeit wird die Struktur sich wie von selbst ausdehnen, als natürlicher Impuls des Bewusstseins, ohne dass wir etwas von unserer Seite aus dafür tun müssen). Dafür nutzen wir den spezifischen Teil des Körpers und das Bild oder die Form, die wir gefunden haben – sie sind unsere Ankerpunkte, unsere lebendigsten und greifbarsten Bezugspunkte während des Ausdehnungsprozesses.

Nun impliziert allein die Tatsache, dass wir die Struktur identifiziert haben, dass unser Bewusstsein viel weiter als die Struktur selbst ist – richtig? Was zuerst riesig schien, vielleicht sogar zu groß, um es überhaupt zu fassen, zeigt sich jetzt als etwas, das in unserem Bewusstsein enthalten und deutlich wahrnehmbar ist. Noch einmal, man kann nur etwas ausdehnen, dessen Grenzen eindeutig identifiziert worden sind; nur das, was einen Anfang, eine Mitte und ein Ende hat. Behalte diesen wichtigen Punkt in Erinnerung: Wir werden darauf zurückgreifen, wenn wir das Stadium der Selbsttherapie erreichen und mit schmerzhaften negativen Emotionen arbeiten. Es ist natürlich einfacher, die Grenzen einer positiven Emotion zu erkennen, die wir bereitwillig und gerne noch einmal erleben möchten, und es ist schwerer, zumindest am Anfang, eine negative Emotion zum Leben zu erwecken und es dann zu wagen, ihre Grenzen zu definieren.

Es gibt gewisse negative Emotionen, die uns unendlich groß vorkommen und bei denen wir uns vorstellen, dass die Berührung mit ihnen uns in einen bodenlosen Abgrund der Traurigkeit sinken lassen würde.... Allein die Tatsache, dass wir willens sind, die Struktur in unserem Bewusstsein zu halten, sie wahrzunehmen, ohne ihr entkommen zu wollen, sie zu verurteilen, uns zu rechtfertigen oder uns mit ihr zu identifizieren, gibt uns die Möglichkeit, sie zu transzendieren – wir begreifen uns selbst als einen größeren Raum des Gewahrseins, der allem gestatten kann, in ihm aufzusteigen, ohne dass sich Abwehr- oder Anziehungskräfte einmischen. Als dieser Raum stimmen wir zu, diese Struktur einfach sein zu lassen, während wir uns gleichermaßen zum Wohle unserer Entwicklung über die gewohnten Grenzen hinauswagen.

In diesem wundersamen Zustand also akzeptieren wir einerseits alles, was auftauchen mag – genau so, wie es ist. Wir gewähren allem einen Platz in uns, und gleichzeitig machen wir uns an das Transzendieren, indem wir die Struktur bewusst immer weiter und weiter ausdehnen, bis sie ihre äußerste Grenze erreicht hat, bis sie sich nicht mehr weiter ausdehnen kann. Wir führen die Struktur bis zu einem Punkt, an dem sie sich uns ganz und gar zeigen kann. Vielleicht erstaunt es uns, dass die Struktur tatsächlich dieser Bitte folgt, und doch ist dies ganz einfach der erste Schritt auf unserem Weg, Meister unseres eigenen Bewusstseins zu werden.

Der Prozess des Ausdehnens der Struktur kann mit dem Aufblasen eines Ballons verglichen werden, der schließlich seine maximale Grenze erreicht und dann explodiert. Auf die gleiche Weise versucht die Struktur, uns zu zeigen, wie weit sie sich ausdehnen kann, bis sie schließlich zerspringt und in einen weiteren Raum aufgeht.

Unsere frischgebackene Mutter könnte mithilfe ihrer Vorstellungskraft und ihrer Gefühle in die weiße Blume in ihrem Herzen atmen und sie ausdehnen. Die Blume würde vielleicht in einem solchen Maße wachsen, dass sie schließlich ihren gesamten Körper umfängt und sogar darüber hinausgeht; auf einmal würde es scheinen, als existiere ihr Körper innerhalb der Blume, nicht umgekehrt. Aber an einem bestimmten Punkt würde sich die Blume nicht mehr weiter ausdehnen können und dann würde sich zeigen, dass auch sie in einem noch weiteren Raum existiert, einem Raum, der die Blume also enthält. Die Blume würde gewissermaßen in diesen neuen Raum aufgehen und so würde unser Bewusstsein sich auf die Größe der neuen Ebene ausdehnen, jenseits der Grenzen der ursprünglichen Emotion, mit der wir den Prozess begonnen haben.

„Gib der ausgedehnten Emotion einen Namen", würden wir dann die Frau, die den Moment der Geburt ihres Kindes ein weiteres Mal erlebt, bitten.

Nun, da ihr Bewusstsein weiter und umfassender ist, könnte sie die ausgedehnte Emotion als das vollkommene Selbst bezeichnen. Dieses vollkommene Selbst ist ein größerer und weiterer Zustand als der erste, den sie benannt hat. Dieser erste Zustand hieß: Neues Leben. Neues Leben war eine Emotion, die von äußeren Umständen abhing, in diesem Beispiel von dem Erlebnis des Gebärens. Das vollkommene Selbst hingegen ist eine akausale Emotion, eher eine Qualität des Seins als eine bekannte Emotion und somit nicht mehr von den äußeren Umständen abhängig.

Eine akausale Emotion kannst du in jedem Moment erleben, nicht nur bei einem großen Ereignis wie einer Geburt. Selbst, wenn du gelangweilt auf einen Bus oder Zug wartest. Selbst beim Aufwachen an einem ganz normalen Morgen oder in dem kurzen Moment, bevor deine Augen sich schließen und du in den Schlaf sinkst.

Auf diese Weise bewegen wir uns, ganz wie bei der legendären Matrjoschka-Puppe, beim Ausdehnen der ursprünglichen positiven Emotion in immer weiter werdende Räume hinein, wobei in jedem Stadium der vorherige Raum – der uns anfangs schon sehr weit erschienen sein mag – in den Raum, der sich als Nächstes zeigt, aufgenommen wird. Und während ganz wie bei der Matrjoschka-Puppe die innerste, kleinste Puppe am gedrängtesten ist, ist auch die anfängliche Emotion die dichteste, alle anderen größeren Puppen werden immer hohler und luftiger.

In jedem einzelnen Stadium führen wir den Prozess der Ausdehnung durch und charakterisieren gleich anschließend die neue Struktur oder den neuen Raum mit einem allgemeinen Namen: Wir fragen, wie es sich anfühlt. Wir finden einen Bereich des Körpers, der am stärksten mit dem Zustand verbunden ist. Eine Form oder ein Bild, eine Farbe, eine Empfindung, einen Geruch oder eine Stimmung... Langsam, aber sicher bewegt sich unsere Mutter vom Erleben des Neuen Lebens in das vollkommene Selbst und vom vollkommenen Selbst zum grenzenlosen Raum und vom grenzenlosen Raum zur völligen Freiheit. Von der völligen Freiheit gelangt sie zu etwas, das sich kaum in Worte fassen lässt. Sie könnte es Gott oder Unendlichkeit nennen.

Auf unserem Weg durch den Prozess der Ausdehnung werden wir eine wichtige Prägung überwinden müssen: Wir sind nicht daran gewöhnt, so glücklich zu sein, so großartig. Wir sind daran gewöhnt, mit sehr wenig zufrieden zu sein, mit einer winzigen Menge an Freude, wir erleben von Zeit zu Zeit Emotionen schwacher oder mittlerer Stärke – aber nur selten gestatten wir uns, überwältigt zu sein, bis in die Haarspitzen angefüllt mit Liebe, Glück, Gewissheit und Vollkommenheit. Ein Grund dafür ist, dass unsere Umgebung zu Zynismus neigt und diese Art „naiver“ Gefühle nicht unbedingt toleriert. Das ist auch darauf zurückzuführen, dass diese Emotionen ihnen auf verstörende Weise vor Augen führen, mit welchen Kompromissen sie sich im eigenen Leben abgefunden haben. Hinzu kommt, dass viele Menschen aus ihrem bisherigen Leben die Lehre gezogen haben, dass auf ein positives Erlebnis stets emotionaler Schmerz oder eine Form körperlichen Leidens folgt, spätestens hinter der nächsten Ecke – unser Leben wird dann schon wieder auf den Kopf gestellt, und wir, die wir völlig von seinen Höhen und Tiefen abhängen, erleben einen ziemlich desillusionierenden Rückfall in das Gewohnte und Bekannte.

Es gibt aber noch einen weiteren Grund: Der soziale Moralkodex hat in uns ein Misstrauen gepflanzt gegenüber der Lebenskraft, die durch uns hindurchsprudelt. Er warnt uns, dass wir, wann immer unsere Lebenskraft überquillt, auf unbedachte Weise handeln und uns dabei die Finger verbrennen können. Wir haben schon früh in unserer Kindheit gelernt, unser Erleben einzuschränken, sodass niemand verletzt wird, besonders wir selbst nicht.

Dies ist also die Prägung: Man darf niemals zu glücklich sein. Aber was hat uns unser Gehorsam gegenüber diesem Gesetz wirklich gebracht? Dieses Experiment ist fehlgeschlagen, und eigentlich verdienen wir mehr, viel mehr, denn wir sind Teil dieses wundersamen Lebens.

Es kann sein, dass während des Prozesses der Ausdehnung genau dann, wenn unser Wesen sich in diesen Zustand der Glückseligkeit hinein ausdehnt, plötzlich in irgendeiner Form negative Gefühle oder körperliche Spannungen entstehen, die versuchen, uns von den neuen Räumen abzulenken. Diese Anspannung ist aber kein Gegner der ausgedehnten Räume und wir sollten ihr Vorhandensein nicht so interpretieren, als seien wir plötzlich in Ungnade gefallen. Im Gegenteil: Ihr Erscheinen ist ein Garant dafür, dass ein Prozess der Reinigung und Befreiung im Körper-Psyche-Komplex in Gang gekommen ist. Je mehr unser Sein sich ausdehnt, desto mehr neue Energie wird freigesetzt und beginnt, in uns zu fließen; wie ein ekstatischer, erregter Fluss stürzt es gegen die Dämme, die wir selbst geschaffen haben, indem wir an falschen Glaubensvorstellungen, Gedanken und Emotionen angehaftet sind. Die Lösung dafür ist wirklich einfach: Bring deine Aufmerksamkeit zu dem Raum selbst zurück, beschreibe seine Struktur und mache mit der Ausdehnung weiter. An einem bestimmten Punkt wird die alles einschließende Harmonie, die für diese ausgedehnten Räume charakteristisch ist, in deinen Körper und Geist fließen und sie in ein harmonisches, gesundes und gesegnetes System verwandeln. Beginne die Veränderung also in deinem Wesen, und Körper und Geist werden bald nachfolgen.

Dehne weiter aus und führe etwa fünf Ausdehnungen durch. Es ist gut möglich, dass du nach zwei oder drei Ausdehnungen das Gefühl haben wirst, zu weiteren Ausdehnungen nicht in der Lage zu sein – versuche, die Ausdehnung noch ein klein wenig weiter voranzutreiben... So oder so wirst du an einem bestimmten Punkt in einen Zustand gelangen, bei dem du fühlst, dass er sich nicht weiter ausdehnen lässt. Demnach hat dieser Zustand, so weit du es deinem gegenwärtigen Entwicklungszustand entsprechend weißt, keine Grenzen.

Du hast also einen grenzenlosen Zustand erreicht. Dieser Zustand ist wertvoller als Gold, er ist der Schlüssel für unendliche Möglichkeiten, die in diesem Buch besprochen werden.

Denk daran: Wann immer du diesen Prozess der Ausdehnung durchführst, werden die Bewusstseinszustände, die du erreichen kannst, deutlich entwickelter und größer sein als das, was du beim letzten Mal erreicht hast. Das liegt daran, dass der Prozess der Ausdehnung dein Bewusstsein im wahrsten Sinne des Wortes ausdehnt und was immer dir an einem bestimmten Punkt grenzenlos vorkam, wird beim nächsten Mal der erste, ausgedehnte Zustand sein, den du erreichst.

Auf diese Weise begegnest du deinem wahren Wesen. Die positive Emotion verwandelt sich in ein Tor, durch das du in die grenzenlosen Räume deines Bewusstseins treten kannst. Immer mehr verliert sich die Abhängigkeit von äußeren Umständen, anderen Menschen und vorübergehenden Erlebnissen und du begegnest den tiefsten Emotionen in ihrem reinsten Zustand, innerhalb deines allumfassenden Selbst.
Das ist wahre Freiheit.

Durch den Prozess der Ausdehnung fängst du an, Gefühle und Emotionen der Erleuchtung zu berühren. Manche erreichen an dem einen oder anderen Punkt einen White Light (weißes Licht) genannten Zustand (dessen Essenz und Bedeutung im nächsten Kapitel erklärt werden wird – es ist kein Zufall, dass das gesamte System nach diesem Zustand benannt ist): Ihr Bewusstsein wird von dem strahlenden Licht ihres spirituellen Wesens überflutet. Aber auch jenseits der Ebene des White Light warten weitere Stufen und enorme Zustände, die von uns erkundet und voll erlebt werden wollen.

Bald wirst du in der Lage sein, Zustände zu erleben, die man früher nur mit konsequenter Meditation über Monate oder sogar Jahre erreichen konnte. Dies ist möglich, weil die Ausdehnung die schnellste, direkteste und bewussteste Art ist, das Bewusstsein zu weiten.

Willkommen in der Welt der Ausdehnung. Lass uns anfangen.

ÜBUNG:

White Light für positive Emotionen

Die Ausdehnung einer positiven Emotion kann eine wunderbare Art sein, den Tag zu beginnen. Aber man kann diese Ausdehnung natürlich in jeder Situation, zu fast jedem Zeitpunkt praktizieren. Wie ich in der Einführung hervorgehoben habe, empfehle ich, deine ersten Versuche beim Ausdehnen mit einem Freund zu machen, der dich anleitet.

Wichtig: Wann immer drei Punkte (...) im Text erscheinen, solltest du für einige Sekunden innehalten – entweder, um eine Antwort zu bekommen. Oder, um den Zustand zu vertiefen.

1. Sitze in einer bequemen Position und schließe deine Augen. Erlaube dir, dich in dein ganzes Sein hineinzuentspannen. Atme langsam und tief... Du bist kurz davor, in dein innerstes Selbst einzutauchen... einen Zustand der Selbsterkenntnis zu genießen, den schönsten und erstaunlichsten Zustand, den es gibt... Mache dir den Raum zwischen dem Einatmen und Ausatmen bewusst und zwischen dem Ausatmen und Einatmen, lass diesen Raum langsam weiter werden – dein wahres Selbst liegt in dieser Pause zwischen Einatmen und Ausatmen, in diesen Räumen der Stille und Leere...
2. Nun, aus dieser Entspannung heraus, lass die positivste Emotion, die du in deinem ganzen Leben erlebt hast, an die Oberfläche deines Bewusstseins steigen. Lass sie gemeinsam mit einem bestimmten Erlebnis aufsteigen, in dem du sie am stärksten gefühlt hast... lass die Emotion ganz einfach und ohne jede

Anstrengung in dir aufsteigen... Bitte beschreibe die Emotion und die Situation – Wo bist du?... Beschreibe detailliert jede Empfindung und jedes Gefühl, was auch immer mit der eigentlichen Emotion einhergeht... Gib nun all diesen Empfindungen und Gefühlen eine zusammenfassende Bezeichnung, einen Namen – es könnte einer sein, den du bereits vorher genannt hast, oder etwas Neues – du kannst natürlich auch bei dem Namen der ursprünglichen Emotion bleiben... Überprüfe, in welchem Teil deines Körpers du das (...setze hier den Namen ein, den du für diesen Zustand gefunden hast) am meisten spürst...

3. Spüre in (...hier erneut den soeben gefundenen Namen einsetzen) hinein. Fühle zunächst, wie er in der Situation von vorher auftaucht... und dann lass die Situation gehen und bleib nur bei (...füge hier wieder den Namen ein). Atme hinein, spüre ihn tief in dir, und nutze dafür den Teil deines Körpers, in dem das Gefühl am stärksten ist ... lass die Situation wieder aufsteigen und spüre (...den Namen einsetzen), wie es darin erscheint... und dann entferne die Situation und bleibe nur bei dem Gefühl, atme hinein ... zum letzten Mal: Lass die Situation in dir aufsteigen, spüre die Emotion darin... und dann entferne die Situation ganz und gar und bleibe nur bei der Emotion...
4. Atme in (...den Namen) hinein. Lasse dich in die Tiefe sinken, bis du zum Kern gelangst. Versuche, es zu beschreiben – wie fühlt es sich an?... Schau, welcher Teil deines Körpers am stärksten reagiert... Welche Form hat es, welches Bild siehst du?... Welche Farbe?... Welche Empfindung steigt auf?... Welchen Geruch nimmst du wahr?...
5. Atme in (...den Namen) hinein und lass es deinen Körper und dein Wesen füllen. Indem du (...den Teil des Körpers) und (...das soeben gefundene Bild oder die Form) nutzt, atme und dehne es aus, atme und dehne es aus, bis es seine äußerste Grenze erreicht, bis es sich nicht mehr weiter ausdehnen kann. Sprich innerlich die Bitte aus: „(... Name), zeige dich mir ganz!“... Gib mir

ein Zeichen, wenn du spürst, dass (...der Name) seine äußerste Grenze erreicht hat und sich nicht weiter ausdehnen kann...

6. Gib dieser ausgedehnten Emotion einen Namen... Atme in (... den ausgedehnten Namen) hinein. Gehe bis in seinen Kern, bis in sein Herz. Sprich aus, wie es jetzt ist – wie fühlt es sich an? ... Schau, welcher Teil deines Körpers am stärksten damit verbunden ist... Finde eine Form oder ein Bild... eine Farbe... eine Empfindung... und einen Geruch...
7. Aus diesem Zustand des (...ausgedehnten Namens) heraus, wasche dein ganzes Wesen mit weißem Licht: Den Körper... die Gefühle... und die Gedanken... Gib deinem Körper und Geist die Anweisung, sich neu zu codieren: „Werde zu dem Licht (...des ausgedehnten Namens)!"...
8. Kannst du aus diesem Zustand heraus sehen, was das Wesen positiver Emotionen wie (...hier wieder den Namen aus Absatz 2 einsetzen) ist?... Welche Wirkung haben Emotionen so wie (.... Name aus Absatz 2) auf dein Sein?... Kannst du erkennen, dass positive Emotionen für dich eine Zeit und einen Raum darstellen, in dem du mit der eigentlichen Realität in Verbindung standest, deren Wesen sich von Natur aus durch grundlegende Güte auszeichnet?... Du kannst den folgenden Satz so vervollständigen, wie er dir passend erscheint: „Positive Emotionen sind..."
9. Kannst du mir sagen, wer du selbst in diesem Zustand bist?... Wie siehst du aus diesem Zustand heraus die Bedeutung und den Sinn des Lebens?... Bleib in diesem Zustand, fühle und spüre ihn aus deinem Inneren heraus... Gib deinem Körper und Geist die Möglichkeit, sich in diesem erhabenen Zustand aufzuladen....
10. Jetzt atme in (...ausgedehnten Namen aus Absatz 6 einsetzen) hinein, lass es sich immer weiter ausdehnen. Lass es deinen ganzen Körper und dein ganzes Wesen füllen. Indem du (... den Bereich deines Körpers) und (...das Bild oder die Form) benutzt, atme und dehne es aus, atme und dehne es aus, bis es seine äußerste Grenze erreicht, bis es sich nicht mehr weiter

ausdehnen kann. Sprich die Bitte aus: „(... ausgedehnter Name aus Absatz 6), zeig dich mir ganz!"... Gib mir ein Zeichen, wenn du spürst, dass (.... der ausgedehnte Name aus Absatz 6) seine äußerste Grenze erreicht hat und sich nicht weiter ausdehnen kann...

11. Gib dem ausgedehnten Zustand einen neuen Namen... Atme in (...den ausgedehnten Namen) hinein. Gehe bis in seinen Kern, bis in sein Herz. Sprich aus, wie es jetzt ist – wie fühlt es sich an? ... Schau, welcher Teil deines Körpers am stärksten damit verbunden ist. Finde eine Form oder ein Bild... eine Farbe... eine Empfindung... und einen Geruch.

12. Aus diesem Zustand des (...ausgedehnten Names) heraus, wasche dein ganzes Wesen mit weißem Licht: Den Körper... die Gefühle... und die Gedanken... Gib deinem Körper und Geist die Anweisung, sich neu zu codieren: „Werde zu dem Licht (...des ausgedehnten Namens)!"...

13. Kannst du mir sagen, wer du selbst in diesem Zustand bist? ... Wie siehst du aus diesem Zustand heraus die Bedeutung und den Sinn des Lebens? ... Bleib in diesem Zustand, fühle und spüre ihn aus deinem Inneren heraus... Gib deinem Körper und Geist die Möglichkeit, sich in diesem erhabenen Zustand aufzuladen...

14. Jetzt atme in (...den ausgedehnten Namen aus Absatz 11) hinein und lass es sich immer weiter ausdehnen. Lass es deinen ganzen Körper und dein ganzes Wesen durchdringen. Indem du (...den Bereich deines Körpers) und (...das Bild oder die Form) benutzt, atme und dehne es aus, atme und dehne es aus, bis es seine äußerste Grenze erreicht, bis es sich nicht mehr weiter ausdehnen kann. Sprich die Bitte aus: „(.... ausgedehnter Name aus Absatz 11), zeig dich mir ganz!"... Gib mir ein Zeichen, wenn du spürst, dass (.....der ausgedehnte Name aus Absatz 11) seine äußerste Grenze erreicht hat und sich nicht weiter ausdehnen kann...

15. Gib dem ausgedehnten Zustand einen neuen Namen... Atme in (...den ausgedehnten Namen) hinein. Gehe bis in seinen Kern, bis in sein Herz. Sprich aus, wie es jetzt ist – wie fühlt es sich an? ... Schau, welcher Teil deines Körpers am stärksten damit verbunden ist. Finde eine Form oder ein Bild... eine Farbe... eine Empfindung... und einen Geruch...
16. Aus diesem Zustand des (...den zuletzt vergebenen ausgedehnten Namen einsetzen) heraus, wasche dein ganzes Wesen mit weißem Licht: Den Körper... die Gefühle... und die Gedanken... Gib deinem Körper und Geist die Anweisung, sich neu zu codieren: „Werde zu dem Licht (... des ausgedehnten Namens)!"...
17. Kannst du mir sagen, wer du selbst in diesem Zustand bist? ... Wie siehst du aus diesem Zustand heraus die Bedeutung und den Sinn des Lebens?... Bleib in diesem Zustand, fühle und spüre ihn aus deinem Inneren heraus... Gib deinem Körper und Geist die Möglichkeit, sich in diesem erhabenen Zustand aufzuladen...
18. Jetzt atme in (...den ausgedehnten Namen aus Absatz 15) hinein und lass es sich immer weiter ausdehnen. Lass es deinen ganzen Körper und dein ganzes Wesen durchdringen. Indem du (...den Bereich deines Körpers) und (...das Bild oder die Form) benutzt, atme und dehne es aus, atme und dehne es aus, bis es die äußerste Grenze erreicht, bis es sich nicht mehr weiter ausdehnen kann. Sprich die Bitte aus: „(...ausgedehnte Emotion aus Absatz 15), zeig dich mir ganz!“ Gib mir ein Zeichen, wenn du spürst, dass (... der ausgedehnte Name aus Absatz 15) seine äußerste Grenze erreicht hat und sich nicht weiter ausdehnen kann...
19. Gib dem ausgedehnten Zustand einen Namen... Atme in (...ausgedehnter Name) hinein. Gehe bis in seinen Kern, bis in sein Herz. Sprich aus, wie es jetzt ist – wie fühlt es sich an? ... Schau, welcher Teil deines Körpers am stärksten damit verbunden ist... Finde eine Form oder ein Bild... eine Farbe... eine Empfindung... und einen Geruch...

20. Aus diesem Zustand des (... ausgedehnten Namens) heraus, wasche dein ganzes Wesen mit weißem Licht: Den Körper... die Gefühle... und die Gedanken... Gib deinem Körper und Geist die Anweisung, sich neu zu codieren: „Werde zu dem Licht (...des ausgedehnten Namens)!”...
21. Kannst du mir sagen, wer du selbst in diesem Zustand bist?... Wie siehst du aus diesem Zustand heraus die Bedeutung und den Sinn des Lebens?...Finde heraus: Wie würdest du aus diesem Zustand heraus dein Leben leben?... Bleib in diesem Zustand, fühle und spüre ihn aus deinem Inneren heraus... Gib deinem Körper und Geist die Möglichkeit, sich in diesem erhabenen Zustand aufzuladen...
22. Nun, zum Schluss, gib deinem Körper und Geist die Anweisung, sich mit dem am weitesten ausgedehnten Zustand in Einklang zu bringen… Du hast gesehen, dass positive Emotionen ein Zugang zu der göttlichen Realität sind, die tief in dir verborgen liegt. Dieses Geheimnis kann enthüllt werden, wenn du eine positive Emotion bis in die Unendlichkeit hinein ausdehnst... Kannst du das Potenzial der Ausdehnung von (...allgemeiner Name aus Absatz 2) sehen?... Du kannst der ursprünglichen Emotion nun dafür danken, dass sie dich zu diesem Zustand der weitesten Ausdehnung geführt hat...
23. Tauche ein letztes Mal in diesen ausgedehnten Zustand der Befreiung und der Erinnerung an dein eigentliches Selbst... Denke daran: Dein eigentliches Selbst transzendiert alle Emotionen, und diese Transzendenz ist wahre Meditation... Bevor du deine Augen öffnest, kannst du dich dafür entscheiden, mit diesem Zustand in deinem Herzen in Verbindung zu bleiben – auch wenn du zu deinem normalen Bewusstsein zurückkehrst... Und dann kannst du deine Augen langsam und sanft öffnen.

Ein Erfahrungsbericht

S., 20 Jahre alt, ohne jede Erfahrung mit spirituellen Übungen und therapeutischen Prozessen, nach ihrem ersten Erlebnis mit der Ausdehnung einer positiven Emotion:

> *„Als ich zu Beginn des Prozesses gebeten wurde, das positivste Erlebnis meines Lebens in mir auftauchen zu lassen, war das erste Bild, an das ich mich erinnert habe, ein Tag, an dem ich einen Fallschirmsprung gemacht hatte. Ich wartete darauf, aus dem kleinen Flugzeug zu springen. Mein Körper war schon fast völlig draußen, und ich habe mich zuversichtlich gefühlt, glücklich, frei und grenzenlos. Ich fand es dort oben viel besser als am Boden. Als ich gesprungen bin, war es, als würde ich schweben. Der ganze Körper fühlte sich erfrischt und ich war aufgeregt, weil ich über dem Meer schwebte und in der Ferne all das Grün sehen konnte. Ich habe diese Emotion als Freiheit in der Herzgegend identifiziert. Es war ein Gefühl der Sicherheit, als würde der ganze Körper luftig werden, als würden die Zellen sich öffnen. Die Form war rund, die Farbe pink, die Empfindung Leichtherzigkeit und der Geruch war rosenartig. In der ersten Ausdehnung erreichte ich einen Raum, den ich Liebe nannte. Ein gutes Gefühl, wie warmes Wasser, das durch den ganzen Körper floss. Der Raum war vor allem in der Herzgegend zu spüren. Die Form war durchsichtiges Wasser, die Empfindung war warm und der Geruch war weiterhin der von Rosen. In diesem Zustand habe ich verstanden, dass positive Emotionen dazu da sind, uns zum Glück zu leiten, uns stärker zu machen, uns die Möglichkeit zu geben, uns selbst und die ganze Welt zu lieben. Die positive Emotion schenkt mir Freiheit, verwandelt mich in einen Vogel, der seine Flügel ausbreiten und fliegen kann. Ich habe entdeckt, dass ich in diesem Raum ein guter Mensch bin. Und dass der Sinn des Lebens darin besteht, das Gute zu erkennen. Dass wir hier sind, um uns um die Tiere zu kümmern, um die Welt und das ihr innewohnende Gute zu beschützen. In der zweiten Ausdehnung habe ich den Zustand der Stille erreicht. Dieser Raum hat sich wie ein Zustand der Ruhe angefühlt, als würde ich auf einem kleinen Felsen sitzen und mich inmitten*

eines Flusses ausruhen. Der Raum hat den ganzen Körper gefüllt. Das Bild war das eines Baumes, die Empfindung die des Baum-Seins, und auch der Geruch war baumartig. Ich habe mich gefühlt, als sei ich ein kleines Samenkorn: Hier habe ich verstanden, dass die Bedeutungen des Lebens Liebe und Verständnis sind. In Bezug auf meine Schlafstörungen habe ich entdeckt, dass das, was meinen Schlaf stört, Angst ist – ich habe Angst zu schlafen, weil ich nicht träumen will und ich habe außerdem Angst davor, morgens aufzustehen und mich mit der Welt herumzuschlagen. Ich habe gesehen, dass ich dieser Gewohnheit der Angst tatsächlich würde ein Ende setzen können, dass das Leben in Wirklichkeit ein Spiel ist, dass ich einfach damit anfangen kann, Dinge für mich selbst zu tun, was auch immer gerade in einem Moment passiert – arbeiten, kreativ sein, ans Meer gehen... In der dritten Ausdehnung erreichte ich den Raum der Unendlichkeit. In diesem Raum verstand ich, dass ich Licht bin. Ich begriff, dass die Bedeutung des Lebens darin besteht, sich selbst zu lieben und die Welt zu akzeptieren. Ich habe verstanden, dass meine Angst vor dem Schlafen unsinnig gewesen war, weil es nichts gibt, vor dem ich mich fürchten muss – ich kann einfach meine Augen schließen und mit dem Denken aufhören... mich einfach mit der unendlichen Stille verbinden und ganz natürlich in den Schlaf gleiten. Ich konnte sehen, dass ich in Wirklichkeit sehr stark bin. Nichts kann mich jemals zerbrechen. Nur ich selbst kann mich zerbrechen. Ich kann einfach den falschen Gedanken Glauben schenken und so den Irrglauben an ein kaputtes Selbst aufrechterhalten. Also ist alles, was ich tun muss, mich von allen Emotionen und Zweifeln zu lösen – mich einfach nur lösen! Was blieb, war die innere Botschaft, dass ich wirklich unzerbrechlich bin, dass nichts mehr mein Innerstes würde zerbrechen können.“

Kapitel 2: Eine Alchemie des Bewusstseins

Was ist eigentlich eine Ausdehnung? Bevor wir uns den Grundlagen des Prinzips widmen, das der Ausdehnung zugrunde liegt, schlage ich vor, dass wir einen ehrlichen Blick auf die Art und Weise werfen, wie wir unser Leben momentan erfahren.

Wenn wir genau betrachten, was das typischste Zeichen all unserer psychologischen und physiologischen Störungen und Blockaden ist, stellen wir schnell fest, dass ihnen stets ein grundlegendes Element gemein ist: ein Gefühl der Verengung. Man kann dieses Gefühl auch als Beschränkung beschreiben, oder als Atemlosigkeit. Ein noch tieferer Blick deckt auf, dass dieses Gefühl des Leidens und Drucks von dem Gefühl des Zusammenziehens herrührt. Anspannung und Stress, Angst und Enttäuschung, zwanghaftes Denken und Bauchschmerzen – all diese Zustände können als Verengung beschrieben werden, als würde etwas nicht fließen und nicht ordentlich atmen, sondern sich in einer grantigen engen Bahn bewegen, die unser Bewusstsein begrenzt und unterdrückt.

Ein starker Gegensatz dazu ist das Gefühl der Ausdehnung und der Schrankenlosigkeit, das allen Gefühlen des Wohlbefindens und der Gesundheit gemein ist. Aus einem Gefühl der Dichte und des Feststeckens heraus findet mit einem Mal eine Öffnung statt und wir empfinden Luftigkeit, freien Fluss und offenen Raum, so als könnten wir endlich atmen.

Auf der körperlichen Ebene sind Krankheiten oder Schmerzen in Wirklichkeit ein Zustand der Verengung, der Überlastung und Verstopfung, während Gesundheit ein natürlicher Fluss von Körperflüssigkeiten, von Blut und Sauerstoff ist. Anspannung ist ein körperliches Zusammenziehen, Entspannung ist Ausdehnung. Auf der emotionalen Ebene besteht Angst (als ein Beispiel von vielen) in einem Zusammenziehen unseres ganzen Wesens in eine einzige Emotion hinein, während Glück das genau entgegengesetzte Gefühl ist – dass wir keine wie auch immer gearteten Grenzen haben.

Wenn wir also aufmerksam die allgemeinen Empfindungen, die typisch für Leidenszustände sind, mit den allgemeinen Empfindungen vergleichen, die Glück, Freude und Gesundheit kennzeichnen, wird unsere Schlussfolgerung klar sein:

Das Gefühl der Verengung und Begrenztheit ist Leiden;
das Gefühl der Ausdehnung und Grenzenlosigkeit ist Glückseligkeit.

Wir erleben täglich eine ständige existenzielle Anspannung, sowohl bewusst als auch unbewusst. Es ist uns allen ziemlich klar, dass das menschliche Leiden nicht nur von Naturkatastrophen verursacht wird und von der Tatsache, dass wir altern und sterben – in Wirklichkeit wird menschliches Leiden vor allem von menschlichen Ideen, Emotionen und Gedanken verursacht. Der wesentliche Teil des Leidens, das ein Mensch in seinem Leben erduldet, erwächst nicht aus dem Leben selbst, sondern aus der Welt, die Menschen aus ihren eigenen Ideen und Emotionen heraus geschaffen haben: Schreckliche Hungersnöte in Afrika sind das Resultat einer ungerechten Verteilung von Ressourcen, und diese ungerechte Verteilung ist wiederum das Resultat der Ordnung, die das menschliche Bewusstsein geschaffen hat; zwanghaftes Denken und selbstzerstörerisches Verhalten sind eng mit einem Leben voller Stress verwoben, einer künstlichen Ernährungsweise und einer völligen Unkenntnis in Bezug auf Wissen, das Frieden und Zufriedenheit in unser Bewusstsein bringen könnte. So oder so liegt der eigentliche Defekt in unserem Bewusstsein – oder, um es genauer zu sagen, in der Tatsache, dass unser Bewusstsein viel zu stark verengt ist.

Im Allgemeinen ist unsere Selbstwahrnehmung verengt und begrenzt. Unsere mentale Welt der Gedanken dreht sich fortwährend in kleinen, geschlossenen, sich endlos wiederholenden Kreisen, die eine Tendenz zur Selbstzerstörung haben; unsere emotionale Welt ist zu oft eine Art Gefängnis und wir wissen nicht, wie wir daraus ausbrechen können. Unsere Fähigkeit, kreative Lösungen zu finden, die uns aus alldem heraushelfen könnten, ist ebenfalls begrenzt. Die Aufmerksamkeit unseres Verstands ist vor allem auf die Oberfläche unserer Existenz gerichtet, auf die täglichen Sorgen und Ängste, das Begehren und die Bedürfnisse (die echten ebenso wie die falschen), Ängste und Süchte und die zahllosen Probleme des Körpers und des Geists. Wir erleben selten das großartige Gefühl unseres Bewusstseins in seinem ausgedehnten, sorglosen und befreiten Zustand – und in Ermangelung der Fähigkeit, dieses Gefühl selbst herbeizuführen, fühlen wir uns tendenziell zu Ablenkungen und vergänglichen Genüssen hingezogen, die nichts anderes als ein billiger Ersatz für die Ausdehnung des Bewusstseins sind.

Wie bereits aufgezeigt wurde, bringt Verengung Leiden mit sich, und Ausdehnung entspricht höchstem Glück. Jetzt kommt zu dieser Gleichung noch ein sehr wichtiges Prinzip hinzu: Die Verengung des Bewusstseins ist Leiden, während die Ausdehnung des Bewusstseins Glückseligkeit ist. Es ist daher sehr wahrscheinlich, dass die Ausdehnung des Bewusstseins der Schlüssel für das Problem menschlichen Leidens ist, sowohl des innerlichen als auch des äußerlichen. Sie kann die Schlüssellösung sein, die uns von einer destruktiven psychologischen Struktur befreit und uns Möglichkeiten eröffnet, neue, kreative Lösungen für die dringlichsten Probleme der Welt zu finden. Schließlich ist es das verengte Bewusstsein, das das Problem von Anfang an verursacht hat! Die Verengung schafft die Krankheit, und Ausdehnung bringt Gesundheit.

Zu Beginn dieses Buches haben wir gelernt, eine positive Emotion auszudehnen. Vielleicht hat uns die Entdeckung überrascht, dass sogar eine positive Emotion eine Struktur ist, die durchbrochen werden kann. Aber für das ausgedehnte Bewusstsein ist jede Art fester Struktur – jede Art Struktur, die sich selbst endlos wiederholt – auf einer bestimmten Ebene mit Leiden gleichzusetzen, denn Struktur ist gleich Verengung. Das Durchbrechen der Struktur in Richtung immer wieder neuer Ebenen bedeutet immer ein Mehr an Glückseligkeit, Freude und Transzendenz. Und daher ein Mehr an Kreativität, Lebenskraft und Intelligenz.

Glücklicherweise haben wir alle ein Bewusstsein, das nach Ausdehnung strebt, das Begrenzungen auflösen möchte. Wir müssen ihn nicht erfinden, dieser Drang weiß, dass Begrenzungen mit einem Gefühl des Erstickens und des Unbehagens einhergehen. Und dass im völligen Gegensatz dazu das Durchbrechen von Grenzen mit einem Gefühl enormer Erleichterung einhergeht. Oft versuchen wir, dieses Zerbrechen der Grenzen mit einer kindischen Rebellion gegen soziale Normen zuwege zu bringen. Wir hoffen, dass wir uns frei fühlen werden, wenn wir uns sozialen Regeln widersetzen, aber während wir das tun, übersehen wir völlig die Tatsache, dass eine Befreiung von Grenzen zuallererst innerhalb unseres Bewusstseins stattfinden muss. Die Verzweiflung ist eine innere Verzweiflung. Daher muss die Lösung ebenfalls tief in unserem Inneren stattfinden.

Der Prozess der Ausdehnung ist im Grunde eine Technik, mit der wir ein inneres Glücksgefühl zunehmend stärker werden lassen. Sie gibt dem Bewusstsein die Fähigkeit, seine Grenzen zu überschreiten und den verengten Zustand zu überwinden, in dem es eingeschlossen ist. Ausdehnung ist die Kraft, die das Überwinden aller Schranken innerhalb des Bewusstseins ermöglicht, zum Beispiel von Gedanken, die sich ständig im Kreis drehen. Indem sie alles, was uns zunächst viel größer als unser Bewusstsein zu sein schien, mit einem Mal in etwas vergleichsweise sehr Kleines verwandelt. Das Bewusstsein dehnt sich weit jenseits der Grenzen mentaler und emotionaler Strukturen aus, durchbricht seine Schranken und bewegt sich in einen freieren, grenzenloseren Zustand hinein.

Aber gleichzeitig ist Ausdehnung auch ein Alchemie-Prozess. Sie wandelt jedes billige Metall (Emotionen, Gedanken, Empfindungen, Ideen oder Probleme) in Gold um, indem sie das höchste und ultimative Potenzial – wer will, kann es das spirituelle Potenzial nennen – einer jeden Kraft in uns enthüllt. Jedes unserer innerlichen Elemente wird durch diesen Prozess bewusster und ganzheitlicher, ausgedehnter und befreiter. Er katalysiert, entfesselt und beschleunigt jede Blockade und jedes Hemmnis und gestattet keinerlei Stagnation. Er bringt alles dazu, sich von der Schwerkraft zu lösen und in grenzenlose Höhen aufzusteigen.

Mit anderen Worten ist Ausdehnung ein Übergang:

Vom Verengten ins Ausgedehnte,

Von Dichte zu Luftigkeit,

Von Schwere zu Leichtigkeit,

Von der Begrenztheit zur Unbegrenztheit,

Vom Unmöglichen zum Möglichen,

Von der Struktur zum Zerbrechen der Strukturen,

Vom Kausalen zum Akausalen,

Vom Bedingten zum Unbedingten,

Vom Materiellen zum Spirituellen.

Nehmen wir an, ich habe starke Kopfschmerzen. Nun sind Kopfschmerzen natürlich ein Zustand der Verengung, der Dichte, der Überlastung und Stagnation. In dem Moment, in dem ich eine Ausdehnung des Kopfschmerzes vornehme (wie wir es in Teil B dieses Buchs lernen werden), werden die Schmerzen zunächst in den emotionalen Zustand oder die mentale Last umgewandelt werden, der sie verursacht hat – was bedeutet, dass sie sich in eine feinere Energie verwandeln. Nach einer weiteren Ausdehnung wird der emotionale Zustand oder die mentale Bürde wieder umgewandelt (oder, um es genauer zu sagen:

ausgedehnt, da Umwandlung in diesem Zusammenhang Ausdehnung bedeutet) und das Gefühl der Enge, das unseren Kopf in einem schrecklichen Schmerz gefangen gehalten hatte, wird von einem neuen freien Fluss ersetzt. Wenn wir in diesem ausgedehnten Zustand des Bewusstseins verharren, kann der Kopf wieder atmen, und die Energie kann ungehindert in ihm fließen – so, wie sie es soll. Selbst wenn wir dafür vier, fünf oder sechs Ausdehnungen brauchen, wird dieses Gefühl spürbarer Befreiung es wert sein: Die Verengung kann sich durch diesen alchemistischen Prozess in eine Ausdehnung verwandeln. Es ist sehr wahrscheinlich, dass wir uns dann gesund fühlen werden, begleitet von einer Nebenwirkung – einer Glückseligkeit des Bewusstseins, die kein Schmerzmittel uns jemals geben kann!

Ausdehnung und die Entstehung der Welt

Dehnen wir jetzt den Kontext aus, innerhalb dessen das Prinzip der Ausdehnung funktioniert. In den Lehren von Ha'Ari (Isaac Luria, 1534-1572), die bis heute als wichtigste und beste Interpretation der Kabbala gelten, wird der Prozess der Schöpfung als Prozess der Verengung oder des Zusammenziehens bezeichnet. Das unendliche göttliche Licht hat sich selbst mehr und mehr in Strukturen zusammengezogen, und so ist die Welt, wie wir sie kennen, entstanden: ein dichteres oder stärker zusammengezogenes göttliches Licht. Materie ist verdichteter oder zusammengezogener Geist.

Aus dieser erstaunlichen Weltsicht heraus kann das gesamte Universum als eine Ansammlung schmaler Kanäle wahrgenommen werden, durch die göttliche Energie fließt; als Formen, die ein kondensiertes göttliches Licht enthalten. Jede Form und jede Struktur ist nichts anderes als eingefangenes Licht, ein Licht, das begrenzt wurde, um eine Form oder Struktur sichtbar zu machen. Daher war die Verengung im göttlichen Schöpfungsprozess eine Notwendigkeit. Ohne diese könnte keine Schöpfung existieren.

Aber da der Prozess der Schöpfung eine stärker werdende Verengung bedeutet, zahlt das menschliche Bewusstsein dafür einen nicht eben kleinen Preis: Irgendwo weit hinten am Ende der Kette der Verengung begegnet der Mensch seiner erschreckenden Kleinheit und den zahlreichen Begrenzungen seines Bewusstseins, Verstands und Körpers. Gefangen in seinem engen Körper und den zahllosen Trivialitäten des Alltags empfindet er ein grundlegendes Leiden, das größtenteils unbewusst ist. Dieses Leiden ist das nagende und beunruhigende Wissen, dass er tief in seinem Inneren nichts anderes als gefangenes göttliches Licht ist. Das Wesen dieses Lichtes besteht in Grenzenlosigkeit, in einem unendlichen Raum – ganz so, wie es vor dem Prozess der Schöpfung und damit der Verengung war. Dieser Gedanke impliziert, dass der Mensch nur dann, wenn er im direkten Kontakt mit seinem unbegrenzten Wesen ist, essenzielles Glück erleben kann, zumindest so lange, wie er sich noch in der verengten Struktur des Körper-Psyche-Komplexes befindet.

Man kann sagen, dass dies der tiefste Beweggrund ist, der hinter der Sehnsucht des Menschen nach Freiheit steckt: der Drang, die Struktur, in der er gefangen ist, zu durchbrechen, denn im Unterschied zu anderen biologischen Kreaturen auf diesem Planeten kann er durch sein Bewusstsein sein eigenes höchstes Potenzial erkennen, seine eigene Fähigkeit nämlich, sich aus dieser Struktur zu befreien.

Aber wie kann der Mensch, wenn er sich in einer so verengten Struktur befindet, so weit wie die leuchtende Unendlichkeit sein? Im Laufe der Geschichte sind verschiedene Techniken entstanden, deren Ziel es ist, dem Menschen das befreiende Erlebnis eines ausgedehnten Zustands zu geben: Meditation, Mantra, Gebete und mehr. Jede Technik war in Wirklichkeit eine unbewusste Form der Ausdehnung – unbewusst, weil der Mensch sie nicht so genannt hat und nicht unbedingt wusste, was der eine und einzige Sinn seiner Praktiken war. Aufgrund seines mangelnden Bewusstseins wurde sein Verstand allzu häufig abgelenkt und von einer eingeschränkten Form der Spiritualität angezogen: mit einem Fokus auf Symbole, Ideen, Glaubensvorstellungen und Objekte, die er verehren kann. Der Mensch hat nicht erkannt, dass das Einzige, was er durch diese Praktiken zu erlangen sucht, die Ausdehnung seines Bewusstseins ist.

Tatsächlich besteht eine echte Spiritualität in der Ausdehnung des Bewusstseins. Und man kann sicher sagen, dass diese Ausdehnung die entgegengesetzte Bewegung zum Verengungsprozess der göttlichen Schöpfung ist: Wenn sich zuvor das göttliche Licht mehr und mehr zusammengezogen hat, bis es am Ende dieses Prozesses zu unserem kleinen, begrenzten Gehirn wurde, fangen wir nun an, uns aus unserem Gehirn heraus in Richtung Unendlichkeit auszudehnen. So gesehen liegen die Bedeutung und der Sinn des Lebens darin, uns über die Begrenzung hinaus auszudehnen, bis das Begrenzte zum Unbegrenzten wird. Damit ist nicht die Rückkehr zur ursprünglichen Quelle gemeint, wie es manche Lehren nahelegen – unser Ziel ist nicht, uns in einer Rückwärtsbewegung zusammenzuziehen, in einen vor-schöpferischen Zustand hinein. Tatsächlich ist die Absicht das genaue Gegenteil: Es geht darum, sich zu entwickeln, aus den Strukturen herauszuwachsen und sie zu durchbrechen, sodass das Universum selbst göttlich wird. Mit anderen Worten: Die Reise geht von der Ausdehnung zur Verengung und dann von der Verengung zur Ausdehnung. Die Ausdehnung bedeutet, dass die Schöpfung kontinuierlich durch den Menschen hindurch stattfindet.

Der Sinn der Reise unseres Lebens besteht nicht in der Rückkehr, aber auch nicht direkt in einer Vorwärtsbewegung. Entwicklung bedeutet Ausdehnung, ein Ausbreiten aus dem Zentrum, aus dem Innersten, dem Kern heraus, so wie sich der ganze Kosmos fortwährend entfaltet.

Durch den extrem einfachen Prozess der Ausdehnung können wir endlich direkt das tun, was der Mensch lange Zeit auf indirekte Weise versucht hat. Nun können wir ein ausgedehntes Bewusstsein innerhalb des Körpers sein, ohne in irgendeiner Weise religiöse Traditionen und Bräuche zu benötigen. Ein ausgedehntes Bewusstsein, das unserer natürlichen Größe entspricht, kann wissen, was richtig ist, es kann sich selbst eine Autorität sein und aus seiner eigenen Kraft heraus kreativ sein. Mehr noch, ein ausgedehntes Bewusstsein kann die Magie der Alchemie vollführen: Durch den Akt der Ausdehnung kann es alle Materie in Geist umwandeln, kann es das optimale, maximale und weiteste Potenzial jedes Elements im Universum hervorlocken. Es ist in der Lage, das gefangene göttliche Licht zu entfesseln und auszudehnen, bis es vollkommen verwirklicht ist.

Mehr als Ausdehnung ist nicht nötig....

...um eine glückliche und vollständige Existenz innerhalb des physischen Körpers zu erleben. Darum ist mein Ziel beim Schreiben dieses Buchs, dir dabei zu helfen, den Akt der Ausdehnung in eine Gewohnheit zu verwandeln, ich möchte, dass der Akt der Ausdehnung für dich zu einer zweiten Natur werden kann. Wenn du dich daran gewöhnst, alles auszudehnen, immer wieder, wird das ausgedehnte Bewusstsein zu einem permanenten ständigen Seinszustand. Die Ausdehnung wird dir gestatten, wieder und wieder die Schwerkraft zu überwinden, genauer gesagt die Kraft der Verengung: In deinem Körper und Geist wird eine neue Energie fließen, dein Bewusstsein wird hell und befreit, Glücksgefühle werden aus deinem Inneren herausströmen, Erkenntnisse und inneres Wissen werden aufblühen.

Bis... diese Aktivität zu dem werden könnte, was du bist, zu deinem ureigenen Wesen. Statt Ausdehnungen zu „machen“, wird dein Bewusstsein sich ohne besondere Anstrengung von deiner Seite aus wie von selbst ausdehnen. An einem bestimmten Punkt wird es die letzte, erhabenste Ausdehnung erlangen können, die von vielen als ‚Erleuchtung‘ bezeichnet wird. Einfach gesagt, ist Erleuchtung der Zustand, in dem das Bewusstsein sich ausdehnt, bis seine letzten Grenzen zerfallen und es in den größeren Raum des Bewusstseins des Universums aufgenommen wird, in das kosmische oder göttliche Bewusstsein. So wie die zuvor erwähnte positive Emotion ihre maximalen Grenzen erreicht hat und dann in einen neuen Zustand aufgenommen wird, kann dies auch mit unserem individuellen verengten Bewusstsein geschehen. Wir wachsen aus unserer eigenen Struktur heraus, um uns mit dem grenzenlosen, unbeengten Raum zu vereinigen. In diesem Zustand gibt es absolute Selbsterkenntnis, absolute Gewissheit und absolute Glückseligkeit.

Durch die White Light-Methode wirst du vielleicht den erwachten Zustand erleben und ihn sogar anwenden, um Probleme zu lösen, Kreativität zu steigern, zu heilen und stärker zu werden. Aber jenseits von diesem oder jenem Erlebnis wirst du vielleicht an dem Zustand selbst Interesse finden – insbesondere, da dieser Zustand immer zugänglicher werden wird, wenn der Prozess der Ausdehnung zur Gewohnheit wird; zu einer inneren Dynamik, die von Moment zu Moment stattfindet.

Kapitel 3: Die Theorie der feinstofflichen Felder

Ohne eine tiefe Einsicht in die Strukturen des Bewusstseins wird es nicht möglich sein, White Light und den Prozess der Ausdehnung wirklich zu verstehen. Natürlich kann man den Prozess der Ausdehnung auch ohne ein solches Verständnis sehr erfolgreich durchführen, aber eine höhere Ebene des Gewahrseins kann kraftvolle und abstrakte Erlebnisse in ein feineres und sinnhafteres Erkennen verwandeln. Wie der Titel des Kapitels bereits andeutet, ist die Theorie der feinstofflichen Felder (s. Abb.S. 267) der Schlüssel zur Erklärung der Tatsache, dass Hunderte und Tausende von Menschen auf systematische Weise dieselben Bewusstseinszustände erreichen, wenn sie die White Light-Methode anwenden. Da es bis zum gegenwärtigen Zeitpunkt der menschlichen Entwicklung noch nicht das entsprechende wissenschaftliche Instrumentarium gibt, ist es momentan nur eine Theorie, die allein durch direktes Erleben bestätigt werden kann. Sie ist aber in der Lage, viele wichtige Fragen über die hier vorgestellte Methode zu beantworten.

Die Theorie der feinstofflichen Felder ist in vielerlei Hinsicht die einzige logische Erklärung für die Wechselwirkungen zwischen dem Gehirn im Körper und den Dimensionen der Psyche und des Verstandes sowie den spirituellen Dimensionen – Dimensionen, die teilweise von allen Menschen täglich erlebt werden, teilweise nur von einem sehr kleinen Prozentsatz der Weltbevölkerung im Laufe der Jahrhunderte. Sie liefert uns die immens wichtige Brücke zwischen dem Sichtbaren m Unsichtbaren. Aber diese Theorie steht nicht allein auf wei-r, es gibt viele Entsprechungen zu verschiedenen Traditionen anerkannter spiritueller Lehrer (als Beispiele könnte man die yogische Tradition anführen, die theosophische Gesellschaft, Rudolf Steiner und Osho). All diese Ansätze gehen davon aus, dass der Mensch nicht nur einen physischen Körper besitzt, sondern eine Reihe von ‚Körpern' – oder ‚Feldern', die den physischen Körper umgeben. Einige haben eine Einteilung in vier Körper vorgeschlagen, andere in fünf oder sechs, manche gehen sogar so weit, von sieben Körpern zu sprechen – trotz der numerischen Unterschiede ist die grundsätzliche Einteilung stets die Gleiche. In jedem Fall sind diese feinstofflichen Körper bzw. Felder die Träger des spirituellen und evolutionären Potenzials des Menschen. Ohne sie kann das Bewusstsein sich nicht jenseits seiner bekannten Grenzen ausdehnen. Darüber hinaus bieten diese Körper oder Felder eine Erklärung für die unzähligen menschlichen Erlebnisse – in allen Traditionen, Religionen oder Philosophien – von Bewusstseinszuständen jenseits oder außerhalb der Grenzen des Gehirns.

Das erste Feld, das in unserer Theorie das elektromagnetische Feld heißt, ist die energetische Struktur, die den Körper direkt umgibt und daher auch dem physischen Körper am nächsten ist. Dieses Feld ist in seiner Essenz der physischen Ebene am nächsten: Jeder menschliche Körper ist von einem solchen Feld umgeben und auch die Erde selbst umspannt ein elektromagnetisches Feld – natürlich gibt es viele Vernetzungen zwischen den individuellen elektromagnetischen Feldern und dem elektromagnetischen Feld der Erde. Über dieses Feld interagieren wir mit anderen Feldern auf der physischen Ebene. Entsprechend verwundbar und anfällig ist dieses Feld gegenüber Umwelteinflüssen aller Art: Von menschlich-kollektiven Einflüssen bis hin zu den Einflüssen des elektromagnetischen Feldes unserer Erde oder sogar dem anderer Planeten.

Dieses Feld ist das energetische Äquivalent zum physischen Körper und hat seine eigene Anatomie. Jeder kennt heutzutage den Begriff der

Chakren – die sieben grundlegenden Energiezentren, die im elektromagnetischen Feld arbeiten. In der yogischen Tradition sind diese Energiezentren die Verknüpfungen der 72 000 Nadis, welche das energetische Nervensystem des Menschen ausmachen. Die wichtigste Funktion der Chakren besteht darin, die aus den feinstofflicheren Ebenen der Existenz fließende energetische Nahrung (oder pranische Nahrung – die kosmische Lebenskraft) anzuziehen und sie in eine lebenserhaltende Kraft für den physischen Körper umzuwandeln. Jedes einzelne Chakra zieht, entsprechend seiner Position im Körper, kosmische Lebenskraft an, und wandelt sie in eine für die Drüsen, Nerven und Organe in der Umgebung des Chakras verfügbare Energie um. Diese Energie ist der Atem des Lebens, aus dem sich die Kraft speist, die unseren physischen Körper mit der warmen Präsenz des Lebens erfüllt. Diese Energie wird in Traditionen wie der chinesischen Medizin und dem Taoismus „Chi" genannt und „Prana" in den ayurvedischen Traditionen (Hindu-Medizin) und dem Yoga. Hinzu kommt, dass sich in jedem einzelnen Chakra spezifische mentale, emotionale und sinnliche Eindrücke ansammeln, die den optimalen Fluss der Lebenskraft behindern.

Es ist sehr leicht, die Chakren auf direkte Weise zu erleben. Der Mensch kann durch den Prozess der Ausdehnung und durch viele andere Methoden die subtilen Ströme der Lebenskraft erleben, die den Körper auf gewisse Weise zu umgeben scheinen und ihm folgen, sich aber nicht wirklich in ihm befinden. Mehr noch, jeder kann sie auf intuitive Weise erkennen: durch die einfache Tatsache, dass wir gewohnheitsmäßig auf die Mitte unserer Brust als Zentrum unseres Selbst deuten oder auch auf unser gebrochenes Herz hinweisen wollen, oder wenn wir sagen, dass es keine gute Idee sei, Gefühle im Bauch anzustauen. Die Chakren sind die unmittelbarste Verbindung, die Menschen mit der unsichtbaren Ebene der feinstofflichen Felder herstellen können.

Da jedes Feld als schlummerndes Potenzial gesehen werden sollte, liegt das Potenzial jedes elektromagnetischen Felds im Erwachen einer vollständigen feinstofflichen Anatomie. Je mehr wir unser Bewusstsein ausdehnen, desto mehr erwacht die an der Basis unserer energetischen

Wirbelsäule zusammengerollt liegende Energie der Lebenskraft (Kundalini). Sie fängt an, nach oben zu steigen, während sie mentale, emotionale und sinnliche Blockaden in den Chakren durchbricht und die Chakren zu einer zentralen Säule vereint, die in der yogischen Tradition „Sushumna Nadi" heißt (die wichtigste Energiebahn). Die Sushumna leitet die Lebenskraft in einem untypischen, umgekehrten Fluss: Normalerweise bewegt sich die Lebenskraft entsprechend der Schwerkraft, die sie also nach unten in Richtung unseres irdischen, am eigenen Überleben orientierten Wesens zieht. Aber mit dem Anstieg des pranischen Flusses in der Sushumna beginnt die Lebenskraft, sich nach oben zu bewegen, in Richtung des Gehirns und der Spitze des Kopfes. Wenn sie das Gehirn und die Spitze des Kopfes erreicht hat, überflutet sie beide im wahrsten Sinne des Wortes mit einer neuen Energie. Schließlich bricht die Woge aus der energetischen Wirbelsäule durch die Spitze des Kopfes hindurch, und zwar so, dass reine kosmische Energie nach unten zu fließen beginnt – von der Spitze des Kopfes die Sushumna entlang. Diese kosmische Energie verwandelt den Menschen in ein zunehmend spirituelleres und „göttlicheres" Wesen.

Das elektromagnetische Feld hat also eine entscheidende Bedeutung, da es unser energetischer Körper ist, der den Strom der Lebenskraft in den physischen und psychologischen Dimensionen dramatisch beeinflusst. Darüber hinaus können wir, sobald unser energetischer Körper wach und aktiv ist, mehr und mehr mit den anderen feinstofflichen Feldern in Berührung kommen. Dieses Feld ist sehr zugänglich, es kann relativ leicht direkt erlebt und mithilfe der großen Bandbreite an White Light-Techniken entwickelt werden.

Das zweite Feld, das mental-emotionale Feld, ist der Träger oder Speicher aller mentalen und emotionalen, individuellen und kollektiven Eindrücke und Prägungen. Man kann außerdem sagen, dass dieses Feld in sich nicht nur unsere bewussten, sondern vor allem die unbewussten Eindrücke enthält (das heißt: es enthält das persönliche und das kollektive Unterbewusstsein).

Gemäß der Theorie der feinstofflichen Felder werden alle Daten aus der Umwelt im Gehirn registriert, durchlaufen dort aber einen Prozess der Interpretation und Kategorisierung, der von den bereits im mental-emotionalen Feld vorhandenen Eindrücken und Prägungen bestimmt wird. Mit anderen Worten bildet und definiert dieses Feld die Bahnen für die psychologischen Interpretationen des Gehirns und sorgt so dafür, dass wir Dinge auf eine bestimmte Weise erleben. Es scheint, dass ein Mensch nicht als unbeschriebenes Blatt auf die Welt kommt, sondern mit einem bereits bestehenden psychologischen Wesen mit festgelegten Denkarten. Für mich ist es sehr schwer, diese festen Strukturen, mit denen wir auf die Welt kommen, lediglich anhand von Genetik und Umwelteinflüssen zu erklären. Es ist sehr wahrscheinlich, dass sich unsere tiefsten Eindrücke, die viele mit Reinkarnation in Verbindung bringen, im zweiten Feld angesammelt haben und von dort aus im Gehirn arbeiten.

Wir können davon ausgehen, dass die Verbindung zwischen dem mental-emotionalen Feld und dem Gehirn auf wechselseitiger Interaktion beruht: Während das Gehirn neue Eindrücke und Prägungen aufnimmt, sammeln sie sich (vielleicht sogar nach dem physischen Tod) innerhalb des Feldes an, gleichzeitig formen die Eindrücke und Prägungen, die bereits in diesem Feld existieren, die Reaktionen des Gehirns von Anfang an.

Dieses Feld ist im White Light von entscheidender Bedeutung, da eine Reinigung von Eindrücken und Prägungen, Glaubensvorstellungen und Mustern das Gehirn und den gesamten Körper auf dramatische Weise von emotionalen und mentalen Einflüssen befreien kann, die unsere Freiheit, unser Verhalten und unsere Entscheidungsmöglichkeiten im Leben einschränken. Tatsächlich konzentriert sich die gesamte therapeutische Aktivität der White Light-Methode auf die Befreiung des zweiten Felds, und diese Freiheit wird durch ein Prinzip möglich, das in diesem Buch noch ausführlich behandelt wird: Man kann jedes Feld von dem darüberliegenden Feld aus beeinflussen.

Das dritte Feld, das mental-spirituelle Feld, ist die erste spirituelle Ebene, und seinem Namen entsprechend ist es das Feld, in dem unser dem spirituellen Wesen entstammendes luftigstes und feinstes Denken beheimatet ist. Dies ist das Feld, in dem man spirituelle Einsichten, Intuitionen, Visionen und mystische Symbole, engelhafte Wesen und Botschaften „von oben" finden kann. Dies ist auch das Feld, in dem man spirituelle Liebe und tiefe, positive, akausale Emotionen erleben kann (also Emotionen, die nicht von äußeren Umständen abhängen), in dem man sich selbst mehr als Seele wahrnehmen kann und weniger als ein Körper in Zeit und Raum. Man kann mit Empfindungen der Ewigkeit, der Selbstausdehnung, grundlegender Sicherheit und einer Atmosphäre der Freiheit in Berührung kommen.

Echte Channel-Medien sind vermutlich jene Menschen, die wissen, wie sie ihr mental-spirituelles Feld mit dem mental-spirituellen Feld von anderen Wesen oder Kräften in Einklang bringen können. Psychoaktive Pflanzen und Drogen sind eine ziemlich unkontrollierbare Art, mit diesem Feld in Berührung zu kommen. Ein weiteres Beispiel sind Nahtoderfahrungen, in denen einem Menschen auf einmal sein lichterfülltes spirituelles Wesen bewusst wird, frei von Angst und in einem mühelosen Wissen, was Liebe ist. Tatsächlich haben Menschen, die von Erlebnissen spirituellen Aufwachens berichten, kurze oder längere flüchtige Ahnungen dieses dritten Feldes erhaschen können.

Auch dieses Feld ist von großer Wichtigkeit für die White Light-Methode, da mit seiner Hilfe das weniger ausgedehnte und viel problembeladenere mental-emotionale Feld stark beeinflusst werden kann. Im Kontakt mit dem dritten Feld wird man augenblicklich von jedem Gefühl der Problematik oder des Konflikts befreit. Das Leben wird nicht mehr als erbarmungsloser Prozess schmerzhafter Herausforderungen empfunden, sondern als spirituelle Reise, auf der wir großartige Lehren empfangen können, wenn wir nur damit aufhören, uns vor ihr zu fürchten. Wenn kein Problembewusstsein und keinerlei existenzielle Anspannung mehr da ist und wir uns vom verzweifelten Bedürfnis nach Bestätigungen und Liebe lösen, scheint plötzlich alles möglich.

Das vierte Feld, das kosmisch-seelische Feld, ist eine tiefere spirituelle Ebene, in der kosmische oder göttliche Intelligenz verfügbar und zugänglich wird – man kann es als das Gehirn Gottes bezeichnen (das Gehirn, das Einstein mit aller Macht entschlüsseln wollte). Im vierten Feld existiert der Masterplan des gesamten Universums, mit all seinen Gesetzen und fundamentalen Prinzipien – die verborgene Logik, die alles verbindet. Man kann in ihm den göttlichen Willen entdecken, direkt mit der Bedeutung und dem Sinn des Lebens in Berührung kommen und sich dem Leben auf objektive und transpersonelle Weise nähern. Gleichzeitig kann einem hier auch der Kern der Seelenreise offenbart werden, ihre Grundprinzipien und ihre verschiedenen hierarchischen Strukturen. Wichtige Weisheitstraditionen wie Kabbala und Yoga ziehen ihre Erkenntnisse aus diesem Feld.

Man erlebt sich in diesem Feld als göttliches, kosmisches Selbst, das einen einzigartigen Aspekt besitzt (mit anderen Worten: eine Seele). Das Individuum erkennt sich selbst als göttlichen Funken, dessen Wesen ewig ist und der in seiner Essenz mit der allesumfassenden Göttlichkeit vereint ist.

Das fünfte Feld, das Feld reinen Gewahrseins, ist die spirituellste Ebene, in der wir mit unbegreiflichen, meditativen Zuständen in Berührung kommen können, Zuständen der Einheit, reinen Bewusstseins, der Grenzenlosigkeit, Unendlichkeit, eines unendlichen, göttlichen Bewusstseins – welchen Namen wir auch immer dafür verwenden wollen. Auf dieser Ebene ist das Empfinden der Realität oft derart absolut, dass wir sie vielleicht als „unendlichen Raum" oder „absolutes Nichts" beschreiben, da dies ein Zustand jenseits der Wahrnehmung und jeder Form von Dualität ist. Das fünfte Feld ist, wie ihr vielleicht bereits ahnt, dasjenige, in dem man mit dem in Kontakt kommen kann, was Gautama der Buddha als „Nirvana" bezeichnete, was Hindus „Brahman" nennen und was verschiedene spirituelle Lehrer die „unendliche oder absolute Realität" genannt haben. Sowohl das vierte als auch das fünfte Feld sind durch White Light für uns auf jeder Stufe des

Ausdehnungsprozesses zugänglich, je nachdem, in welchem Maße wir gerade empfänglich und bereit sind.

Viele Traditionen haben die Existenz von Feldern oder Körpern bezeugt, die den physischen Körper umgeben und durch eigene Erfahrung erkannt werden können. Nun sind wir ohne Weiteres in der Lage, Parallelen zwischen den fünf Feldern und den Schriften dieser Quellen aufzuzeigen.

In der yogischen Welt werden vier Körper beschrieben – der physische, der feinstoffliche, der kausale und der akausale. H.P. Blavatsky, die Gründerin der theosophischen Gesellschaft, sprach sogar von sieben Körpern: dem physischen, dem astralen, dem pranischen, dem willentlichen, dem egoischen, dem seelischen und schließlich dem wahren Selbst. Der astrale, der pranische und der willentliche Körper entsprechen unserem ersten Feld, während die drei anderen gut mit den drei spirituellen Feldern korrespondieren.

Der spirituelle Lehrer Osho sprach im 20. Jahrhundert ebenfalls von sieben Körpern und nannte sie emotional-ätherisch, astral, mental, spirituell, kosmisch und nirvanisch. Auch in diesem Fall gibt es eine recht deutliche Analogie, besonders in Bezug auf die drei feinstofflichsten Felder. Der Yogi und Heiler Gabriel Cousens geht von sieben Körpern aus, von denen er sagt, sie seien „feinstoffliche Lagen von Energie und Bewusstsein, die den physischen Körper umgeben": ätherisch, emotional, mental, astral, spirituell, kausal und seelisch. Sowohl Osho als auch Cousens sind überzeugt, dass jeder der sieben Körper mit einem entsprechenden Chakra interagiert.

Ganz besonders interessant ist für uns der Vergleich der Theorie der feinstofflichen Felder mit der Theorie der sechs Koshas (Kosha ist Sanskrit und bedeutet „Schicht"), die von dem spirituellen Lehrer und Hindu Anandamurti vertreten wurde. Diese Klassifizierung in sechs Schichten des Bewusstseins, die in vielerlei Hinsicht aus den vedischen Schriften stammt, besteht aus der Körperschicht (dem food-body oder physischen Körper), der Lustschicht (dem pleasure body oder pranischen Körper, dem Äquivalent des elektromagnetischen Felds), dem emotional-mentalen Körper, dem supramentalen Körper, dem kausalen Körper und schließlich dem glückseligen Körper.

Anandamurti zufolge ist die vierte Schicht – der supramentale Körper – die vollkommene Entsprechung des dritten, mental-spirituellen Felds: Ein natürlicher, spontaner und erhellter Zustand, in dem wir anfangen, uns von den Fesseln von Zeit, Raum und Existenz zu lösen. Hier erleben wir tiefen Frieden und spirituelle Stille, und in diesem Zustand zeigen und entwickeln sich auch verschiedene Fähigkeiten. Wir können in die Vergangenheit, Gegenwart und Zukunft sehen, unsere Intuition ist voll erweckt und vermittelt uns kreative Einsichten. In der Menschheitsgeschichte besaßen all jene außergewöhnlichen Persönlichkeiten, die Kunst und Wissenschaft voranbrachten, eine besondere Verbindung zum dritten Feld. Einstein, der viele seiner Ideen im Traum und in Visionen hatte, sah in der Intuition den einzig wahren Weg, die grundlegenden Gesetze des Universums zu entdecken.

Anandamurtis fünfte Schicht – der kausale Körper, die Parallele zum vierten, kosmisch-seelischen Feld – steht für das Vermögen einer alles einschließenden Wahrnehmung der objektiven Welt. Das Wissen aus Vergangenheit, Gegenwart und Zukunft ist vollständig zugänglich. In dieser Schicht tauchen Merkmale wie Ewigkeit und Nichtanhaftung auf, wir können zwischen Realität und Illusion unterscheiden und entwickeln eine spirituelle Ekstase. In seiner sechsten Schicht – dem glückseligen Körper, der Entsprechung des Feldes reinen Gewahrseins – wird direkt akausale Freude, Ganzheit, Liebe, Frieden und noch viel mehr erlebt: Hier verweilt man in göttlichem Licht und in der Einheit mit Gott oder der größeren Wirklichkeit.

White Light und die Theorie der feinstofflichen Felder

Sobald wir die Theorie der feinstofflichen Felder begreifen, leuchtet uns die gesamte Logik der White Light-Methode ein. Das Erlernen der Methode wird zu einem mühelosen und freudigen Prozess.

Wir erkennen zunächst, dass der Prozess der Ausdehnung effektiv den Übergang von einem feinstofflichen Feld zu einem anderen, noch feinstofflicheren Feld bedeutet. Jedes Element des Bewusstseins, das wir ausdehnen, durchläuft einen klaren Prozess der Sublimierung und wird dabei immer spiritueller und freier. Wir haben mithilfe der White Light-Technik unsere Fähigkeit geschult, den Übergang zwischen den Feldern zu kontrollieren und können das Element auf diese Weise in spirituelle Räume befördern, deren Potenzial unendlich ist. Alles ist auf diesen Ebenen möglich, eine negative Emotion, die mit Verengung und Dichte einhergeht, wird leicht umgewandelt. Im Prozess der Ausdehnung wird sie auf eine einfache Weise transformiert und ermöglicht uns schließlich den Zugang zu der göttlichen Erkenntnis des fünften Feldes. Rätselhafte Träume können schnell verstanden werden, wenn sie sich in das dritte Feld hinein ausdehnen, das die Symbole aus dem Unterbewusstsein einfach entschlüsseln kann. Lebenslange Traumata werden vom dritten und vierten Feld aufgenommen, in denen Traumata schlichtweg nicht existieren können. Ein Mensch, der sehr unter ihnen gelitten hat, kann mit einem Mal darüber schmunzeln, während er von den höheren Feldern aus darauf herabblickt. Menschen ohne jedes Vorwissen kommen im fünften Feld mit Bewusstseinszuständen in Berührung, die in der Vergangenheit das geheime Wissen von Heiligen und Asketen waren, und Menschen, die sich jahrelang mit bestimmen Problemen oder Fragestellungen herumgequält haben, sind plötzlich in der Lage, klar zu sehen, was sie tun sollen – ganz einfach, indem sie das dritte oder vierte Feld erreichen.

In der Vergangenheit bestand das größte Hindernis in der gewaltigen Anstrengung, die nötig war, um diese Felder zu erreichen. Diese Barriere ist nun aus dem Weg geräumt. Die Tore zu den Feldern stehen weit offen.

An diesem Punkt begreifen wir, dass der Übergang von einem Feld zum nächsten nichts anderes als eine stärker werdende Ausdehnung des Bewusstseins ist.

Im zweiten Teil dieses Buchs wirst du lernen, eine negative Emotion selbstständig auszudehnen. Bis dahin begnügen wir uns damit, die theoretischen Grundlagen einer solchen Ausdehnung zu lernen, um den engen Zusammenhang zwischen dem Prozess der Ausdehnung und dem Übergang von einem Feld zum nächsten zu verstehen.

Die Abbildung (s. S. 267) zeigt das menschliche Gehirn und die fünf Felder, von denen es umgeben ist: fünf Lagen des Bewusstseins. Jenseits der Felder existiert die unendliche Realität und jenseits davon die absolute Realität – was auf die Tatsache hinweisen könnte, dass die Felder eigentlich wie Antennen oder Empfänger sind, durch die wir mit der unsichtbaren Realität in Berührung kommen. Wir könnten diese Felder auch als fünf innere Sinne beschreiben, mit denen wir die verborgenen Dimensionen unserer Existenz wahrnehmen können.

Die negative Emotion beginnt ihre Reise im Gehirn und bewegt sich von dort aus in der ersten Ausdehnung in das zweite, mental-emotionale Feld hinein, das die eigentliche Quelle dieser Emotion ist. Die nächste Ausdehnung kann uns noch weiter in das Unterbewusste hineinführen, das sich in den Tiefen des mental-emotionalen Feldes verbirgt. Dort können wir die zugrunde liegende Emotion enthüllen, die Emotion an der Oberfläche ist als Ergebnis, Ausdrucksform oder Nebenprodukt aus ihr hervorgegangen. Eine dritte Ausdehnung (manchmal brauchen wir hier noch eine vierte und fünfte Ausdehnung!) bringt uns schließlich zu dem, was wir als die „Mutter-Emotion" bezeichnen können, die ursprüngliche, ganz am Anfang stehende Prägung, aus der die negative Emotion entsprungen ist.

Nehmen wir zum Beispiel an, dass wir aufgrund irgendeiner Auseinandersetzung mit unseren Eltern ein Gefühl der Wut empfinden. Die erste Ausdehnung könnte uns zu dem Gefühl der Frustration führen, die zweite zur Angst und die dritte zu einem existenziellen Bedürfnis nach Bestätigung. Wie zuvor erwähnt, geht es beim Prozess der Ausdehnung darum, das ganze Potenzial eines jeden Elements offenzulegen. Das ganze Potenzial der negativen Emotion kann sich erst dann zeigen, wenn ihre innere Wahrheit vollständig aufgedeckt wurde.

Die Grenzen zwischen den Feldern sind von großer Bedeutung. In vielerlei Hinsicht wird der Durchbruch einer Grenze als eine Art Quantensprung empfunden, als Sprung in eine völlig andere Dimension der Existenz und des Daseins. Hier gelten dann ganz andere Gesetze, eine neue Begrifflichkeit bricht sich Bahn, unsere Interpretation der Wirklichkeit ist eine gänzlich andere. Oft wird dieser Quantensprung körperlich auf eine sehr sinnliche Weise erlebt, als würde man auf die Spitze eines Berges springen, in eine Höhe und in ein Klima hinein, das man überhaupt nicht gewohnt ist.

Die Grenze zwischen dem zweiten und dem dritten Feld ist von allergrößter Bedeutung. Sie zu überwinden bedeutet, endlich über die psychologische Ebene hinauszugehen. Man bewegt sich in spirituelle Dimensionen, in denen Psychologie nicht existieren kann, deshalb spüren wir in dieser Dimension eine absolute Freiheit. Meistens wird man nach der Ausdehnung einer negativen Emotion, und nachdem die Mutter-Emotion erkannt wurde, mit der nächsten Ausdehnung den neutralen Zustand erreichen. Der neutrale Zustand wird als Weite, Stille, Ruhe und tiefe Entspannung empfunden, oder, wie viele Menschen es beschreiben, als „die Ruhe nach dem Sturm". Eine stille Präsenz kennzeichnet diese Ebene, es gibt in ihr nichts Dramatisches, obgleich ihr die erhabenen und wundersamen Eigenschaften des dritten Feldes fehlen. Im White Light betrachten wir diese Ebene auch als eine Struktur, deren Ausdehnung uns endlich in die transzendenten Ebenen jenseits von Zeit und Raum führen kann, jenseits alltäglicher Sorgen und Lebensumstände.

Sobald wir den neutralen Raum durchqueren und das mental-emotionale Feld erreichen, wird die negative Emotion umgewandelt. Das Ergebnis sind jene subtilen positiven Zustände, akausal und ihrem Wesen nach unabhängig, die das hervorstechendste Merkmal des mental-spirituellen Feldes sind. Luftigkeit, Leichtherzigkeit, grenzenlose Freude, die Erkenntnis, dass Güte, Freiheit und Unsterblichkeit den Kern unseres Wesens ausmachen, sind nur eine Handvoll jener Eigenschaften, die Menschen in diesem Zustand beschreiben, während ihre Gesichter ganz weich werden und anfangen, das endlose Licht auszustrahlen, das sie in ihrem Inneren gefunden haben.

Aber dabei belassen wir es nicht. Wir dehnen selbst diese Emotionen, diese Strukturen und dieses Seinsgefühl aus. Schließlich will White Light uns von einem Zustand der Verengung (der Leiden bedeutet) in einen Zustand vollkommener Grenzenlosigkeit führen (der höchstes Glück bedeutet). Nach einer weiteren Ausdehnung werden viele zunächst die Grenze zwischen dem dritten und vierten Feld überschreiten, eine dünne Grenzlinie, die als „weißer Raum" empfunden wird oder als „eine Flut von Licht". Ob wir das weiße Licht nun durchschreiten oder nicht, an einem gewissen Punkt werden wir die ewigen Zustände des Bewusstseins erreichen, das kosmisch-seelische Feld also, das weit jenseits aller vertrauten Emotionen liegt. In der nächsten Ausdehnung offenbart sich das fünfte Feld – ein Feld, das ganz aus den Schichten des göttlichen Bewusstseinszustands besteht, die sich immer weiter verfeinern, vom Einssein zur Unendlichkeit, von der Unendlichkeit zum absoluten Nichts und so weiter (dies sind lediglich Bezeichnungen, man sollte sich darin nicht verfangen!).

Erst im fünften Feld entfaltet die negative Emotion ihr ganzes Potenzial: Sie führt uns zu Gott oder an die Quelle der Existenz. Indem die negative Emotion nun also völlig zerfallen ist und sie in größere Zustände hineingesogen wurde, hat sie uns in Ebenen gelockt, die weit jenseits von Emotionen und sogar von Empfindungen liegen. In diesem Sinne kann jede negative Emotion als treuer Diener der größeren Realität verstanden werden!

Was die therapeutische Arbeit betrifft, so ist die Theorie der feinstofflichen Felder eine unerlässliche Erklärung dafür, dass Gedanken und Gefühle, mögen sie zu Beginn des Prozesses absolut bedeutsam und extrem real erschienen sein, durch den Prozess der Ausdehnung ganz einfach und in kurzer Zeit verschwinden. Sie verschwinden so sehr, dass sich der zuvor noch wehklagende Mensch nicht einmal mehr an die ursprüngliche Emotion erinnern kann.

Man sollte dabei nicht aus den Augen verlieren, dass die Felder zwar in gewisser Weise ein deutlich komplexeres Bewusstsein verkörpern, während sie gleichzeitig durch ihre verblüffende Einfachheit bestechen. Durch die Felder können wir entdecken, dass wir letzten Endes doch völlig einfach sind und wir können unser gewöhnliches Denken hinter uns lassen, ein Denken, das aufgelöst, zerstückelt und voll endloser innerer Widersprüche ist.

Das Gehirn und die Theorie der feinstofflichen Felder

Die Theorie der feinstofflichen Felder ist für das Gehirn ein Werkzeug, mit dem es sich aus seinen eigenen Schranken befreien kann. Viele von uns spüren die Mauern in unserem Denken. Sie begrenzen die Möglichkeiten unseres Bewusstseins und unserer Erlebnisse in einem Maße, dass uns eine nur sehr begrenzte Anzahl zwanghafter Gedanken in Endlosschleife den Kopf zermartert. Spirituelle Ansätze versuchen, uns „über das Denken hinaus" zu führen, denn nur dort können wir höchstes Glück und Freiheit finden, die ja schließlich unser wahres Wesen ausmachen. Indem das Gehirn freien Zugang zu den Feldern erhält, kann es uns auf systematische und sichere Weise einen Weg in diese Bereiche bahnen.

Wir begreifen an diesem Punkt, dass das Bewusstsein eine Art feinstoffliche Anatomie besitzt. Das physische Gehirn macht nur die Spitze des Eisbergs aus, es ist sozusagen der in die Materie verlängerte Arm dieses Bewusstseins. Das volle Potenzial des Gehirns kann man ohne die verschiedenen Schichten des Bewusstseins unmöglich verwirklichen. Daher ist Bewusstsein ein Phänomen, das aus mindestens drei Elementen besteht: dem Gehirn, das von der energetisch-psychologischen Struktur (der Psyche) umgeben ist, die ihrerseits in eine noch feinere Struktur eingebettet ist, die man wiederum als Bewusstsein oder Supermind bezeichnen kann.

Als Element des komplexen Gesamtbewusstseins hat das physische Gehirn eine recht eindeutige Rolle – Datenspeicherung. Das Gehirn organisiert Informationen und speichert sie im Gedächtnis ab. Die Qualität dieses Prozesses, in dem Daten und Eindrücke gesammelt und kategorisiert werden, wird durch den Grad der Entwicklung des Menschen bestimmt, und dieser Grad der Entwicklung hängt ganz davon ab, wie viel Bewusstsein vorhanden und aktiv ist. In Abwesenheit von Bewusstsein ist das Gehirn noch nicht einmal in der Lage, höhere Eindrücke mitzubekommen, also solche Eindrücke, die jenseits der unmittelbaren Eindrücke liegen, die das Gehirn normalerweise anhand von Erinnerungen interpretiert. Das Gehirn kann von sich aus nicht mit den Feldern des Universums Kontakt aufnehmen, es wird sie als nicht-existent betrachten und sogar jeden verspotten, der behauptet, dass es diese Felder überhaupt gibt. Ein Gehirn, dem es an Bewusstsein mangelt, kann nur das annehmen, was es physisch wahrnimmt. Doch wenn es sich entwickelt und eine Sehnsucht spürt nach dem Bereich, der jenseits der eigenen Grenzen liegt, werden sich allmählich jene komplexen Strukturen formen, mit denen es auch höhere Eindrücke empfangen kann.

Aus einem bestimmten Blickwinkel heraus kann man sagen, dass Bewusstsein nichts anderes als eine Reihe von Fähigkeiten ist, die das menschliche Gehirn im Laufe der Zeit entwickelt. Je mehr es zuhört, loslässt, vom Bekannten und Gewohnten ablässt und sich bereitwillig öffnet, desto mehr, indem es sich quasi neu organisiert. Und dementsprechend entsteht eine ganze Reihe neuer Verknüpfungen, mit denen das Gehirn Kontakt mit diesen neuen Inhalten aufnehmen kann. Diese Verknüpfungen machen sein schlummerndes Potenzial aus. Solange der

Mensch es nicht nutzt, ist er nicht mehr als ein physischer Körper mit einem Gehirn, das Erinnerungen reproduziert.

Sobald das Gehirn entsprechend synchronisiert ist, beginnt das schlummernde Potenzial des energetischen Systems zu erwachen. Als erstes erwacht das System der Chakren, das bis dahin vor allem als Mittler zwischen dem physischen Körper und der den Körper erhaltenden kosmischen Energie gedient hat. Nachdem das Chakrensystem erwacht ist, folgen die feinstofflichen Felder und ihre verschiedenen Fähigkeiten fangen an, sich zu zeigen: In der Folge entsteht ein einzigartiges psychologisches Feld, das Feld eines authentischen spirituellen Selbst, das seelische und kosmische Feld sowie ein hochspirituelles Feld. Diese Felder können kosmische Energie, Intelligenz und Achtsamkeit in das Gehirn und auch in den Körper leiten, durch jedes einzelne Chakra.

Der Prozess der Ausdehnung dient beim Erwachen des Feldersystems als starker Katalysator. Er belebt die Chakren und lässt kosmische Energie ins Gehirn fließen, so erwacht das ruhende Potenzial des Gehirns und es fängt an, Kontakt mit den feinstofflichen Feldern aufzunehmen. Deshalb markiert der Prozess der Ausdehnung sehr häufig die Geburt in ein Dasein als spirituelles Wesen.

Scheinbar spielen die Hypophyse und die Epiphyse – die manche mit dem sechsten, beziehungsweise siebten Chakra in Verbindung bringen – eine herausragende Rolle bei der Wechselbeziehung zwischen dem Gehirn und den Feldern. Wenn man sich die direkten Erlebnisse zahlloser Meditierender ansieht, kann man davon ausgehen, dass auch diese Drüsen ein ruhendes Potenzial in sich tragen, das normalerweise nicht verwirklicht wird, weil es für die üblichen Funktionen des Menschseins schlichtweg nicht notwendig erscheint. Sobald das Gehirn beginnt, mit den Feldern zu interagieren, werden diese beiden Drüsen regelrecht entflammt. Es ist sehr gut möglich, dass sie es sind, die den Kontakt zwischen dem Gehirn und dem ermöglichen, was jenseits von ihm liegt – der Fähigkeit also, Einsicht, Intuition und Hellsichtigkeit entwickeln sowie verborgene Ordnungssysteme erkennen zu können.

Wenn wir die Felder mit Netzwerken aus Licht vergleichen, so schalten diese beiden Drüsen sich immer dann mit ein, wenn diese Netzwerke sich entfalten. Sie dienen dann als Sensoren und Empfänger, die die außerhalb stattfindenden Aktivitäten in das Gehirn hineinreflektieren. Und man kann davon ausgehen, dass diese Drüsen zu einem bestimmten Punkt der menschlichen Evolution vollends erwachen werden. Dann werden sie ununterbrochen wie ein Magnet anziehen, was im Kosmos vor sich geht.

Offensichtlich legt die Theorie der feinstofflichen Felder weitreichende evolutionäre Möglichkeiten des Gehirns nahe: Es kann sich von einem Datenspeicher, der in einem eher geringen Maße interagiert, in ein reichhaltiges und hochaktives Reservoir an Intelligenz verwandeln.

Im gegenwärtigen Zustand des Gehirns wird es von Gedanken beherrscht, die nicht mehr sind als zufällig aktive Erinnerungen. Erinnerungen entwickeln im Gehirn eine Eigendynamik, bis sie nicht mehr nützlich und praktisch, sondern zwanghaft und repetitiv sind. Erinnerungen generieren Ängste und Begierden im Menschen und produzieren fortwährend Assoziationen und Netzwerke aus Symbolen, die eben auf Vergangenem beruhen. Folglich begegnet der Mensch dem Jetzt in keiner Sekunde so, wie es ist, sondern als Vergangenheit, die in die Gegenwart reflektiert wird (auf diesen Punkt gehen wir im zweiten Teil in dem Kapitel über das Unbewusste noch ausführlicher ein).

Man kann sogar sagen, dass es für den Menschen keine echte Gegenwart gibt, solange er in den Grenzen seines Gehirns gefangen ist, da es innerhalb der Grenzen des Gehirns unmöglich ist, den Erinnerungen zu entkommen oder sie hinter sich zu lassen. Diese Tatsache setzt ein großes Fragezeichen hinter spirituelle Ansätze, die den Menschen anweisen, „im Hier und Jetzt" zu leben, ohne ihm eine echte Brücke in dieses „Hier und Jetzt" zu bauen. Was das Gehirn betrifft, ist „Hier und Jetzt" lediglich eine Idee, ein Bild oder ein Symbol, in jedem Fall niemals ein direktes Erlebnis, da das „Hier und Jetzt" nur jenseits des

Gehirns zu finden ist, in Feldern, die nichts mit der Aktivität der Erinnerungen zu tun haben.

Die Felder, vor allem das vierte und fünfte Feld, befreien das Gehirn von der Tyrannei seiner Erinnerung und machen ihm ein bedeutendes Geschenk, nämlich den Zugang zu einem echten „Hier und Jetzt". Nur die Felder können das Gehirn befreien. Bedenkt man die Tatsache, dass alles Leiden dem Konflikt zwischen den Erinnerungsverbindungen im Gehirn und der sichtbaren Realität entspringt, hat diese Einsicht eine enorme Bedeutung.

Das Gehirn entwickelt sich immer genau dann, wenn es mit den Feldern jenseits der Zeit (oder außerhalb der Zeit) interagiert. Dann fangen die Erinnerungskonstrukte an, sich aufzulösen. Es durchläuft einen fundamentalen und tiefgreifenden Prozess der Erneuerung. Die Felder, vor allem das vierte und fünfte, aktivieren das Gehirn auf eine neue Weise: Sie ziehen es aus seiner hektischen Betriebsamkeit heraus und führen es in einen Zustand reinen Gewahrseins. So beginnt eine neue Evolution des Gehirns und es wird zunehmend erleuchteter. Der Komplex an Assoziationen fällt auseinander, seine Erinnerungspfade werden nach und nach abgebaut und seine Strukturen verwandeln sich in einen aktiven Empfänger, der höhere Intelligenz orten kann.

Das „Hier und Jetzt" kann nur außerhalb und innerhalb der Felder gefunden werden, genau wie echte Weisheit und wahre Liebe. Ansonsten bleibt Liebe eine im Grunde biologische Emotion, Weisheit gleicht einer bloßen Ansammlung von Wissen und spirituelle Ideale sind nichts weiter als eine mentale Projektion des Gehirns.

Die Theorie der feinstofflichen Felder, das Universum und die Schöpfung

Mit etwas Abstand betrachtet, kann man das Fließschema im Modell der feinstofflichen Felder (s. S. 267) umdrehen und findet so die Geschichte der Schöpfung, oder eben die Geschichte der göttlichen Verengung. Wie sich das menschliche Bewusstsein mehr und mehr und durch die Felder hindurch ausdehnt, so verengt sich die absolute Realität mehr und mehr, bis sie ihren engsten Zustand erreicht hat, die (mit bloßem Auge) sichtbare physische Materie.

Als Schöpfungsgeschichte würde unser bekanntes Fließschema folgendermaßen aussehen: Vor allem anderen, sogar vor der Genesis, gab es eine absolute Realität. Diese absolute Realität zog sich zunächst zu einer unendlichen Realität zusammen, anschließend verengte die unendliche Realität sich zum göttlichen Gewahrsein (fünftes Feld). Dieses Gewahrsein zog sich weiter zusammen zur göttlichen Intelligenz, jener Intelligenz also, die alle kosmische Ordnung strukturiert (viertes Feld), und diese Intelligenz wiederum schuf die spirituellen Ebenen der Existenz im dritten Feld (die Ebenen der Seelen und aller grundlegenden energetischen Strukturen). Die spirituellen Ebenen verengten sich zur mental-emotionalen Ebene, um die Strukturen von Gedanken und Emotionen entstehen zu lassen (im zweiten Feld). Die mental-emotionale Ebene zog sich noch weiter zu energetischen, fast physischen Strukturen zusammen (im ersten Feld), und diese Strukturen wiederum verengten sich zur sichtbaren physischen Form (die anorganische Welt, biologisches Leben und später der menschliche Körper und sein Gehirn).

Auf diese Weise skizziert die Theorie der feinstofflichen Felder die große Reise des Göttlichen vom Geist zur Materie und schlägt dem Menschen gleichzeitig eine umgekehrte Reise vor, die den eigentlichen Sinn seiner Existenz auszumachen scheint: Eine allmähliche Bewegung von der Materie zum Geist, eine zunehmende Ausdehnung vom Körper in Richtung eines unendlichen Seins.

Die ursprünglichen Felder des Universums – das göttliche Gewahrsein, die Intelligenz des Schöpfers, die spirituellen Ebenen der Existenz, das kosmische Gedächtnis und die universelle Energie – sind omnipräsent und allumfassend. Dennoch fehlt uns als Körper und Geist ohne Mitwirken der Felder die Fähigkeit, mit ihnen in Berührung zu kommen. Um den Kontakt aufzunehmen, müssen wir feinstoffliche Sinne entwickeln.

Diese Sinne sind unsere fünf Felder.

Jedes persönliche menschliche Feld kann mit dem entsprechenden kosmischen Feld kommunizieren. Beispielsweise stehen die Chakren eines Menschen in Wechselbeziehung mit dem kosmischen elektromagnetischen Feld und ziehen aus ihm ihre (energetische) Versorgung. Ohne ein solches kosmisches Feld würde die Lebenskraft, die fortwährend im Körper fließt, den Körper mit einem Schlag verlassen.

Dank der neuen fünf Sinne, die wir durch den Prozess der Ausdehnung entwickeln, können wir mit diesen unbegreiflichen Feldern kommunizieren. Den Feldern, die es immer schon gab, seit der Prozess der Verengung stattfand, die also schon vor der Entstehung des Menschen existierten: Über unseren physischen Körper, die physischen Sinne und das Gehirn kommunizieren wir mit dem kosmischen Körper, den wir als Universum kennen.

Über unser elektromagnetisches Feld interagieren wir mit dem kosmischen Energiefeld, der reinen Lebenskraft des Universums und den feinstofflichen Kanälen, durch die diese Kraft fließt. Unser energetischer Körper steht in Austausch mit dem kosmischen energetischen Körper. Über unser mental-emotionales Feld können wir mit dem Feld gesammelter Erinnerungen, Erfahrungen und Experimente des gesamten Kosmos kommunizieren.

Über unser mental-spirituelles Feld interagieren wir mit dem Feld der Astral-Ebenen, in dem sich Weisheit, Einsicht, gedankliche Formen und spirituelle Entitäten aller Art befinden. Über unser kosmisch-seelisches Feld kommunizieren wir mit dem göttlichen Gehirn, dem Gehirn des Schöpfers. Und über unser Feld reinen Gewahrseins schließlich interagieren wir mit dem Feld absoluten Seins, dem Raum, der den Raum in sich hält, das reine göttliche Gewahrsein.

Eine einleuchtende Metapher zur Beschreibung der kosmischen Felder ist das Internet. Das globale menschliche Gehirn verbindet sich über das Internet mit seinen einzelnen Zellen, ohne dass dafür physische

Körper nötig wären. Dem Menschen ist es also gelungen, ein mentales Feld zu erschaffen. Die Interaktion findet zwischen meinen Gedanken und Emotionen und den Gedanken und Emotionen des anderen statt, zwischen meinem Computer und dem Computer des anderen.

Die Interaktion zwischen den Feldern wird ebenfalls durch den physischen Körper und das physische Gehirn ermöglicht, sie dienen aber lediglich als Instrument. Man kann sich die Felder wie Energienetze vorstellen, energetische Verbindungen, die sich über den ganzen Kosmos ausbreiten. Wenn das Gehirn seine spirituellen Felder aktiviert, kann es endlich mit den Feldern des Universums in Kontakt treten. Es kann sich mit dem kosmischen Internet verbinden, dem universellen Netz, und so den Kontakt mit Dingen aufnehmen, die jenseits von ihm liegen.

Genau wie das Internet ist das Netz der Felder nicht ortsgebunden, also unabhängig von Raum oder Zeit. Ohne sich auch nur einen Zentimeter von seinem Stuhl fortbewegen zu müssen, sind Interaktionen mit den fernsten Teilen des Universums und jenseits davon möglich. Der Mensch kann sich also über sein kosmisch-seelisches Feld mit dem Netz kosmischer Intelligenz verbinden, auf diese Weise können sich ihm enorme universelle Gesetze enthüllen. Ein weiteres Beispiel ist ein sogenanntes Channel-Medium – so ein Mensch hat die Fähigkeit, sich zeitweise mit dem kosmischen Internet zu verbinden und jenseits von Zeit und Raum den Kontakt mit einem spezifischen Feld der Intelligenz im dritten Feld aufzunehmen.

Bei einem Menschen, der den Erleuchtungszustand erreicht hat, ist das Gehirn untrennbar an die fünf kosmischen Felder angeschlossen. In einem solchen Zustand kann das Gehirn frei und ungestört mit den kosmischen Feldern zusammenarbeiten und den gesamten Kosmos durch das eigene Bewusstsein leiten. Vor allem aber ist das Gewahrsein in diesem Zustand mit dem göttlichen Gewahrsein vereint und reflektiert die unendliche und sogar die absolute Realität.

Viele Menschen berichten von der besonderen Kraft, die spürbar wird, wenn man sich in der Gegenwart von Erleuchteten aufhält. Sie sprechen von einer geradezu magnetischen Ausstrahlung, die bei ihnen selbst tiefe und ekstatische Zustände der Stille und Ausdehnung auslöste. Tatsächlich rührt diese Ausstrahlung daher, dass die Felder der Person sich entfaltet haben, das in ihnen ruhende Potenzial ist vollkommen aufgewacht.

Im Ausdehnungsprozess des White Light kannst du wieder und wieder eine zeitweise Verbindung mit dem kosmischen Internet erleben. Aber du solltest daran denken, dass der Erleuchtungszustand ein Zustand ist, in dem der Mensch permanent über diese Verbindung verfügt, in dem das menschliche Bewusstsein also stets in Einheit mit den universellen Netzen agiert. Dann erlebt der Mensch sich selbst als omnipräsent und allumfassend.

Dieser Zustand erwartet uns alle als wundervolle evolutionäre Möglichkeit.

Zusammenfassung

Ausdehnungen sind die schnellste und direkteste Art, sich durch die Felder zu bewegen. Mit jeder Ausdehnung erweckt das Gehirn in seinem Inneren die verborgenen Sinne der feinstofflichen Felder, die wiederum mit den kosmischen Feldern zu interagieren beginnen. Das Gehirn taucht in eine neue Wirklichkeit ein, zu der es vorher keinen Zugang hatte.

In gewisser Weise kann man sagen, dass der Sinn des Lebens darin besteht, jedes Element unseres Wesens entlang der Felder auszudehnen, bis sich sein ganzes Potenzial zeigt und es ganz verwirklicht werden kann.

Man sollte unbedingt beachten, dass es in Bezug auf die Felder keine Wertehierarchie gibt, im Zusammenspiel entfalten sie ihre Wirkung. Ohne das vierte Feld können wir niemals die Bedeutung und den Sinn des Lebens kennen – und ohne das erste Feld kann es kein energetisches System geben, das der kosmischen Energie überhaupt ermöglicht, in uns zu fließen. Deshalb gibt es im White Light Techniken für die Entwicklung eines jeden einzelnen Feldes und keines der Felder wird einem anderen vorgezogen. Schließlich liegt das Ziel letztlich darin, einen Zustand zu erreichen, in dem wir uns frei durch die Felder bewegen können, von der materiellsten bis zur spirituellsten Ebene und umgekehrt. Und dabei sollten wir uns nie in einem einzigen Feld ganz niederlassen. Eine Person, die ihr Leben aus einer schamanischen Sichtweise erlebt, identifiziert sich zum Beispiel in der Regel sehr mit einer bestimmten Schicht im dritten Feld, und ein Mensch, der den Raum meditativen Gewahrseins über alles liebt, identifiziert sich mit dem fünften Feld. Gleichwohl entstammen die Felder wirklich ein und derselben Substanz, die all ihre Komponenten, verschiedenen Ebenen und Perspektiven auf die Wirklichkeit braucht.

Das Universum hat genau wie unser eigenes Wesen eine multidimensionale Existenz. Wenn sich alle unsere Felder entfalten, erleben wir die Realität vielschichtig und vollkommen frei. Wir können uns mit dem physischen Erleben als Körper und Gehirn in einer bestimmten Zeit und einem bestimmten Raum identifizieren, aber wenn wir wollen, können wir uns auch als vollkommen spirituelle Wesen erleben. Nur auf diese Weise kann sich die innere Logik des Lebens und seine Bedeutung ganz enthüllen.

Mit einem Verständnis der Theorie der feinstofflichen Felder können wir uns nun daranmachen, die fünf Grundlagen des White Light zu erforschen.

Kapitel 4: Wie die Ausdehnung unser Leben heilt

1. Bewusstsein geht Erscheinungen voraus

Die Theorie der feinstofflichen Felder lehrt uns eine völlig neue Möglichkeit, uns auf jeder Ebene unseres Wesens zu verändern. Wir erkennen, dass wir in dem Moment, in dem wir die Felder aufwecken, in ihnen heimisch werden und aus ihnen heraus handeln können. Solange wir an Gehirn und Körper gebunden sind, haben wir einen sehr begrenzten Handlungsspielraum und wenig Energie, uns selbst zu verändern. In gewisser Weise fehlt uns die Kraft zum Handeln, denn wenn wir uns mit Gedanken und Emotionen identifizieren, versuchen wir eben, Gedanken und Emotionen von der Ebene der Gedanken und Emotionen aus zu beeinflussen. Wir sind wie ein Hund, der verzweifelt dem eigenen Schwanz hinterherjagt.

Die Theorie der feinstofflichen Felder lehrt uns, dass es möglich ist, neue und verborgene Schichten unseres Wesens aufzuwecken und aus ihnen heraus die gröberen und eigensinnigeren Schichten (Gedanken, Emotionen und körperliche Empfindungen) zu beeinflussen. Sind diese Schichten aktiviert, werden wir in einem Teil unseres Selbst heimisch, der Dinge verursacht, aber selbst keine Ursache hat, der Einfluss nimmt, selbst aber unbeeinflusst bleibt. So ist zum Beispiel das mental-emotionale Feld ein Feld, aus dem heraus sich normalerweise die Pfade formen, mit denen unser Gehirn die Realität interpretiert – es ist deshalb wesentlich besser, im Bereich dieses Felds zu arbeiten und diese Pfade hier zu verändern, als mit den Gespenstern im Gehirn selbst zu kämpfen. Repetitive Gedankengänge lassen sich so als bloßes Produkt der grundlegenden Prägungen im zweiten Feld erkennen. Sie haben an und für sich keine eigenständige Existenz. Statt die Gedankengänge zu bekämpfen, ist es viel sinnvoller, die ursprünglichen Erinnerungszusammenhänge abzutragen, die sie hervorbringen. Das mental-emotionale Feld lässt sich wiederum am besten aus dem mental-spirituellen Feld heraus beeinflussen, denn nur ein höheres und befreiteres Feld kann die Probleme lösen, die im direkt darunter liegenden Feld geschaffen wurden. Einstein erklärte in einem seiner brillantesten Aussprüche, dass „man ein Problem nicht aus demselben Bewusstseinszustand heraus lösen kann, der es geschaffen hat". Aus diesem Grund sorgen wir im White Light dafür, dass wir immer in ein weiter ausgedehntes Feld gelangen, welches das begrenztere Feld, in dem eine bestimmte Blockade geschaffen wurde, beinhaltet. So ist das dritte Feld extrem nützlich für die therapeutischen Teile der Methode, da es sich genau über dem zweiten Feld befindet, das für unsere destruktivsten psychologischen Strukturen verantwortlich ist.

Heutzutage gilt es sowohl in wissenschaftlichen Kreisen als auch in den zahllosen alternativen Heilmethoden als anerkannte Tatsache, dass der Geist, zumindest bis zu einem gewissen Grad, den Körper beeinflussen kann. Bekannte Methoden, mit denen die Materie bis zu einem gewissen Grad beeinflusst werden kann, sind positives Denken, Meditation, Visualisierungen und Gebete.

Ganz im Sinne des Ausdehnungsprinzips können wir diese Idee noch weiter ausdehnen und dieses Wissen auf die Felder anwenden, was einen deutlich radikaleren Schritt bedeutet. Das bekannte Prinzip, dass „eine Veränderung im Innern zu Veränderungen im Außen" führt, bedeutet in diesem Zusammenhang, dass wir auf den unbegreiflichen Ebenen der feinstofflichsten Felder arbeiten können, die dem Menschen und auch dem Universum zugänglich sind. Mehr noch, im White Light werden sie greifbar und sehr konkret: Jede Ebene hat einen Namen und spielt im Gesamtbild eine Rolle, und so transzendieren wir das Abstrakte, das für die spirituelle Welt so typisch ist.

Dank des Ausdehnungsprozesses können wir systematisch und willentlich jedes einzelne Feld erreichen. Die Ausdehnung allein reicht aber noch nicht aus. Ausdehnen bedeutet, dass die Felder erreicht werden, aber der Zweck des White Light besteht darin, aus diesen Feldern heraus eine bestimmte Absicht zu verfolgen. Jede einzelne Technik der Methode zielt auf ein anderes Ergebnis ab. Ob wir ein negatives mentales Muster auflösen, einen chronischen körperlichen Schmerz lindern, die Strukturen des Gehirns generell transformieren oder befreiendes Wissen über bestimmte Herausforderungen in unserem Leben erlangen wollen, White Light arbeitet stets aus den Feldern heraus, um auf der Oberfläche, der physischen Ebene also, eine sichtbare Veränderung zu erreichen.

Es ist die Arbeit eines Alchemisten: Arbeitet man in den verborgenen Schichten eines Menschen, so kann daraus eine sofortige oder allmähliche Veränderung in den sichtbaren Schichten (Gedanken, Emotionen, körperliche Empfindungen und Verhalten) entstehen. In diesem Sinne ist White Light die Arbeit des Geistes an der Materie. Und da das Handeln dabei in den feinstofflichen Feldern stattfindet, braucht es etwas Zeit, bis das Resultat an die Oberfläche kommt.

Betrachten wir beispielsweise eine Aktivität im fünften Feld, dem Feld tiefer Meditation. Hier wird eine völlige Freiheit von den Wünschen und Bedürfnissen nach Bestätigung und Liebe aktiviert, die wir ansonsten für gewöhnlich auf unsere nahe Umgebung projizieren. Wenn diese Aktivität tief genug reicht, wird sie die übrigen Felder zwangsläufig beeinflussen. Entsprechend beginnt diese Veränderung, vom fünften in das vierte Feld zu fließen und aus dem vierten in das dritte Feld, vom dritten zum zweiten und vom zweiten zum ersten – und so erreicht sie schließlich das Gehirn und den ganzen Körper, wo es zu einer grundlegenden Umgestaltung kommt. Plötzlich ist das Gehirn viel stiller, nicht mehr benötigte Erinnerungen werden herausgewaschen, das ständige Gefühl des Opferdaseins löst sich auf. Eine neue Klarheit entsteht, und es wird leichter, den Herausforderungen im Leben zu begegnen. Auf diese Weise beeinflusst das fünfte Feld unsere unmittelbarsten Gedanken.

Man sollte verstehen, dass Gehirn und Körper, da es sich bei ihnen um eine dichtere Materie handelt, viel langsamer reagieren als der in hoher Geschwindigkeit vibrierende Geist. So ist zum Beispiel eine Emotion dichter als ein Gedanke und eine körperliche Empfindung ist noch dichter als die Emotion. Deshalb ist es für uns viel leichter, eine bestimmte Überzeugung oder eine Idee loszulassen, die uns lediglich auf der mentalen Ebene wichtig war, als uns von einer tief verwurzelten Emotion zu befreien. Und meistens fällt es uns leichter, uns von einer tief verwurzelten Emotion zu befreien, als einen hartnäckigen chronischen Schmerz zu heilen, dessen Ursache wir nicht verstehen.

In gleicher Weise wirkt der Geist auf den Gedanken ein, der Gedanke wirkt entsprechend auf die Emotion und die Emotion äußert sich schließlich im Körperempfinden. Aus diesem Grund bildet der Körper in jedem Prozess der Selbstveränderung die Nachhut, er folgt also lediglich in die Fußstapfen der sich viel schneller wandelnden Ebenen, bis die Veränderung letztlich auch ihn erreicht.

Aus alldem folgt, dass eine Aktivität in den Feldern erst nach einer gewissen Weise auf der sichtbaren Ebene zu sehen sein kann. Manchmal zeigt sich der Effekt eines tief gehenden therapeutischen Prozesses erst nach einigen Wochen. Der große Vorteil eines solchen Prozesses liegt in seiner ganzheitlichen Wirkung, weshalb es auch keine Nebenwirkungen gibt. Die Harmonie der weiter ausgedehnten und komplexeren Felder bringt allmählich den gesamten Körper-Psyche-Komplex in Einklang und lässt ihn nach und nach, wie die geistigen Felder, harmonisch werden.

In mancher Hinsicht trifft das auch auf das System der Homöopathie zu. Die immer stärkere Verdünnung der Materie lässt nur ihren energetischen Abdruck übrig – oder, mit anderen Worten, ihre feinstofflichen Felder. Diese Felder sind es dann, die mit den verborgenen Feldern des

Menschen interagieren, insbesondere dem elektromagnetischen und dem mental-emotionalen Feld. Nach einer Weile gestalten die Veränderungen in den Feldern das physiologische und psychologische Wesen des Menschen um, auf eine Weise, die keine Nebenwirkungen hat.

Wenn ein Mensch die Felder erreicht und sich darin niederlässt, hat er spürbar eine ganz andere Wahrnehmung. Die Aktivitäten finden auf unterschiedlichen Ebenen gleichzeitig statt, sodass Worte kaum alles beschreiben können, was vor sich geht. Eine starke Energie umfasst das ganze Wesen, eine Energie, zu der wir für gewöhnlich mit den Ressourcen von Körper und Geist keinen Zugang haben. Das Erkennen ist schnell und mühelos, es zeichnet sich gerade durch die Abwesenheit von Gedanken (wie wir sie gewohnt sind) aus. Es kommt zu einem direkten Sehen, das Analysen unnötig macht und sich nicht erst mühsam durch das ‚Dickicht' unserer inneren Welt arbeiten muss. Vor allem aber erlangen wir die Fähigkeit, ohne Widerstand oder Furcht alles, an dem wir sonst hängen, loszulassen. Es handelt sich nicht um einen tranceartigen Zustand oder eine Art Hypnose: Es ist der klare und erhellte Zustand eines freien Bewusstseins, so, wie es für uns bestimmt ist, von einem Moment zum nächsten, und zwar mitten in unserem Alltag.

Es ist auch möglich, die Felder vor dem Hintergrund der Physik zu betrachten – als Vibrationen, Schwingungen oder Frequenzen. Je höher die Frequenz ist, desto weniger Zeit erfordern Prozesse der Veränderung, alles scheint möglich, die gewöhnlichen Gedanken und Emotionen, die ihrem Wesen nach langsam (da linear) sind, können auf dieser Ebene nicht überleben. Und die mentale Aktivität ist viel ausgerichteter und wendiger. Indem man in der höheren Frequenz verweilt und aus ihr heraus handelt, bringt man die niedrigere Frequenz dazu, sich zu verändern, sie passt sich an die höhere Frequenz an. Auf diese Weise breitet sich die Veränderung schließlich aus und dringt in die dichtere Materie der mentalen, emotionalen und physischen Ebenen ein.

Das Prinzip dahinter ist sehr einfach: Je höher die Vibration ist, desto spiritueller wird der Bewusstseinszustand. Entsprechend kann man sich den Schöpfungsprozess als eine Verlangsamung der Schwingung vorstellen, bis sie irgendwann extrem langsam wurde und sich materialisierte. Materie ist eine langsame energetische Schwingung und aus genau diesem Grund findet die Transformation der Materie viel langsamer statt als die des Geistes. Der Prozess der Ausdehnung führt uns in viel weniger dichte Ebenen hinein, die durch eine außergewöhnlich schnelle Schwingung gekennzeichnet sind. In diesem Zustand lassen wir uns auf einer ursprünglicheren Existenzebene nieder, die vom sich in Gedanken und Emotionen manifestierenden Prozess der Verengung und Verdichtung noch unberührt ist. Auf dieser Ebene, die dem Schöpfungsprozess vorausgeht, können wir Neues schaffen, die Gesetze der Materie neu kodieren, ja in fast jeder Hinsicht neu beginnen.

Durch den Ausdehnungsprozess erlangt unser Bewusstsein Meisterschaft über die materielle Dimension: Bewusstsein geht Erscheinung voraus, und deshalb kann Bewusstsein Erscheinungen verändern.

Man kann leicht sehen, wie das Prinzip „Bewusstsein geht Erscheinungen voraus" uns in Zukunft als Grundlage einer neuen Medizin und Psychologie dienen kann. Eine Medizin der Felder könnte den Körper aus den feinstofflichen Feldern heraus nebenwirkungs- und komplikationsfrei beeinflussen und eine Psychologie der Felder könnte gedankliche Strukturen im Gehirn durch die harmonische Ordnung der Felder beeinflussen. Je mehr wir über die Felder wissen, desto mehr Anwendungsmöglichkeiten werden sich für dieses Wissen offenbaren. Meiner Einschätzung nach ist der Raum des White Light im therapeutischen Kontext besonders interessant. Dieser Raum kann die mentale, emotionale und materielle Ebene anscheinend außergewöhnlich stark beeinflussen, deshalb kommen wir gegen Ende dieses Buches in einem gesonderten Kapitel noch einmal darauf zu sprechen.

Die Gültigkeit dieses ersten Prinzips der Methode leuchtet allen ein, die eine transformative Spiritualität praktizieren und sich regelmäßig in den feinstofflichen Feldern aufhalten. Diese Menschen wissen aus ihrem direkten Erleben heraus, dass die Felder unser Gehirn, unser Herz und unseren Körper wirklich befreien, und zwar selbst dann, wenn wir nicht bewusst aus ihnen heraus handeln. Dies liegt an der Tatsache, dass die bloße Präsenz der Felder eine weitreichende Transformation auch auf der sichtbaren Ebene des Menschen in Gang bringt.

2. Die Felder sind Ebenen, auf denen Leiden ein Ding der Unmöglichkeit ist

Leiden – das Dickicht erinnerungsbasierter Gedanken und Emotionen – kann jenseits der oberen Grenze des mental-emotionalen Felds nicht existieren. Hartnäckige psychologische Strukturen, die uns auf der gegenwärtigen Entwicklungsebene unseres Bewusstseins stark oder sogar unlösbar vorkommen, verlieren ihre Wirklichkeit und Gültigkeit, sobald wir uns auf eine höhere Ebene der Entwicklung begeben. Jede einzelne Ebene zeichnet sich durch eine ihr eigene Bandbreite an Gedanken, Emotionen, Empfindungen, Begrifflichkeiten, Wünschen und Selbstwahrnehmung aus. Wann immer wir eine bestimmte Ebene verlassen, trennen wir uns sofort auch von ihrem gesamten Inhalt und identifizieren uns auf der neuen Ebene mit einer wiederum vollkommen anderen Bandbreite an Inhalten.

In diesem Prinzip liegt ein maßgeblicher Schlüssel für das Ende menschlichen Leidens – und zwar nicht, weil dieses Leiden behoben wird, sondern weil wir dazu eingeladen werden, uns auf eine Ebene zu begeben, in der das Leiden nicht mehr existiert und nie existiert hat! Dies bedeutet, dass wir, wenn wir einen Weg finden, uns im dritten, vierten oder fünften Feld zu stabilisieren, den holprigen und enorm anstrengenden Weg umgehen können, der uns sonst beim Erkennen und Lösen unserer psychologischen Strukturen bevorstünde.

Im Kontext dieses Prinzips unterscheiden wir zwei unterschiedliche Arten, mit dem Dickicht unserer Gedanken und Emotionen fertigzuwerden: Die Schnellstraße – dies ist der Weg durch die feinstofflichen Ebenen des Bewusstseins. Und den Feldweg – damit ist die gängige Art und Weise gemeint, mit der wir versuchen, uns von Leiden zu befreien.

Der sehr holprige Feldweg ist voller Schlaglöcher und nimmt uns mit auf eine Reise, die sich auf die Oberfläche einer einzigen Ebene beschränkt – der Ebene des uns bekannten Bewusstseins, die vollständig im Zeichen unserer wenig hilfreichen und konfliktgeladenen Gedanken steht. Auf diese Weise nehmen wir unsere psychologische Verfassung als einen Zustand wahr, der Zeit braucht und dessen Schichten allmählich abgetragen werden müssen. Zur Terminologie dieser Ebene gehören Konzepte wie „wir müssen lernen, uns zu akzeptieren und zu lieben", „dankbar annehmen, was ist", „loslassen können", „verzeihen", „sich von der Vergangenheit lösen", „den anderen sehen" und so weiter. Ein integraler Bestandteil des Feldwegs ist die fundamentale Vorstellung von „weniger" statt „mehr": Ich lerne, als Mensch liebevoller und weniger dickköpfig, ein aufmerksamer und nicht ganz so anhänglicher Mensch, ein glückliches und nicht mit der Opferhaltung identifiziertes Individuum zu sein. Das Leben wird als eine Reihe von „Lektionen" oder „Tests" gesehen, in dem wir über eine Herausforderung nach der anderen stolpern und von jeder ein bisschen lernen, an ihnen wachsen und so unser ganzes Wesen entwickeln. Oft erscheint das allmähliche Abtragen der Muster, die uns blockieren, wie ein endloser Prozess – und tatsächlich trifft genau das zu, solange wir uns auf der mental-emotionalen Ebene unseres Daseins befinden.

Während der Feldweg also durch einen ständigen Prozess der Veränderung charakterisiert ist, verlagern wir uns auf der Schnellstraße im Zuge unserer Evolution immer und immer wieder von den gröberen in die feinstofflichen Felder – bis eine endgültige und vollkommene Stabilisierung in den feinstofflichen Feldern erreicht ist. Natürlich braucht auch diese Verlagerung Zeit, doch anders als beim Feldweg versucht man auf der Schnellstraße nicht, den Inhalt der Gedanken, Emotionen, Muster, Ängste und Begierden des mental-emotionalen Bereichs zu verbessern oder zu beheben, sondern konzentriert sich auf den Prozess der zunehmenden Ausdehnung des Bewusstseins. Und dies geschieht aus einem klaren Verständnis und auf Grundlage der direkten Erfahrung heraus, dass der Inhalt von Gedanken, Emotionen und Empfindungen sich auf dramatische Weise verändert, je mehr das Bewusstsein sich ausdehnt. Auf der Schnellstraße muss man sich nicht anstrengen, um die Dunkelheit zu vertreiben. Man konzentriert sich einzig auf das Licht, ein Licht, dessen alleinige Präsenz die Dunkelheit vertreibt.

Ich kann aus meiner persönlichen Erfahrung heraus bestätigen, dass in den Jahren der Entwicklung von White Light Verhaltensmuster, Gedanken und Emotionen nach und nach in meinem Bewusstsein umgewandelt wurden, und zwar nicht, weil ich gelernt habe zu verzeihen oder loszulassen, vertrauensvoller zu werden oder mein Herz zu öffnen –, sondern weil sich mein Bewusstsein entwickelt hat. Meine Eigenidentität hat sich vom Gehirn und dem mental-emotionalen Feld gelöst und angefangen, in die weiter ausgedehnten Felder aufzusteigen, wodurch mein Gehirn so still geworden ist, dass jede Möglichkeit des immer durch aus Gedanken und Emotionen entstehendes Leidens verschwunden ist, so als wäre es niemals da gewesen.

Dieses zweite Prinzip des White Light lehrt uns also, dass gedankliche und emotionale Muster nur auf einer bestimmten Entwicklungsebene existieren können. Solange wir uns in dieser Ebene aufhalten, erscheint es uns, als würden diese Muster enorme Aufmerksamkeit verlangen, als kämen wir um einen langsamen und vielschichtigen Prozess der Heilung nicht herum. In dem Moment aber, in dem wir diesen Ebenen entkommen, erscheinen sie uns bedeutungslos, sogar lächerlich.

Ein Mensch mag sich ein Leben lang als Opfer eines sexuellen Missbrauchs fühlen, der in seiner frühen Kindheit passiert ist. Über lange Phasen hinweg konsultiert er unzählige Psychologen und Therapeuten, wendet dieses System und jene Methode an, und auf jeder Stufe seines Weges fühlt er immer mehr Erleichterung und immer weniger Leiden. Er lernt, sich selbst zu lieben und neues Vertrauen in das Leben zu gewinnen, vielleicht wagt er es sogar, der Person, die ihn angegriffen hat, zu verzeihen und in dem traumatischen Ereignis Bedeutung und Sinn zu finden. All dies ist auf dem Feldweg schön und gut. Auf der Schnellstraße hingegen würde er sich im dritten, vierten oder fünften Feld wiederfinden, von wo aus ihm seine gesamte Vergangenheit wie substanzlos vorkommen würde. Er könnte sein Selbst als etwas erkennen, das weder durch diese noch durch andere Erinnerungen befleckt, geschweige denn zerstört werden kann. Er würde erkennen, dass er in seinem Innersten ein unbeschriebenes Blatt ist und dass er auf diesem Blatt sein Leben neu erschaffen kann, ohne dass ihn dabei die traumatische Erinnerung beeinflusst. Aus den weiten Räumen dieser Felder heraus würde ihm selbst die traumatischste Erinnerung nur noch wie ein winziger Punkt erscheinen und nicht mehr wie ein riesiges Monstrum, das sein ganzes Wesen auffrisst. Wären die Proportionen in diesem Sinne zurechtgerückt, würde sich seine Haltung gegenüber all den Verstrickungen sofort ändern und er könnte erkennen, dass er sie mit selbst geschaffenen Überzeugungen hervorgebracht hat. Er würde den Sinn einer Vergebung nicht begreifen, da er sich nicht als Opfer fühlen würde. Er würde seinem vergangenen Trauma nicht einmal eine Bedeutung geben müssen, um sich darüber hinwegzutrösten. Er würde nicht lernen müssen, sich zu lieben, da in den Feldern sein wahres Wesen in selbstloser Liebe besteht, und er würde sein Vertrauen in das Leben nicht erneuern müssen, da er sich in den Feldern als eins mit dem Leben erfahren würde, ohne Getrenntheit und ohne Bedingungen. Natürlich sind dafür möglicherweise einige Prozesse in den feinstofflichen Feldern nötig, um das neue Selbstverständnis zu stabilisieren und es, wichtiger noch, in den emotionalen und physischen Ebenen zu erden, da Geist und Gedanken immer am schnellsten darin sind, die Vergangenheit hinter sich zu lassen. Dennoch handelt es sich letztlich um einen bedeutend kürzeren Prozess und um viel mehr als die Befreiung von einem bestimmten Trauma: Denn tatsächlich ändert sich das ganze Wesen des Menschen, wenn er mit einer neuen Ebene der Entwicklung in Berührung kommt, die sich durch Glückseligkeit, völlige Freiheit, Angstlosigkeit, vollkommene Gewissheit und eine Abwesenheit von Bedürfnissen und Wünschen auszeichnet. Die neue

Entwicklungsebene wird nicht nur das Trauma heilen, indem sie den Menschen von der Vorstellung befreit, eine Heilung im alltäglichen Sinne zu brauchen. Sie wird auch das schlummernde Potenzial des Bewusstseins aufwecken, die Fähigkeit also, alle bekannten Gedanken und Gefühle zu transzendieren und ein neuer Mensch zu werden.

Wenn ein Mensch das mental-emotionale Feld hinter sich lässt, um das mental-spirituelle Feld zu betreten, erkennt er, dass das eigene Wachstum auch auf Ganzheit und Glück gegründet sein kann und nicht zwangsläufig einem Gefühl des Mangels, existenzieller Anspannung und Bedürftigkeit entspringen muss.

Der im 20. Jahrhundert lehrende spirituelle Lehrer Jiddu Krishnamurti unterhielt sich einmal mit einem weltbekannten Psychiater.

Irgendwann gab der Psychiater zu, dass er keine Existenz eines Unterbewusstseins mehr feststellen könne, sobald sein Bewusstsein sich ausdehnte und er dies direkt erlebte. Es gibt also einen Bewusstseinszustand, in dem das Prinzip des Unterbewusstseins keinerlei Gültigkeit hat. Der Grund dafür ist, dass die feinstofflicheren Felder jenseits des mental-emotionalen Feldes existieren, in dem das Unterbewusste sich befindet. Sobald man in das dritte Feld übergeht, bewegt man sich über die Trennung zwischen bewusst und unbewusst hinaus und erreicht ganzheitliche und einheitliche Geisteszustände.

Wir geben uns, wie gesagt, im White Light nicht damit zufrieden, in den ausgedehnten Zuständen des Bewusstseins zu verweilen. Wir benutzen sie vielmehr, um das Unbewusste aufzudecken. Unter Anwendung des ersten Prinzips, demzufolge nur ein höheres oder feinstoffliches Feld das unter ihm liegende Feld radikal transformieren kann, bearbeiten wir aus dieser neuen Freiheit heraus die konditionierten Strukturen des Gehirns und des mental-emotionalen Felds. Oft muss ein Mensch, der sich in den ausgedehnten Feldern befindet, geradezu überredet werden, sich dieser Aufgabe zu widmen und die gröberen Felder zu reinigen. Denn da er in dem Moment seines Kontaktes mit dem mental-spirituellen Feld sogar auf der sinnlich-physiologischen

Ebene direkt erlebt, dass seine Muster vollkommen verschwunden sind, kann er sich nicht mehr daran erinnern, dass er in seinem Leben eine heftige Beziehungskrise durchlebt oder furchtbares Lampenfieber ihn noch vor Kurzem von Kopf bis Fuß gelähmt hat. Allerdings kehrt eine Person, die sich noch nicht auf stabile Weise in den feinstofflicheren Feldern niedergelassen hat, sofort im Anschluss an den Prozess unausweichlich zu ihrem verengten Bewusstsein zurück, und dort wird sie wieder ihre guten alten Muster vorfinden. Deshalb ist es extrem wichtig, die tiefe Versunkenheit in den Feldern der Ewigkeit zu nutzen, um eine gründliche Reinigung und Befreiung voranzutreiben.

Letztlich kann das zweite Prinzip uns in eine post-psychologische Ära führen. Eine Ära, in der das derzeit gültige psychologische Paradigma durch die Erkenntnis ersetzt wird, dass der Mensch über ein Bewusstsein verfügt, welches fähig ist, die uns bekannte Psychologie vollkommen zu transzendieren. Das bedeutet nicht, dass die erstaunlichen Erkenntnisse der Psychologie dadurch ungültig werden. Diese Erkenntnisse, wie z.B. die Entdeckung des Unterbewussten, werden dem Menschen auch weiterhin dienen, aber nur, um eine tiefgehende, befreiende Arbeit aus den feinstofflichen Feldern heraus zu ermöglichen. Des Weiteren werden Psychologie und Spiritualität eine einzige Bewegung innerhalb des Bewusstseins werden: eine Verlagerung in die Ebenen der Felder hinein, in der echte Entwicklung dem allzu bekannten Leiden keinen Raum lässt.

3. Ausdehnung ist höchstes Glück

Jeder einzelne Bestandteil unseres Wesens – von unserem Bewusstsein als Ganzem bis zu unseren flüchtigsten Gedanken, Emotionen und Empfindungen – sehnt sich nach einem einzigen Zustand: Einer immer weiter wachsenden Ausdehnung, einer vollkommenen Auflösung des Gefühls der Verengung und Begrenztheit, einer totalen Befreiung aus der engen Struktur eindeutiger Schranken. Wenn man ein positives

Unbewusstes annimmt, das aus einer unterdrückten Sehnsucht besteht, die ihrem Wesen nach mental-spirituell-energetisch ist, können wir definitiv sagen, dass sich unser ganzes Wesen in einem tieferen Sinne nach einem Zustand sehnt, in dem es die Grenzen seiner gegenwärtigen Struktur durchbricht. Auch, wenn diese Struktur uns recht erfolgreich ein Gefühl der Sicherheit und Orientierung gibt.

Unbewusst sind wir mit der Stagnation unseres Bewusstseins unzufrieden. Es ist eine Stagnation, die uns zwar erlaubt, unsere Schranken und unser Selbstgefühl klar zu definieren, in den tieferen Schichten unseres Seins aber behalten wir eine ambivalente Beziehung zu uns selbst, eine Hassliebe, weil wir das Erlebnis eines verengten Bewusstseins nicht dauerhaft aushalten können. Dies ist die tiefste Quelle unseres Leidens. Wenn wir uns dieser subtilen Form des Leidens bewusst werden, begeben wir uns auf eine neue Reise in unserem Leben, eine Reise der Achtsamkeit und echter Entwicklung. Auf einer solchen Reise entdecken wir immer mehr, dass echte Evolution bedeutet, sich mehr und mehr ausdehnen zu wollen. Mehr noch: Wir haben nicht mehr den kleinsten Zweifel, dass in dieser befreienden Ausdehnung das Glück liegt, nach dem wir gesucht haben.

Weil ein ausgedehnter Bewusstseinszustand gleichzeitig ein harmonischerer Bewusstseinszustand ist, wachsen mit der Ausdehnung Glück, Freiheit, Gesundheit und Gleichgewicht. In diesem Zusammenhang meint Harmonie eine Ebene, auf der ein hoher Grad an Komplexität bestehen kann, ohne Komplikationen zu erzeugen. Wann immer der Komplex von Körper und Psyche in die harmonischeren Ebenen übergeht, erinnert er sich an einen natürlichen und freien Zustand, so kehrt er langsam aber sicher zu einer gesunden, ja optimalen Funktionsweise zurück.

Aus diesem Grund leistet allein der Aufenthalt in den feinstofflichen Feldern einen Beitrag zur Selbstheilung und zum allgemeinen Gleichgewicht. Wenn ein Mensch wöchentlich zwei Stunden in den ausgedehnten Bewusstseinszuständen des White Light verbringt, gesundet unbewusst sein ganzes Wesen, da es seinem natürlichen Zustand in den feinstofflichen Feldern begegnet und sich darauf einstimmen kann.

Die absolute Positivität der Felder – eine Positivität, die weit über alle gegensätzlichen Paare wie gut oder schlecht, positiv oder negativ hinausgeht, da Gegensätze nur in den gröberen Feldern existieren können – ermutigt das menschliche Bewusstsein, jederlei Negativität loszulassen. Schließlich kann Negativität nur dann erscheinen, wenn eine Form der Verengung vorliegt – eine Verengung des Bewusstseins kann sich etwa als aggressiver Wille zeigen, der die Realität bekämpft, statt sich darauf einzulassen und an ihr zu wachsen. In einem verengten Körperteil können die Körpersäfte nicht frei fließen. Die absolute Positivität löst augenblicklich jede Negativität auf, wandelt sie um und ersetzt sie durch eine neue, frei gewordene Energie im Gewebe von Körper und Psyche.

Ohne es darauf angelegt zu haben, wird die Person mit der Zeit friedlicher und liebevoller. Der Geist hat aus der ganzheitlichen und perfekten Harmonie der feinstofflichen Felder einen neuen Zustand des Einklangs mit den Gesetzmäßigkeiten des Universums gelernt und ist nicht mehr willens, sich beschränkten Gedanken und Gefühlen zu unterwerfen, die zur Selbstzerstörung führen.

Die neuen Zustände erweitern das Gewebe von Körper und Psyche, alle kontrahierten Bestandteile gehen nach und nach in dem größeren Raum auf. Solange der Körper-Psyche-Komplex getrennt von kosmischer Ganzheit handelt, entwickelt er bewusste und unbewusste selbstzerstörerische Muster. In dem Moment, in dem er in der kosmischen Ganzheit Ruhe und Frieden findet, kann er endlich unnötige Kämpfe beilegen und sich frei und natürlich bewegen, ohne dass ihn Gedanken und Emotionen einschränken. Genau wie ein verlorenes Kind, das seine Eltern wiedergefunden hat, fühlt er sich wieder sicher und geschützt.

Alles strebt danach, sich weiter und weiter auszudehnen und sein Innerstes offenzulegen, sein Potenzial für Glück, Kraft und Energie auszuschöpfen. Aus diesem Grund ist jede Erscheinung in unserem

Bewusstsein nicht nur ausdehnbar, sondern es lohnt sich auch, sie auszudehnen. Jede Unwahrheit führt uns in ihrer Ausdehnung zur Wahrheit. Jedes dunkle Geheimnis führt uns in seiner Ausdehnung zum Erleuchteten und jeder angstbesetzte Seinszustand führt uns in seiner Ausdehnung zu unserem wahrhaftigsten, ausgedehntesten Selbst.

In diesem Zustand wissen wir mit Sicherheit, dass jede Einschränkung uns schließlich zur Schrankenlosigkeit führen kann. Dank des Prinzips der Ausdehnung besitzen wir ein kraftvolles Instrument, das jedes Element auf der gegenwärtigen Stufe seiner Entwicklung abholt und es innerhalb kurzer Zeit in unvorstellbare Zustände der Freiheit umwandelt.

Statt zu flüchten und zu vermeiden, lernen wir im White Light, unsere schwierigsten und erschreckendsten Muster zu nutzen, um unendliches Glück zu erlangen. Was immer uns gefangen gehalten hat, befreit uns jetzt. Je mehr wir lernen, dem sicheren Erfolg dieses Prozesses zu vertrauen – ein Zutrauen, das wir allein dadurch gewinnen, dass wir diese Erfahrung wieder und wieder direkt machen –, desto mehr hören wir damit auf, unser Unterbewusstes mit Elementen zu nähren, die wir vermieden haben. Wir fangen an, einen gesünderen Weg einzuschlagen, durch den wir nur das lösen, was bereits in unserem Unterbewusstsein vorhanden ist, bis ein Zustand eines vollkommenen einfachen Seins erreicht ist.

Die erste große Befreiung, die wir erleben, wenn wir negative Emotionen und schwierige Muster ausdehnen, ist die Erkenntnis der Tatsache, dass jedes Phänomen eine Grenze und auch eine Struktur hat. Ja, alles, an das wir jemals denken könnten, erscheint als Struktur in unserem unendlichen Bewusstsein – selbst eine starke Traurigkeit, die uns so groß vorkommt, dass wir glauben, sie würde uns vernichten, wenn wir sie zulassen.

In Wahrheit fühlt sich diese Traurigkeit nur deswegen so überwältigend an, weil wir uns mit ihr identifizieren und sie gerade deshalb ununterbrochen nähren, womit wir ihr Energie und Kraft schenken.

Denn unsere Aufmerksamkeit ist ein überaus mächtiges Instrument. Worauf auch immer wir sie richten, sie wird diese Sache gewichtig und bedeutsam machen. Und genauso verlieren Dinge, denen wir unsere Aufmerksamkeit entziehen, vollkommen ihre Macht. Die bloße Tatsache, dass wir einer negativen Emotion so viele Jahre lang Aufmerksamkeit geschenkt und sie damit stetig vergrößert haben, hat uns in eine missliche Lage gebracht. Die Emotion wird jetzt als grenzenloser Riese empfunden, der ungeniert unser Sein und Bewusstsein kontrolliert. Nicht wir kontrollieren die Emotion, die Emotion kontrolliert uns. Der Prozess der Ausdehnung ermöglicht uns, in diesem Riesen nichts weiter als eine Struktur in unserem Bewusstsein zu erkennen. Eine Struktur, die, wie zu Beginn des Buches dargestellt, mit einem Bereich des Körpers in Beziehung steht, der eine Form hat oder durch ein Bild repräsentiert wird, mit einer Farbe, einer allgemeinen Empfindung und einem Geruch verbunden ist. Eine Struktur also, die wie jede Struktur einfach ausgedehnt werden kann.

Aus diesem Grund besteht die erste Heilung, die wir anstreben, darin, uns als ein Bewusstsein wahrzunehmen, das wählen kann, ob es einer bestimmten Sache durch seine Aufmerksamkeit Macht verleihen will oder nicht. Als ein Bewusstsein, das einer negativen Emotion oder einem beängstigenden Muster wieder eine angemessene Größe geben kann. Wenn das Muster ein von dir unabhängiges Bewusstsein besäße, würde es im Moment der Ausdehnung erleichtert aufseufzen und dir ins Ohr flüstern: „Danke, ich habe so lange auf diesen Moment gewartet. Dies ist der Tag der Erlösung, in dem ich von den Grenzen, die mich gefangen gehalten haben, befreit werde.“ Auch das Muster hat, so scheint es, unter der übertriebenen Aufmerksamkeit gelitten, die du ihm geschenkt hast.

Es gibt nichts Schlechtes, das wir nicht ausdehnen könnten. Aber wir müssen nicht nur unsere Einstellung gegenüber den negativen Komponenten unseres Seins ändern, sondern ebenso unsere Einstellung gegenüber den positiven. Wir neigen dazu, uns mit positiven

Emotionen zufrieden zu geben, die von äußeren Umständen abhängen. Wir neigen dazu, diese Emotionen einfach so, wie sie in uns auftauchen, hinzunehmen. Der Prozess der Ausdehnung lehrt uns, dass die Ausdehnung des Positiven ein Tor zu den höchsten Bewusstseinszuständen ist. Selbst aus rein therapeutischer Sicht sind diese höchsten Zustände unschätzbar wertvoll.

Am Ende dieses ersten Teils wirst du Beispiele für verschiedene Einsatzmöglichkeiten des Ausdehnungsprozesses finden. Diese Beispiele zeigen, wie wichtig dieser Prozess für jedes einzelne Phänomen ist und auch, in welchem Maße alles, das existiert, unserem Bewusstsein dienen kann, um neue Ebenen der Glückseligkeit und Transzendenz zu erreichen. Emotionen oder Identitäten, Fragen oder Fantasien, Erinnerungen oder Symbole, Mantren oder philosophische Ideen – unser Bewusstsein ist in der Lage, in all diesen Fällen die potenzielle Kraft aufzudecken. Der Ausdehnungsprozess zeigt auf, zu welchem Zweck sie entstanden sind.

4. Das Ziel ist Eigenautorität

Wenn wir uns ständig innerhalb der engen Schranken des Gehirns befinden, haben wir keine echte Chance, eine authentische Individualität zu entwickeln. Das Gehirn ist, wenn es nicht eine kontinuierliche Wechselbeziehung mit den feinstofflicheren Feldern des Bewusstseins aufrechterhält, von zahllosen externen Einflüssen abhängig, aus denen heraus es Erinnerungszusammenhänge formt. Diese wiederum diktieren, wie es die Realität interpretiert und Entscheidungen trifft. Individualität ist letztlich nichts weiter als ein fehlgeleitetes Verständnis von Eigenautorität. Wenn wir die Kraft unseres autonomen Wesens untersuchen, erkennen wir, dass ihm die wichtigsten Bestandteile für ein solch kraftvolles Dasein fehlen: eine völlige Freiheit des Bewusstseins, absolute Eigenverantwortlichkeit, einen wahrhaftigen Willen und eine integrierte Persönlichkeit – integriert meint hier einen Zustand, in dem alle Teile des Ichs zu einem einzigen ganzheitlichen Ich vereint wurden, dessen Denken und Richtung im Leben frei von inneren Widersprüchen ist.

Auf diese Weise leben wir in einer seltsamen Zwangslage: Auf der einen Seite ist uns unsere Individualität heilig, auf der anderen Seite können wir sie nur in sehr geringem Ausmaß leben – wenn überhaupt auf einer recht engen und narzisstischen Ebene, die sich auf psychologische Revolution stützt. Wenn wir also unsere Lebensweise als Individuen vertiefen wollen, müssen wir einen neuen Blick auf die Mittel werfen, die uns dabei helfen können, dieses Ziel zu verwirklichen.

In Wirklichkeit erwacht die Fähigkeit, eine echte Autonomie aufzubauen, ausschließlich in den feinstofflichen Feldern. Während das Gehirn in seinem gewöhnlichen Zustand von den anderen Feldern des Bewusstseins getrennt ist und daher unausweichlich eine Struktur sein muss, die konditioniert, beeinflusst und abhängig von Umgebung und Umständen ist, zeigen uns die feinstofflichen Felder einen Zustand, in dem wir vollkommen allein sind. Allmählich entwickeln wir dank ihrer das Erlebnis, eine Quelle zu sein: Wir erleben uns selbst als Quelle von Autorität, Intelligenz, Kreativität, Gunst, Liebe und echten positiven Emotionen. Ein solches Erlebnis ist innerhalb der Grenzen des Gehirns überhaupt nicht möglich. Daraus folgt, dass jeder Versuch, eine echte Individualität ohne die Unterstützung der Felder zu entwickeln, schlicht und ergreifend eine Illusion ist.

Jiddu Krishnamurti, der bereits erwähnte spirituelle Lehrer und Philosoph des 20. Jahrhunderts, äußerte sich einmal sehr begeistert über die Erlebnisse in den höheren Feldern: „Hier gibt es keinen Lehrer, keinen Schüler. Es gibt keinen Anführer, keinen Guru, keinen Meister, keinen Erlöser. Du bist selbst Lehrer und Schüler zugleich; du bist der Meister, du bist der Guru, du bist der Anführer, du bist alles!" Die meisten von uns können sich vorstellen, nicht von einem Lehrer oder Guru abhängig zu sein. Es ist allerdings ein schwerer Fehler zu glauben, dass diese Freiheit echte Unabhängigkeit impliziert – Unabhängigkeit ist ein außergewöhnlicher, höchst erstaunlicher Bewusstseinszustand und kommt heutzutage eher selten vor. Echte Individualität ist daher eine großartige Fähigkeit, die wir alle in uns entwickeln sollten: Das bedeutet, dass wir uns alle von einem Zustand, in dem wir beeinflusst werden, zu einem Zustand bewegen, in dem wir einflussreich sind: Vom Erzeugnis zum Erzeuger, von Geschaffenen zu Schöpfern, von Opfern zu Entscheidern, von Wartenden und Hoffenden zu Initiatoren und aktiven Teilnehmern. Ein solch evolutionärer Sprung ist nur möglich, wenn wir uns in den spirituellen Feldern stabilisieren.

Um die Intensität eines solchen Sprungs wertschätzen zu können, sollten wir uns vergegenwärtigen, dass er zum ersten Mal einen Zustand verwirklicht, in dem wir von unserer Umgebung psychologisch unabhängig sind, und zwar im positiven wie auch im negativen Sinne: Es gibt niemanden, den wir für unser eigenes Leiden verantwortlich machen können, außer unseren eigenen Gedanken. Und es gibt niemanden, an dem wir unser Glück festmachen können, außer an unserem wahren Selbst. Dies ist der erste nötige Schritt, wahres Alleinsein für uns zu etablieren.

Begreifen wir wirklich, dass unser Leiden von Anfang bis Ende von uns selbst geschaffen wird, durch unsere Gedanken, Emotionen und Vorstellungen, und handeln wir auch danach? Haben wir wirklich verstanden, dass niemand außer uns selbst uns von unseren Gedanken, Emotionen und Vorstellungen befreien kann? Wer dies versteht, wird eine enorme Energie spüren, die entsteht, weil alle Erwartungen, alles Warten und Hoffen auf Erlösung umgewandelt werden.

Wir sollten bedenken, dass Hoffnung das vollkommene Gegenteil echter Individualität ist. Hoffnung kann nur auf der Ebene existieren, auf der Leiden entstehen kann; faktisch wird Hoffnung aus Leiden geboren. Doch je mehr wir erkennen, dass wir selbst das Leiden kreieren und die Verantwortung auf uns nehmen, dieses Leiden zu entwirren, desto mehr löst sich auch die Hoffnung auf und wird vollkommen transformiert.

Religiöse Menschen halten sich häufig an der Hoffnung auf Erlösung fest. Sei es, dass sie auf einen Messias hoffen, auf ein göttliches

Eingreifen oder dass sie an eine kommende, bessere Welt oder an ein besseres Leben nach dem Tod glauben. Der säkulare Mensch dagegen übersetzt die Überreste der Religiosität, die in sein Unterbewusstes eingegraben sind, in die Hoffnung auf einen zukünftigen Zustand ununterbrochenen Glücks. In Gedanken beklagt er sich über seine Umwelt und die Umstände seines Lebens und sehnt sich danach, sie mehr und mehr zu verändern, stufenweise, bis Glück als ständiger Zustand erreicht worden ist. Klage und Hoffnung sind untrennbare siamesische Zwillinge, ganz wie Leiden und die Suche nach Glück zwei einander ergänzende Hälften des genau gleichen Gedankens sind.

Von dem Moment an, in dem die Ausdehnung in Richtung der feinstofflichen Felder stattfindet, weit über das mental-emotionale Feld hinaus, müssen wir unausweichlich einer einfachen und nackten Wahrheit ins Auge sehen: Wir allein schaffen Leiden, indem wir uns an den verwirrten Erinnerungszusammenhängen des Gehirns und des zweiten Felds festhalten, und wir allein können uns befreien, indem wir uns von der psychologischen Struktur trennen und unser Bewusstsein weiter und weiter ausdehnen. Wir haben daher keinen Bedarf an Hoffnung oder Trost; Himmel und Hölle sind zwei Bewusstseinszustände, die wir schaffen, indem wir uns entweder mit den Feldern oder mit dem Gehirn identifizieren, göttliche Gunst ist kein göttliches Geschenk, keine Belohnung für Gebete oder gute Taten, sondern die aktive Ausdehnung unseres eigenen Bewusstseins.

Wir befreien uns selbst durch die Kraft unserer Achtsamkeit. Ausdehnung ist die einzige göttliche Gnade, die es gibt.

Sich in die höheren Felder auszudehnen ist, als würde man eine Erklärung abgeben: Man ist wirklich bereit zu reifen. Man ist bereit, sich vom kollektiven Unterbewussten zu lösen, das an ein scheinbar von außen auf uns hereinbrechendes Leiden und Erlösen gebunden ist. Ich übernehme also die volle Verantwortung für jedes Gefühl der Anspannung in meinem Leben, genauso wie ich es auch für jedes Gefühl des Glücks tue.

Im mental-emotionalen Feld begegnen wir den Prägungen, die für uns einzigartig sind, unserem persönlichen Unterbewussten, unserem Satz an Symbolen und Erfahrungen. Die Entwirrung des mental-emotionalen Dickichts aber setzt voraus, dass wir in das dritte, mental-spirituelle Feld springen, in dem wir zum ersten Mal ein ungebundenes, freies Selbst erleben, das kein Leiden kennt und voll nicht-kausaler positiver Emotionen überfließt.

Das dritte Feld ist ein entscheidender Schritt auf dem Weg in diese absolute Autonomie: Wir trennen uns nicht nur von der Frustration, Bitterkeit und der Enttäuschung über die Welt, die uns vermeintlich leiden lässt, sondern gehen noch weit darüber hinaus. Wir entdecken endlich eine endlose Quelle all jener positiven Emotionen in uns, die wir so angestrengt aus unseren externen Erlebnissen haben ziehen wollen. Wenn wir uns selbst als Quelle dieser Emotionen erkennen, lassen wir die Welt endlich los und fangen an, uns zu reifen und verantwortungsvollen Wesen zu entwickeln, die nicht nur unabhängig von allen äußerlichen Faktoren sind, sondern auch in der Lage, die Richtung des Pfeils umzudrehen und all diese nicht-kausalen Emotionen über unserer Umgebung auszuschütten. Wenn ein Mensch in seinem Innersten überfließt, wandelt er sich schließlich vom Beeinflussten zum Beeinflusser.

Durch das vierte, kosmisch-seelische Feld entwickelt der Mensch ein Selbst, das sein Ziel und seine Bestimmung kennt. Diesem Selbst ist es möglich, Sinn zu schaffen, weil es im Einklang mit den kosmischen Kräften und den universellen Gesetzen lebt und deshalb frei ist. Dieses Selbst besteht aus einer noch weiter ausgedehnten Individualität, die in einem solch starken Ausmaß gereift ist, dass sie eine Verbindung zu dem hat, was man das unerschöpfliche kreative Potenzial des Universums selbst nennen könnte. Es hat also die Fähigkeit, am Abenteuer der Schöpfung selbst teilzuhaben. Es begreift sich nicht nur als hilfloses Opfer, das sich Tag für Tag gegen die alles dahinfegenden Strömungen des Lebens stemmen muss. Hier, im vierten Feld, kann man zum ersten Mal von einem echten Willen sprechen. Dieser Wille erwächst direkt aus dem Prinzip, dass die Fähigkeit, Entscheidungen zu treffen, authentisch zu wählen und Ziele zu verwirklichen mit der Integration des Ich wächst.

Im fünften Feld wird eine absolute Autonomie geboren – ein Selbst, das in seinem Inneren den gesamten Kosmos einschließt, mit einem Gefühl allumfassender Verantwortung. Es handelt sich um das universelle, das ursprünglichste Ich. Die Autonomie findet auf umwälzende Weise statt, da sich der Mensch hier ganz und gar allein findet, da das Göttliche selbst sich in den Wurzeln seines Bewusstseins verbirgt. Das fünfte Feld, das Feld reinen Gewahrseins, lässt uns erkennen, dass Gott nichts anderes als ein Bewusstseinszustand ist, er ist keine Kraft, die sich in unsere Leben einmischt und sie leitet. Natürlich folgt daraus, dass alles von uns abhängt: Wir sind dazu bestimmt, dem Leben eine Richtung zu geben und es aus unserem weit ausgedehnten Bewusstsein neu zu schaffen.

Das totale Alleinsein des Felds reinen Bewusstseins mag religiöse Menschen bis ins Mark erschüttern, da sie dazu konditioniert worden sind, Gott über eine emotionale Beziehung zu finden, in der man vielleicht Einheit mit ihm erfahren kann, aber sicher nicht „Er sein" kann. Nichtsdestotrotz muss die menschliche Gattung, um jemals einen evolutionären Sprung nach vorne zu machen, unbedingt die vollständige Verantwortung übernehmen, die aus diesem Bewusstseinszustand der Einheit erwächst. Natürlich müssen wir zu diesem Zweck die Erinnerungszusammenhänge im mental-emotionalen Feld abbauen, die das Erbe der großen Religionen sind – ein Erbe, das uns ermuntert hat, uns klein, hilflos, wartend und abhängig zu fühlen, während in unserem Bewusstsein eine lebendige, unendliche Gottheit wohnt, die ihre Gnade aussendet wie die stets strahlende Sonne ihre Wärme.

Es gibt außerhalb des Menschen keine Hoffnung und wir sind das Wunder, auf das wir gewartet haben. Die Lösung all unserer Probleme ist eine innerliche: Sie wird aus der Menschheit heraus kommen, aus unserem Planeten und aus unserem Bewusstsein. Es ist durchaus natürlich, Angst vor dem Alleinsein zu haben und davor, auf unseren eigenen Füßen zu stehen, dennoch sind wir dazu verpflichtet, diesen Schritt zu tun und die ganze Verantwortung für unser Schicksal zu übernehmen.

Um derartige Lösungen sowohl auf der kollektiven als auch der individuellen Ebene zu finden, muss sich mehr und mehr Eigenautorität entwickeln. Indem wir unser Bewusstsein entlang der Felder ausdehnen und unsere Identität in den Feldern etablieren, kann eine solche Autorität entwickelt werden. So erwächst nach und nach eine vollkommen unabhängige Intelligenz aus diesen Feldern, die eine Frucht der Wechselbeziehung zwischen den individuellen Feldern und den weiten Feldern des Kosmos selbst ist. Heutzutage ist Individualität wie ein kleines Samenkorn im Menschen. Wir sollten es ausdehnen, um seine Kraft und seine einzigartigen Eigenschaften zu erkennen. Selbst wenn es Zeit braucht, einen solchen Prozess zu kultivieren und selbst, wenn die ersten Schritte, die eine neue, unabhängige Intelligenz gebären, eher tastend sind, bewegen wir uns auf eine unvorstellbare Errungenschaft zu.

Wir beginnen mit einfachen Schritten. Anders als allgemein angenommen, ist Individualität nicht etwas, mit dem man geboren wird. Die Fähigkeit, „uns in unsere eigenen Hände zu nehmen" – uns selbst also von Leiden zu erlösen und aus unserem Inneren heraus herrliche Emotionen zu erwecken – ist für sich genommen bereits ein wichtiger evolutionärer Schritt. Im Laufe der Zeit und durch den Ausdehnungsprozess des White Light sind wir in der Lage, unsere Leben ganz neu zu gestalten. Wir lernen mehr und mehr, unsere Körper und unseren Geist zu neuen Entscheidungen, Handlungen und Lebensweisen anzuleiten.

Ein White Light-Begleiter wird einer Person, die einen Prozess durchläuft, niemals seine eigene Meinung sagen. Er wird nicht deuten und nicht äußern, was diese Person seiner Meinung nach tun sollte. Denn wenn er das tut, begeht er an einem der wichtigsten Prinzipien des Ausdehnungsprozesses Verrat: dem Aufbau einer echten Eigenautorität, der Schaffung eines wirklichen Ichs, das keinerlei Anweisungen irgendeiner Art von externen Autoritäten benötigt. Aus diesem Grund besteht die Rolle des White Light-Begleiters ganz einfach darin, einer Person dabei zu helfen, in ihre Felder hineinzugehen und sich darin zu positionieren, sodass diese Person die besten Voraussetzungen hat, sich selbst zu stärken. Die White Light-Techniken für die Selbstarbeit sind dazu gedacht, eine Person daran zu gewöhnen, sich allmählich allein in die Felder ausdehnen zu können und sich darin niederzulassen.

Es gibt keine feste Doktrin für die Ausdehnung oder versteckte Vorstellungen davon, was die Person in einem solchen Prozess erreichen soll. Es gibt keine verborgenen Annahmen oder Vorurteile darüber, was die Person tun sollte, auf welche Weise sie sich verhalten und wie sie sein sollte. Die Ausdehnung des Bewusstseins hat keinerlei Verbindung zu irgendeiner Art von Moral – die Lehre speist sich aus dem Inneren der Person und entspricht dem, was an diesem Punkt für ihre Entwicklung wichtig ist. Entsprechend ist sie dynamisch und voller Leben. Nur die Person selbst kann im wahrsten Sinne des Wortes herausfinden, was wahr für sie ist. Ihre Fähigkeit, dies herauszufinden, wird sich von Mal zu Mal steigern, je freier sie sich in den Feldern ihres Bewusstseins fühlt.

Wenn der Mensch in Kontakt mit den feinstofflichen Feldern kommt, wird er einem ungeheuer großen Potenzial seines Wesens begegnen, einem Potenzial, das ihm vollkommen abrufbar und zugänglich erscheinen wird, solange er im Kontakt mit den Feldern ist. Es kommt jedoch durchaus vor, dass Menschen es schwierig finden, im Alltag dem Rezept für Glück zu entsprechen, das sie sich selbst verschrieben haben, als sie in den ausgedehnten Feldern des Bewusstseins waren. Dies ist der Tatsache geschuldet, dass Eigenautorität eine erworbene Eigenschaft ist. Je mehr Eigenautorität aufblüht und je mehr mit ihr unsere innere Energie und Kraft erwacht, desto mehr sind wir bereit, das in den Strukturen unseres Wesens liegende Potenzial vollständig zu verwirklichen.

5. Wir brauchen ein neuartiges Gehirn

Wir nutzen unser Gehirn derzeit schwerpunktmäßig, um zu denken. Die Bewegung der Gedanken, die ihrer Natur nach unersättlich ist, beruht auf Erinnerungszusammenhängen im Gehirn. Mit Erinnerungszusammenhängen sind Assoziationen gemeint, Verbindungen zwischen einer Sache und einer anderen, die sich zu einer bleibenden Prägung in den Erinnerungszellen des Gehirns entwickeln. Man kann dies an einem recht einfachen und oberflächlichen Erinnerungszusammenhang verdeutlichen: Sagen wir, ich reise mit einem Freund in eine fremde Stadt. Dort angekommen, stellt sich die Art und Weise, wie wir beide miteinander umgehen, als katastrophal heraus. Diese Beziehung färbt das Erlebnis meiner ganzen Reise ein, und in der Konsequenz entsteht eine Verbindung, eine unbewusste Assoziation, zwischen dieser fremden Stadt und dem negativen Erlebnis. Diese Verbindung kann dazu führen, dass ich diese Stadt nie wieder betreten will. Unzählige Erinnerungszusammenhänge dieser Art formen sich in unserem Gehirn und konditionieren es: Verbindungen zwischen einem Begriff und einer Aussage über ihn, zwischen einer Idee und einem Erlebnis, zwischen einer sinnlichen Erfahrung und einem Trauma und so weiter. Mit der Zeit verfestigen sich diese Verbindungen. Irgendwann sind wir kaum noch in der Lage, auf ein Ereignis oder eine Sache so zu reagieren, wie sie in diesem Moment gegenwärtig ist, wir können die Sache nicht mehr von der Bewertung in unseren Erinnerungen trennen. Mit anderen Worten: Wir begegnen jeder einzelnen Sache in der Gegenwart aus der Vergangenheit heraus. Auf diese Weise hat die Vergangenheit unser Gehirn konditioniert und geformt.

Im starken Gegensatz dazu befreit der Ausdehnungsprozess das Gehirn von der Aktivität der Erinnerungen und bringt es in einen neuen Zustand: Zuhören statt Denken. Indem das Gehirn die Felder, die außerhalb von ihm liegen, zu kontaktieren beginnt, kommt es tatsächlich mit neuen Ebenen des Bewusstseins in Berührung, die frei von Erinnerungen sind und daher auch frei von Konditionierungen.

Je freier wir von Konditionierungen sind, desto mehr verschwindet der Schleier, der uns von der Realität trennt – und eine neue Klarheit wird für uns erfahrbar. Nun kann eine solche Klarheit es dem Gehirn ermöglichen, ungestört, auf eine holistische, stille und aufmerksame Art zu arbeiten – und daher auch auf eine viel intelligentere und kreativere Weise.

Im Kontakt mit den Feldern erfahren wir immer wieder, dass echte Intelligenz nicht im Gehirn des Menschen sitzt, sondern eigentlich von außen oder jenseits von ihm existiert, sie wird im Gehirn lediglich reflektiert. Das Gehirn muss aus sich selbst heraus nichts produzieren, es wird im Gegenteil gebraucht, um die intelligente Aktivität, die in den feinstofflichen Feldern stattfindet, zu reflektieren, zu nutzen und weiterzuleiten.

Bis eine tatsächliche Verbindung mit den Feldern initiiert wird, funktioniert das Gehirn, indem es die Mechanismen der Erinnerung, das darin angesammelte Wissen und die Erfahrungen nutzt. Der Punkt ist, dass das Gedächtnis ein Mechanismus ist, der Einschränkungen unterliegt. Das Gedächtnis nimmt nur das wahr und kann auch nur das nachvollziehen, was bereits geschehen ist (und auch das nur eingeschränkt, nämlich entsprechend der konditionierten Interpretationswege, die jedes Erlebnis filtern). Das Gedächtnis kann keine Intelligenz bereitstellen, die völlig frei von Konditionierungen und Einschränkungen ist, denn eine solche Weisheit liegt außerhalb der Grenzen des Gehirns. Sie kann im Gehirn nur dann aktiv werden, wenn es von der zwanghaften Gewohnheit ablässt, seine Erinnerungsmechanismen zu nutzen, um zu verstehen, zu erleben und Wissen zu empfangen.

Solange der Schwerpunkt auf der Aktivität des Gedächtnisses liegt, kann es keine Intelligenz geben. Wenn das Gedächtnis aber nicht benutzt wird, wenn das Gehirn diesen Mechanismus vollkommen aufgibt, tritt eine außergewöhnliche Intelligenz in Kraft.

Man kann sagen, dass die Aktivität des Gedächtnisses ein schützender Puffer ist, der zwischen Gehirn und feinstofflichen Feldern liegt und sie voneinander trennt. Manche spirituellen Lehrer behaupten, dass

„die Freiheit des Bewusstseins nur einen Gedanken entfernt liegt“ – und sie haben recht: Die Freiheit liegt tatsächlich nur eine Erinnerung weit von uns weg. Jenseits der Erinnerungen breiten sich wundersame, energetisch vibrierende Felder ohne Horizont aus. Jenseits der Erinnerungen existiert das größere, ganzheitliche Leben, das nur durch die feinstofflichen Felder erfahren werden kann. Als menschliches Gehirn sollten wir mit diesem Leben in Kontakt kommen, das außerhalb der Aktivität des Gedächtnisses liegt.

Wenn die Aktivität des Gedächtnisses nicht mehr als Zentrum des Verständnisses und der Wahrnehmung im Gehirn fungiert, wird die Trennung zwischen dem Gehirn und den Feldern aufgehoben, und so können der Mensch und sein Gehirn endlich das echte Leben kennenlernen.

Die Ausdehnung neutralisiert den gedächtnisbasierten Mechanismus sozusagen, und dem Gehirn wird eine neue Rolle zugewiesen. Alle Strukturen im Bewusstsein sind faktisch Erinnerungszusammenhänge, daher führt uns eine Struktur in dem Moment über Erinnerungen und Konditionierungen hinaus, in dem sie über ihre Grenzen hinaus ausgedehnt wird.

Aus genau diesem Grund erreicht eine Person, die unter einem bestimmten Trauma leidet – einem außergewöhnlich verwickelten Erinnerungszusammenhang, der ganze Lebensbereiche am Aufblühen hindert – in den feinstofflichen Feldern einen Zustand, in dem sie keinerlei Verbindung mehr zu diesem Trauma spürt. Sie kann sich kaum vorstellen, warum dieses eigentlich doch unbedeutende vergangene Ereignis so viel Aufregung und Verwirrung verursacht hat. Der Moment, in dem wir das nicht mehr nachvollziehen können, macht eine ungeheure Befreiung aus.

Der Erinnerungsmechanismus ist dafür verantwortlich, dass Schmerz und Stress aus dem Gewebe von Körper und Psyche hervorgehen. Ohne Gedächtnis hat das Unterbewusstsein keine Substanz und sture Muster aus Gedanken, Emotionen und Verhalten verlieren ihre Gültigkeit. Aus diesem Grund besteht die schnellste, radikalste Therapie darin, das Gehirn von der Aktivität des Gedächtnisses zu befreien. So befreien wir uns von Leiden und Mustern. Dank der Felder erkennen wir, dass wir uns nicht damit abplagen müssen, Muster zu entwirren, wir müssen das Gehirn lediglich in diesen neuen Zustand des Zuhörens bringen, der nicht mehr von der Vergangenheit beeinflusst wird. Dieser Zustand, in dem das Gehirn auf eine neue Weise arbeitet, hat die Kraft, unser Leben zu verändern.

Der Prozess der Ausdehnung synchronisiert das Gehirn mit den Feldern. Allmählich löst er emotionale Erinnerungen aus dem Gehirn und den Zellen unseres gesamten Körpers und erlaubt ihm so, die enorme Weisheit der feinstofflichen Felder immer mehr aufzunehmen.

Die Befreiung von Erinnerungen ermöglicht dem Gehirn noch weit mehr als eine Umwandlung der Mechanismen, die Leiden produzieren. Ein Gehirn im Zustand reinen Zuhörens kann die Realität unverzerrt sehen, ohne dass sich unbewusste Motive einmischen. Es kann also auch dem, was ist, direkt ins Gesicht sehen, ohne auf eine Erlösung zu hoffen und ohne weglaufen zu wollen, ohne zu verurteilen oder zu rechtfertigen. Diese Tatsache macht das zuhörende Gehirn im Vergleich zum denkenden Gehirn weitaus effizienter und kreativer darin, Probleme zu lösen und Schranken aller Art zu durchbrechen. Wenn wir genau hinsehen, wird uns klar, dass die Hürden, die in unserem Leben auftauchen, nichts weiter als Abbilder der Hürden in unserem Bewusstsein sind, die eben aus den ungelösten Erinnerungszusammenhängen resultieren. In einer solch misslichen Lage ist es klüger, die Blockaden des Bewusstseins zu entfernen – also die Erinnerungszusammenhänge abzubauen – und dadurch Raum zu schaffen.

Stille, die Abwesenheit jeglicher Bewegung im Gehirn, ist ein viel intelligenterer Zustand als das unruhige, konfliktbeladene, in sich widersprüchliche Denken. In dem Moment, in dem das Gehirn eine Situation beobachtet, ohne zu reagieren und sofort zu interpretieren, kann es sich erlauben, holistisch und einheitlich zu bleiben und so die Situation in ihrer Ganzheit zu erfassen. Dann erkennt das Gehirn ohne jede Anstrengung, dass die Antwort oder Lösung im Herzen der Situation liegt und nicht in seinen verworrenen und verwirrten Erinnerungsspeichern. Wenn wir uns auf der Ebene des Denkens bemühen, Lösungen zu finden, stößt das Gehirn an seine eigenen Grenzen. Verzweifelt durchforstet es die Schubladen seiner Erinnerung nach etwas Nützlichem. Aber das Gehirn kann kaum kreativ denken, wenn es in Strukturen der Angst und Verwirrung, unbewussten Motiven und Erinnerungen gefangen ist und eine Situation mit ähnlichen Erfahrungen aus der Vergangenheit abgleicht. Gedanken basieren immer auf Erinnerungen und sind ihrem Wesen nach konditioniert. Wenn wir das begreifen, können wir verstehen, wie ungeheuer bedeutsam ein unkonditioniertes Gehirn ist, wenn es um die Entscheidungsfindung geht. Kein Mensch kann wirklich entscheiden, ob er bei seinem Partner bleiben oder ihn verlassen sollte, solange sein Gehirn von der Angst geprägt ist, allein zu bleiben, solange es Druck aus seiner Umwelt spürt und den Wunsch, das Ergebnis jeder einzelnen seiner Handlungen zu kontrollieren. Das Gehirn muss leer sein, um die reine Lösung sehen zu können, die aus den Tiefen der Situation selbst aufsteigt.

Die Erinnerungszusammenhänge sind nicht ausschließlich psychologischer Natur. Es gibt eine große Bandbreite an Erinnerungszusammenhängen, sowohl individuelle als auch kollektive, die unseren Zugang zur höchsten Wahrheit und zu den Antworten auf die größten Fragen des Lebens konditionieren und einschränken. Diese Verbindungen hängen als Schleier zwischen uns und dem objektiven und echten Wissen, das jenseits der Grenzen des Gehirns liegt und sogar jenseits der Grenzen unserer persönlichen Bewusstseinsfelder. Wenn das konditionierte Gehirn auf den Begriff Wahrheit stößt und überzeugt ist, dass es weiß, was das bedeutet, dann wandelt es die Wahrheit in Wirklichkeit zu einer Idee um, die in ihren eigenen Grenzen gefangen ist und verpasst so die Chance, den Kontakt zum echten Leben aufzunehmen, das hinter diesem Konzept existiert. Der Prozess der Ausdehnung bringt das Gehirn in Einklang mit den Feldern und so in einen Zustand, der frei von den Glaubensvorstellungen und traditionellen Denkweisen ist, die es als Erinnerungszusammenhänge gespeichert hat. In den Feldern begreift der Mensch, dessen Gehirn auf diese Weise arbeitet, dass er völlig allein ist – ein zutiefst authentischer Zustand, durch den er auf eine direkte und unabhängige Weise mit Einsichten in Berührung kommt, denen erlerntes Wissen nur im Weg steht.

Ein Gehirn, das allein ist, unabhängig und unbeeinflusst, frei von Erinnerungen und Konditionierungen, kann eine neue Realität schaffen, deren Quelle wirklich in der Gegenwart liegt. Die Entstehung eines solchen Gehirns kann uns nicht nur dabei helfen, unser individuelles Leben neu zu erschaffen. Es treibt auch die evolutionäre Entwicklung der Menschheit als Ganzes voran. Solange das Gehirn auf das fixiert ist, was sich bereits im Speicher seiner Erinnerung befindet, wird es die Herausforderungen in der Gegenwart – wie Hunger, Diskriminierung und Armut – mit Hilfe von Schlussfolgerungen angehen, die auf Erfahrungen in der Vergangenheit beruhen. Ein „neues" Gehirn dagegen kann neue Lösungen für alte Probleme finden und unerforschte Pfade entdecken, auf denen wir in eine unkonditionierte Zukunft schreiten können. Aus diesem Grund ist die Qualität des Bewusstseins in vielerlei Hinsicht der Faktor, der unsere Zukunft nicht nur als Individuen bestimmen könnte, sondern auch als Gattung, die auf diesem Planeten existiert.

Der Ausdehnungsprozess an sich legt das Gehirn niemals auf bestimmte Ideen oder Schlussfolgerungen fest. Er soll dem Menschen im Gegenteil ermöglichen, frei zu erkunden und diese Freiheit immer wieder zu entwickeln, in dem Maße, wie sich das Bewusstsein weiter ausdehnt. Die Reise der Ausdehnung ist eine Reise, die kein Ende hat und keines haben kann, da es in der Natur unseres Bewusstseins liegt, unendlich zu sein.

Man kann mit einigem Recht die kühne These wagen, dass der Kontakt mit den Feldern das Gehirn dazu bringt, sich weiter zu entwickeln. Zweifellos wird es durch diesen Kontakt flexibler und komplexer. Alte Zusammenhänge lösen sich und machen Platz für neue Verknüpfungen, schlummernde Potenziale erwachen (unter anderem das der

Epiphyse und Hypophyse) oder entstehen ganz neu. Wir können auf direkte Weise erleben, dass das Gehirn, wenn es mit dem in Berührung kommt, was jenseits der Grenzen seiner Erfahrung liegt, als Empfänger einer höheren Wahrheit zu arbeiten beginnt. Es entwickelt energetische Kapazitäten, die eine Verbindung mit den Feldern schaffen. Im Laufe der Zeit wird sich möglicherweise herausstellen, dass der Prozess der Ausdehnung zur Entwicklung des menschlichen Bewusstseins einen wichtigen Beitrag geleistet hat.

Kapitel 5: Die Begegnung mit dem White Light

White Light ist ein Zustand, der sich an der Grenze zwischen dem dritten und dem vierten feinstofflichen Feld offenbart. Auch wenn das „White Light" also nur eine von vielen Schichten ist, die in den Feldern des Bewusstseins gefunden werden können, habe ich diesen Zustand als Symbol für die gesamte Methode ausgewählt. In diesem Kapitel erkläre ich, warum.

Am Anfang des Buchs haben wir gelernt, dass es parallel zu den externen Sinnen auch innere Sinne gibt, die es uns ermöglichen, Strukturen zu beschreiben und Formen, Farben und Gerüche zu identifizieren. In genau der gleichen Weise gibt es eine vollkommene, innere Parallele zu physischem Licht, wie wir es als Licht der Sonne, des Feuers oder künstliche Beleuchtung kennen. Dieses innere Licht ist für das physische Auge natürlich unsichtbar. Nichtsdestotrotz gibt es eine wichtige Ähnlichkeit zwischen dem Licht der Sonne, das den ganzen Planeten überstrahlt, und diesem verborgenen spirituellen Licht: Genau wie das Licht der Sonne Leben schenkt – und entsprechend in unserem Bewusstsein das Leben symbolisiert –, so ist auch das spirituelle Licht ein Symbol für unsere Lebensquelle.

Im Laufe der Jahre haben Praktizierende auf der ganzen Welt davon berichtet, dass sie ein blendendes weißes Licht sahen, das ihr ganzes Wesen von innen heraus überflutete und „heller als tausend Sonnen" war. Dieses Licht hat sich im meditativen Bereich in eines der typischen

Symbole unseres wahren Selbst verwandelt, ein Zeichen dafür, dass wir uns einem direkten und tiefgründigen Kontakt mit der Gottheit in uns nähern. Heutzutage stehen uns exakte Konzepte zur Verfügung, die diesen Umstand mit der Ausdehnung des Bewusstseins entlang der Felder erklären, die das Gehirn umgeben.

Immer wieder wird bei Nahtod-Erlebnissen von einem Gehen oder Schweben (oder sogar einem magnetischen Angezogenwerden) auf ein gleißend weißes Licht berichtet, es wird auch von einem Aufgesaugtwerden in weißes Licht gesprochen und von Begegnungen mit Wesen, die Licht ausstrahlen. Dieses Licht wird im körperlosen Bewusstsein des vorübergehend Verstorbenen als Vergebung und bedingungslose Liebe interpretiert, sie empfinden, dass die Vergangenheit ausgelöscht wurde und ihnen neues Leben versprochen wird.

Was unser kollektives Unterbewusstes betrifft, haben Bilder aller Traditionen und Zeitalter Engel oder hochstehende Meister – von Moses bis Jesus – bildlich dargestellt, als wären sie entweder von weißem Licht umgeben oder als würden sie es ausstrahlen. In der New Age-Kultur spricht jedermann von „Licht" und „Liebe" im selben Atemzug. Selbst wenn diese Menschen das Licht nicht direkt erlebt haben, empfinden sie doch intuitiv seine Echtheit und sein wahres Wesen.

Viele Heiler kennen das Geheimnis des weißen Lichts und nutzen es, um ihren Patienten reinigende Lebensenergie zu schenken. Dank des Ausdehnungsprozesses können wir nun das vierte Prinzip voll aktivieren – das Prinzip der Eigenautorität – und diese Ebene nicht nur frei in uns erleben, sondern uns diese Energie, die für uns voll verfügbar wird, zunutze machen. Von nun an ist es recht einfach, sich mit der Ebene des White Light zu vereinen und von ihrem regenerierenden, verwandelnden und erlösenden Licht unterstützt zu werden, die sich auf fast jede Ebene unseres Daseins wunderbar auswirken kann.

Wie bereits angemerkt, ist die White Light-Ebene eine Grenzlinie: die Schranke, die die spirituellen Dimensionen des Daseins im dritten Feld von den göttlichen Regeln und Dimensionen der Schöpfung im vierten Feld trennt. Dieses Licht, das direkt aus unserem höheren Selbst

– gewissermaßen aus unserer Seele – und dem spirituellen Herzen des Kosmos scheint, ist eine reinigende und heilende Kraft, die Erinnerungen und Vergangenheit auslöscht und ein neues Leben verspricht. Wann immer ein Mensch ihm begegnet, wird er von dem lebenserhaltenden inneren Licht genährt, sobald sein ganzes Wesen darin eingetaucht ist, genau wie eine Person, die aus ihrem Haus in die Welt tritt und von dem warmen und verjüngenden Licht der Sonne überflutet wird.

Dieses direkte Erleben der Nährung, Heilung und Auslöschung der Vergangenheit ist eine extrem hohe und subtile Ebene der Liebe. Es ist daher auch möglich, das weiße Licht als Energie spiritueller Liebe zu betrachten, das jedes Mal, wenn wir ihm begegnen, in sich die Botschaft eines neuen Anfangs hält, die Möglichkeit eines neuen Lebens. Wenn wir mit dieser spirituellen Energie in Kontakt kommen, löst sie jede Problematik und jeden Widerstand in uns – in Körper, Emotionen, Gehirn und Herz – und gibt uns das Gefühl, radikal gereinigt zu sein, unbefleckt und gut.

Das größte Geschenk des White Light liegt in dem Wissen, das wir erlangen, wenn wir in ihm aufgehen: dass wir bereits gut sind. Unser Prozess der Entwicklung muss also kein Prozess sein, in dem wir uns selbst reparieren, sondern kann aus einem Gefühl der Ganzheit wachsen. Durch das White Light lernen wir, dass wir auf den ausgedehnteren Ebenen des Bewusstseins vollkommen, ganz und unverdorben sind, und dass dies der Ausgangspunkt für jeden weiteren Schritt sein kann, den wir in unserer Entwicklung tun werden.

Auf einer sehr tiefen Ebene unseres kollektiven Unterbewussten liegt eine fundamentale existenzielle Spannung. Als Quellen dieser Anspannung können wir einige Erinnerungszusammenhänge benennen: die existenzielle Anspannung der Raubtier-Beute-Beziehung, der Kampf um das eigene Leben und das Ringen ums Überleben; die Anspannung eines Bewusstseins, das eine Erbsünde kennt und eine Vertreibung aus dem Paradies, und dazu noch die weiteren Anspannungen, die aus zahllosen gesellschaftlichen Verboten und Tabus aller Arten resultieren. Die direkte Schlussfolgerung aus dieser Anspannung ist das psychologische Erleben eines grundlegenden Gefühls des ‚Nicht-gut-genug-Seins', ein Gefühl, das uns vermittelt, wir müssten alle Anstrengungen unternehmen, um uns in Ordnung zu bringen, damit wir gut und würdig werden. Schließlich sagt uns der große Mythos, der die Psyche vieler von uns formt – der Mythos von Adam und Eva –, dass die Menschheit in Sünde begonnen hat!

In deutlichem Widerspruch zu einer weit verbreiteten Annahme ist diese Spannung anti-evolutionär, sie fördert gesundes Wachstum und Reife keineswegs. Im Gegenteil, sie hält den Menschen sogar stark zurück und lässt ihn in einem Zustand der Selbstverurteilung und des Selbsthasses erstarren. Glücklicherweise beginnt die Person in dem Moment, in dem sie die Ebene des White Light erreicht, auf einmal Vergebung zu empfinden. Und zwar ohne dass sie dafür ihr Fehlverhalten korrigieren und versprechen muss, besser zu werden. Die White-Light-Ebene vermittelt ihr, dass sie allein durch ihr Dasein gut und vollständig ist; dass der Mythos von Himmel und Hölle falsch ist, da echte Spiritualität sich mit evolutionärer Entwicklung beschäftigt und nicht mit Schuld und Moral, und daher hat sich auch nie etwas gegen die Person angesammelt. Sie hat keine Schulden, sie kann sich in genau diesem Moment als unbeschriebenes Blatt erleben, ihr Leben neu beginnen und ihren Blick auf einen Horizont richten, der von Chancen und Möglichkeiten kündet. Aus diesem Grund geben wir in dieser Methode wieder und wieder die Anweisung, unser ganzes Wesen mit weißem Licht zu waschen: Gedanken, Emotionen, Empfindungen und besonders die Teile des Körpers, die in einem quälenden Erinnerungszusammenhang gefangen sind.

Je mehr und je länger der Mensch sich auf der Ebene des weißen Lichts aufhält, desto mehr wird er im wahrsten Sinne des Wortes im Licht gebadet und heilt so sein Elend auf allen Ebenen, ganz besonders die Phantasie eines schulderfüllten und wertlosen Herzens. Dank der Tatsache, dass er diese Ebene erreicht hat, fühlt er, dass er akzeptiert und geliebt ist, sein Dasein ist wahr und wirklich, ohne eine Rechtfertigung zu brauchen, er fühlt sich gereinigt und erneuert. Er erkennt sich als ein in seiner Essenz spirituelles Wesen. Vor allem lernt er, dass er keine Anstrengung machen muss, um einfach da zu sein, und dass diese Entwicklung nicht durch ein Bemühen, wie wir es kennen, erreicht wird, sondern durch die Kultivierung einer Stille, die ein Ende aller Anstrengungen bedeutet.

Das weiße Licht befreit die Person von dem Gefühl der Anstrengung, das die Gesellschaft in ihn gepflanzt hat. Es gestattet einen Schuldenerlass und ermöglicht der Person, sich schuldlos, unbefleckt und unschuldig zu fühlen. Sie wagt zu spüren, dass sie nichts falsch gemacht hat, selbst wenn sie unmoralisch gehandelt hat. Bis dahin war das, was ihr immer als Weiterentwicklung vorgekommen sein mag, nichts weiter als der fortwährende Versuch, das große Leiden zu überwinden, das in der Wut über das eigene Selbst und dessen Verurteilung verwurzelt ist, ein Leiden an der Unfähigkeit, das Gute zu akzeptieren, das dem eigenen Wesen wirklich innewohnt.

„Ich bin vollständig, ich bin gut, ich bin rein, ich bin unschuldig, ich bin echt, ich existiere, ich darf, alles ist gut, es gibt kein Problem, ich kann neu beginnen, es gibt keine Schranken und Grenzen, ich bin neu, die Vergangenheit wurde ausgelöscht" – dies ist das fundamentale Wissen, das uns auf der White Light-Ebene offenbart wird. In dem Moment, in dem es aufscheint, erzeugt es eine Verwandlung im Körper, den Emotionen, dem Gehirn und dem Herzen. Es hat nur ein Ziel: die grundlegende existenzielle Anspannung in ein vollkommen positives Gefühl umzuwandeln, ein Gefühl der Ganzheit und Vollständigkeit, die im Innersten des Daseins wurzelt und die man nicht erst erringen muss.

Damit die Entwicklung entlang der Felder möglich wird und damit das Gehirn die erinnerungsbasierten Ebenen des Leidens hinter sich lassen kann, muss man neu beginnen, als ob nie etwas geschehen wäre. Die Ebene des White Light gewährt uns dieses Gefühl des Anfangs. So ist das White Light, als Grundlage jeder echten evolutionären Entwicklung, zum Symbol der gesamten Methode geworden.

In diesem Licht können wir sehen, wie die Ebene des White Light drei der fünf fundamentalen Prinzipien der Methode aufzeigt:

- Wann immer wir das heilende und verjüngende Potenzial des White Light aktivieren, nutzen wir das erste Prinzip – Bewusstsein geht Erscheinungen voraus. Die Reinigung unserer Tiefen ermöglicht Transformationen in den vier Zentren von Körper, Emotion, Gehirn und Herz.
- Die tief gehende Logik eines Wachstums aus einem Gefühl der Ganzheit und Positivität zieht ihre Kraft aus dem zweiten Prinzip, demzufolge die Felder Ebenen sind, auf denen Leiden ein Ding der Unmöglichkeit ist. Wir brauchen Leiden, Schmerz und existenzielle Anspannung nicht, wenn wir uns entwickeln wollen. Es ist genau umgekehrt: Wir können uns erlauben, uns vom Positiven ins immer noch Positivere zu entwickeln.
- Das vierte Prinzip, das Ziel ist Eigenautorität, wird hier radikal verwirklicht, da die Güte des weißen Lichts in den Tiefen unseres Bewusstseins offenbart wird und keineswegs außerhalb von uns liegt – weder in den Händen irgendeines mächtigen Heilers noch in irgendeiner verborgenen göttlichen Berührung. Im radikalsten Sinne sind wir fähig, uns selbst zu heilen.

Fast jede Technik im White Light kann uns zur White Light-Ebene führen; fast jeder Ausdehnungsprozess mag uns auf diese wundersame Ebene bringen, die sich zwischen dem dritten und vierten Feld befindet. Die Namen, die man ihr gibt, mögen unterschiedlich sein, werden sich aber doch gleichen – Namen wie „der weiße Raum“ oder „eine Dimension vollkommenen Lichts“. In jedem Fall wird die direkte Erfahrung gleich aussehen: ein Erlebnis allumfassender spiritueller Liebe.

Dir ist vielleicht die kleine Andeutung aufgefallen: Das weiße Licht ist in Wirklichkeit die Emotion der Liebe in ihrem ausgedehnten Zustand. Aus diesem Grund ist die einfachste Art, diese Ebene zu erreichen, die Ausdehnung der Emotion der Liebe. Wann immer wir diese Emotion erleben, sind wir in einem gewissen Maße mit dem weißen Licht verbunden.

Als Menschen sind wir dazu bestimmt, alle möglichen Ebenen der Liebe zu erleben – von der biologischsten und materiellsten Liebe bis zur Liebe als reinem Seinszustand. Wenn wir die Erfahrung der Liebe entsprechend der Theorie der feinstofflichen Felder betrachten, können wir ihre ganze Bandbreite entdecken:

1. Auf der physischen Ebene erleben wir die biologische Liebe. Diese Liebe lässt uns keine Wahl und wird von der enormen Kraft biologischer Verhaftung kontrolliert. Wir erleben sie vor allem gegenüber unseren Eltern und Kindern. Sie hat eine zufällige Dimension: Wenn man im Krankenhaus unser Baby mit einem anderen ausgetauscht hätte, würden wir dem Baby gegenüber dennoch die gleiche unglaubliche Intensität des Verantwortungsgefühls und der Fürsorge entgegenbringen. Wenn ein Mensch stirbt, dem wir mit dem Gefühl biologischer Liebe verbunden waren, betrauert unser Körper diesen Verlust, als sei ein Teil von ihm abgetrennt worden und als könne er nie wieder das Gefühl haben, ganz zu sein.
2. Im zweiten, mental-emotionalen Feld erleben wir eine Liebe und Intimität, die nicht auf der Kraft der Biologie basiert – zum Beispiel in Liebesbeziehungen, Freundschaften oder bei kreativer Zusammenarbeit. Sie alle tragen in sich eine Dimension der Entscheidung und Absicht und bringen uns dazu, erwachsen zu werden, sodass wir unsere Schwächen und Schattenseiten bereitwillig opfern. Wir lernen, unsere Selbstsucht zu überwinden, die tief in den Erinnerungszusammenhängen unseres Unterbewussten wurzelt, und einem anderen Menschen entgegenzugehen, weil wir uns dazu entscheiden.
3. Im dritten, mental-spirituellen Feld finden wir uns vielleicht in einer Beziehung mit jemandem, den wir als Zwillingsseele wahr-

nehmen; eine deutlich spirituellere Verbindung, die unserem Empfinden nach über die Grenzen von Zeit und Raum hinausgeht. Hier sind wir ehrlich daran interessiert, dem anderen zu einer echten Entwicklung zu verhelfen und nicht daran, seine oberflächliche Persönlichkeit zu erhalten. Zusätzlich erleben wir dank des Erwachens nicht-kausaler Emotionen in diesem Feld einen Zustand der Selbstlosigkeit und überfließenden Liebe, die nicht auf Bedürftigkeit gegenüber dem anderen basiert, sondern auf unserem Wunsch, ihn zu fördern und uns ihm hinzugeben.

4. Im unteren Bereich des kosmisch-seelischen Felds befindet sich die Ebene des White Light, in der Liebe die Natur selbst ist und keine Emotion, die einem anderen gegenüber empfunden wird. Hier fangen wir an, Liebe als essenzielle Erfahrung zu erleben und nicht mehr als eine Emotion, die von anderen Menschen oder bestimmten Umständen abhängt. Diese Liebe erwacht nicht als Resultat eines Geschehens in der externen Welt, sondern leitet sich aus dem grundlegenden Motiv unseres Daseins ab. Liebe motiviert uns und ist die Bedeutung unseres Lebens; unsere Bestimmung ist es, diese Liebe in jeder möglichen Form zu verwirklichen, die zu der einzigartigen Struktur der Seele passt, wie sie im vierten Feld erkannt wird.
5. Im fünften Feld des reinen Gewahrseins ist Liebe etwas, das direkt von unserem wahren Wesen ausstrahlt. Wir bewegen uns vollkommen weg vom Erleben der Liebe als Emotion und entdecken, dass wir selbst total autonom wie eine Sonne sind, die ihr Licht aus einer vollkommenen Selbstlosigkeit heraus auf alles scheinen lässt, was es gibt. Jegliche Handlung, die aus dieser Sonne erwächst, ist ein müheloses Verströmen in Richtung aller, die sich zufällig in ihrer Umgebung befinden; sie liebt, ohne zu lieben, einfach weil die Liebe da ist, überfließend.

Wie ich zuvor bereits erwähnt habe, könnte man die Entwicklung des Bewusstseins entlang der Felder als Schnellstraße bezeichnen. Auf dem

Feldweg bemühen wir uns, den Egoismus in unseren Beziehungen zu beheben, während wir auf der Schnellstraße unser Bewusstsein in einem solchen Ausmaß ausdehnen, dass alle Ebenen einer dichteren Liebe ins Gleichgewicht kommen und sich mit der höchsten Ebene der Liebe synchronisieren, der des fünften Feldes. Dadurch erhalten die stärker zusammengezogenen Ebenen die richtige Ordnung und werden zudem von unnötigen psychologischen Themen befreit. Es ist somit wirklich nicht nötig, sich zu sehr mit den kleinen Details in Beziehungen zu plagen – sie sind nur verzerrte Auswüchse, die aus einer egoistischen und bedürftigen Ebene des Bewusstseins erwachsen. Unser konfliktbeladenes Bewusstsein ist es, das sie zu einem Konflikt werden lässt.

Ein junger Mann, der mit der Absicht zum White Light kam, sich sozial besser anpassen zu können, erlebte zu seiner Enttäuschung, dass der Begleiter zunächst darauf bestand, sein Bedürfnis geliebt zu werden und auch das Bedürfnis nach Bestätigung durch andere Menschen zu hinterfragen. Indem er dieses Bedürfnis ausdehnte, entdeckte er, dass die Wahrheit tatsächlich das genaue Gegenteil war: Er war derjenige, der sich allen anderen zuwenden kann; das eigentliche Thema war daher nicht die Frage, wie er sich sozial anpassen könne, sondern die Umkehr seiner Selbstwahrnehmung, die ihm auf einmal die Fähigkeit gab, selbst zu einem Menschen zu werden, der geben kann.

Auf der Schnellstraße erfüllen sich moralisch aufgeladene Gesetzmäßigkeiten wie „Liebe deine Feinde“ oder „Liebe den anderen wie dich selbst“ von allein, und zwar nicht, weil wir uns darum bemühen, sondern weil das ausgedehnte Bewusstsein sich eben genau so verhält. Es ist seine freiwillige, spontane Handlungsweise. Daraus folgt, dass auf der Schnellstraße solche Manifestationen der Liebe ein Indiz für eine bestimmte Bewusstseinsebene sind, nicht nur hehre moralische Prinzipien. Schließlich können auf der Schnellstraße Konzepte gar nicht existieren – es gibt nur die Realität des Lebens, von einem Moment zum nächsten.

Kapitel 6: Erleuchtete Psychologie: Eine neue Definition seelischer Gesundheit

Die Theorie der feinstofflichen Felder und die fünf Prinzipien der Ausdehnung schaffen die Grundlage für einen völlig anderen psychologischen Ansatz als jenen, der unser Gehirn über die letzten hundert Jahre seit der freudianischen Revolution geformt und konditioniert hat. Wenn die Psychologie – das Begreifen der Psyche, das eine Heilung ihrer Leiden ermöglicht – die ganze Skala der fünf Schichten des Bewusstseins in Betracht zieht, entdeckt sie nicht nur eine deutlich vielschichtigere Struktur der menschlichen Psyche, sondern auch neue und ausgezeichnete Möglichkeiten, psychologische Knoten zu lösen und eine echte emotionale und mentale Gesundung herbeizuführen.

Es ist zunächst einmal eine Frage der Proportionen: Solange wir die Psyche als das Einzige wahrnehmen, was es gibt, erscheint sie uns unendlich in ihren Schichten und ihrer Komplexität, wie eine bodenlose Schlucht. Dank der breiter gefassten Perspektive der feinstofflichen Felder können wir tief in die verschiedenen Schichten der Psyche hineingehen. Wir können die einzigartigen Möglichkeiten dieser Felder nutzen, um die Knoten in der Psyche aufzulösen und emotionale und mentale Genesung zu erlangen. Sobald der primäre, sowohl bewusste als auch unbewusste Inhalt der Psyche und die Speicher des Gehirns nur ein einziges Feld ausmachen (das mental-emotionale Feld), kann die Beziehung zwischen diesem Feld und dem elektromagnetischen Feld unter ihm und den drei feinstofflichen Feldern über ihm wahrgenommen werden. So wird die unverhältnismäßige Bedeutung mentaler und emotionaler Muster, wie wir sie allzu oft erleben, verändert. Sie wirken klein und blass; der Berg verwandelt sich in eine Maus – und das allein ist ein wichtiger Schritt der Genesung.

Im Licht der Felder und des Prinzips der Ausdehnung verändert sich der Begriff mentaler Gesundheit substanziell. In der Sprache des White Light würde man sagen, er dehnt sich aus – und entsprechend verändert sich auch das endgültige Ziel des Prozesses, es dehnt sich ebenfalls aus.

Als Freud gefragt wurde, was der Sinn der Psychoanalyse sei, antwortete er, dass es zwei Zielsetzungen gebe: Einer Person solle es erstens ermöglicht werden zu arbeiten und zu lieben, und zweitens solle die Person in einen Zustand „normalen menschlichen Unglücks" geführt werden – also in den allgemein üblichen Zustand des menschlichen Elends. Im White Light wird seelische Gesundheit als optimales und harmonisches Arbeiten aller Bestandteile des Bewusstseins betrachtet. Es ist in keiner Weise das Ziel, ein unausgeglichenes Individuum dazu zu bringen, in der Welt zu funktionieren, nachdem das störende neurotische Element entfernt worden ist. Das Ziel des Begleiters liegt also, wenn eine Person sich in einen Prozess im Rahmen dieser Methode begibt, nicht nur darin, den neurotischen Faktor loszuwerden – ein zwanghaftes Denken, eine tief sitzende und abgrundtiefe Angst oder eine unablässige und unverhältnismäßige emotionale Bedürftigkeit. Im gesamten Gefüge von Körper und Geist gilt es, wiederholt Gefühle von Gesundheit, Einklang, Ganzheit und Harmonie aufzuwecken. Bis die Person sie verinnerlicht hat und als natürlichen Zustand annimmt.

Wenn das System die Ganzheit und Freiheit ausstrahlt, die in den feinstofflichen Feldern des Bewusstseins zugänglich wird, so wird klar, dass es einen Zustand seelischer Gesundheit gibt, der die hochtrabendsten Hoffnungen und Vorstellungen noch weit übertrifft; einen Zustand, in dem der Körper nicht mehr aufgrund existenzieller Anspannung und ständiger, unbewusster Überlebenssignale daueralarmiert ist und in dem die Lebenskraft (erstes Feld) frei und ungestört fließt. Das Gehirn ist still und leer, ohne sinnlose Gedanken, die sich im Kreis bewegen (zweites Feld); nicht-kausale positive Emotionen sprudeln aus den Tiefen des Seins hervor (drittes Feld); im Innersten des Wesens liegt ein Wissen um die Bedeutung und Richtung des individuellen Lebens und auch um das Leben im Allgemeinen (viertes Feld); und das Gewahrsein an sich ist vollkommen frei von den verschiedenen weltlichen Erscheinungen und ruht in der Unendlichkeit des Kosmos (fünftes Feld). So dehnt sich die Definition seelischer Gesundheit entlang der Felder aus, bis wir schließlich begreifen, dass der Körper, das Gehirn und die fünf Felder des Bewusstseins optimal und harmonisch arbeiten müssen, damit wir wirklich gesund sein können – sicher und intakt im wahrsten Sinne des Wortes. Daraus folgt, dass wir, wenn wir uns selbst beibringen, uns auf eine neue Ebene uneingeschränkter Harmonie zu begeben, Bedingungen schaffen können, in denen alle Formen psychologischen Leidens ganz einfach unmöglich sind.

Neue Ebenen der Therapie

Die Zugänglichkeit der Felder erschüttert zudem die Konditionierung, derzufolge Heilung psychoanalytisch erfolgen muss – als Resultat der Erforschung psychischer Untiefen und ihrer Entschlüsselung. Jetzt begreifen wir einerseits, dass nicht nur mentale und emotionale Komplikationen mit vollkommen nicht-psychologischen Mitteln gelöst werden können, und andererseits, dass es ganz unterschiedliche Ebenen in uns gibt, die der Heilung bedürfen. Und so könnte sich das Modell der Psychoanalyse als eine Ablenkung von der tatsächlichen Aufgabe herausstellen.

Viele, die Meditation praktizieren, können Zeugnis davon ablegen, dass bestimmte Muster von Körper und Geist – wie zwanghaftes Denken und Abhängigkeiten – als Ergebnis ihrer Übungen verschwunden sind, als hätte es sie niemals gegeben. Das bedeutet, dass Muster oft als Nebenprodukte der Langeweile und Leere erscheinen, eines Lebensstils, der keine Antworten auf die tiefen Bedürfnisse der Psyche gibt, oder aufgrund einer unpersönlichen existenziellen Anspannung, die folglich keinen psychoanalytischen Inhalt hat. Zweifellos gibt es im Menschen eine ganze Reihe mentaler Störungen, auf die es keine Antwort in Form einer psychologischen Entschlüsselung – allein durchgeführt oder mit einem Experten – gibt und vielleicht auch nicht geben kann.

Die Logotheraphie des bekannten Psychologen Viktor Frankl ist ein schönes Beispiel für einen psychologischen Ansatz, der das psychoanalytische Prinzip als Antwort auf alle Bedürfnisse der Psyche zurückweist. Entsprechend der Vorstellungen von Frankl ist das bedeutsamste Unterbewusstsein des Menschen ein positives Unterbewusstsein. Dessen Basis, dessen primäre Antriebskraft ist die Sehnsucht nach Sinn (was in starkem Kontrast zu Freuds Genussprinzip steht und eine interessante Parallele zur Sehnsucht nach Ausdehnung im White Light darstellt): Das unbewusste Streben des Menschen besteht darin, eine wirkliche Bedeutung für sein Leben zu finden. Findet er diese, kann er auch eine Erlösung von vielen seiner Neurosen finden. Dies geschieht aufgrund der Tatsache, dass „der Geist des Menschen nicht nur eine mechanische Maschine ist“ und dass der Mensch vor allem anderen ein Wesen ist, dessen „primäres Streben es ist, Bedeutung zu erkennen und Wert zu erfüllen und nicht nur Begierden und Impulse zu befriedigen“.

In seinem wichtigen Buch „Der Mensch auf der Suche nach Sinn: Einführung in die Logotherapie” erklärt Frankl, dass der neurotische Mensch sehr oft „versucht, der vollen Anerkennung seiner Lebensaufgabe zu entkommen. Wenn er auf seiner Aufgabe besteht, seine Sinne einer volleren Erkenntnis dieser Mission öffnet, könnte dies zu seiner Fähigkeit beitragen, die Neurose zu überwinden“. (s. S. 269) Frankl verwirft das psychoanalytische Misstrauen in Bezug auf die Suche des Menschen nach sich selbst und seiner Bedeutung und erklärt, dass eine solche existenzielle Frustration nicht nur eine mentale Krankheit bedeutet, sondern ein spirituelles Elend. Aus diesem Grund wird existenzielle Verzweiflung oft durch Betäubungsmittel nicht wirklich gelöst, noch nicht einmal durch Aufdecken des psychologischen Ursprungs der Verzweiflung. Das Bemühen, die Verzweiflung abzustellen und einen spannungsfreien Zustand herzustellen, bedeutet, dass die verborgene Botschaft darin vollkommen übersehen wird. Das genaue Gegenteil trifft zu: Die existenzielle Frustration, aus der viele Neurosen hervorgehen können, kann geheilt werden, indem das völlig nachvollziehbare spirituelle Problem gelöst wird. So ist Psychotherapie nicht die richtige Behandlung, sondern vielmehr eine Therapie, die es, wie Frankl formuliert, „wagt, in die spirituellen Dimensionen der menschlichen Existenz vorzudringen". In dieser Therapieform findet die Entwirrung der existenziellen Frustration nicht unbedingt dadurch statt, dass das Selbst verstanden wird – sie kann die Form direkter Handlungen annehmen, deren größte es ist, die Bürde der Verantwortung zu akzeptieren, die es bedeutet, einen Sinn des Lebens zu finden und ihn zu verwirklichen. Besonders interessant ist der Fall, den Frankl anführt, um seine Behauptung zu stützen – die Geschichte eines bedeutenden amerikanischen Diplomaten, der zu Frankl kam, um eine psychoanalytische Behandlung fortzuführen, die er fünf Jahre zuvor mit einem anderen Psychoanalytiker begonnen hatte. Frankl fragte den Diplomaten, warum dieser seiner Meinung nach eine Analyse benötige, und der Patient erwiderte, er sei mit den Fortschritten in seiner Arbeit nicht zufrieden, da es ihm sehr schwerfalle, die amerikanische Außenpolitik zu befürworten. Sein vorheriger Psychoanalytiker hatte behauptet, die US-Regierung und seine Vorgesetzten würden für ihn Vaterfiguren repräsentieren und dass dieser unbewusste Hass auf seinen Vater seinen Groll verursache. Daher würde die Lösung wohl in dem Versuch liegen, sich mit dem Vater zu versöhnen. Nun, nach fünf Jahren der Analyse, war der Kopf des Diplomaten voller verworrener Symbole und Visionen. In der Sitzung mit Frankl kam er zu der recht einfachen Einsicht, dass sein Streben nach Sinn durch seinen Beruf durchkreuzt wurde und dass er sich eigentlich wünschte, eine andere Arbeit anzunehmen. Nachdem er die Arbeitsstelle gewechselt hatte, war das neurotische Problem vollkommen gelöst. Daraus folgerte Frankl: „Nicht jeder Konflikt ist notwendig neurotisch“, und daher „ist es die wahre Rolle (des Doktors), den Patienten dabei zu helfen, durch die existenzielle Krise seines Wachstums und seiner Entwicklung zu steuern”. Seine wichtige Schlussfolgerung ist es, dass in vielen Fällen der Durchbruch des Teufelskreises nicht dadurch erzielt werde, dass der Patient sich in sich selbst wälze. „Der Schlüssel der Heilung liegt darin, dass er sich selbst gegenüber eine Verpflichtung eingeht!“

Das Beispiel der Logotherapie zeigt, dass die Lösung für psychologisches Leiden nicht immer darin liegt, unbewusste Symbole zu verstehen oder Verdrängtes an die Oberfläche zu bringen. Faktisch erweitert sich die Bandbreite an Lösungen für psychologisches Leiden in dem Maße, wie sich unsere Auffassung von der Essenz des Menschen und vom menschlichen Potenzial für Transformationen ausdehnt. Daher öffnet die Wahrnehmung des Menschen als Träger eines weiten Bewusstseins, das sich über sein Gehirn und fünf feinstoffliche Felder hinaus ausdehnen kann, viele neue Kanäle, mit denen wir die Psyche angehen können. Eine existenzielle Frustration als Folge eines andauernden Abgetrenntseins von einem Gefühl des Sinns kann im vierten, kosmisch-seelischen Feld aufgeklärt werden. Es ist nicht nur unmöglich, die Antwort zu finden, indem man das Unterbewusste des mental-emotionalen Felds durchwühlt. Selbst eine vollkommene Stille im fünften Feld kann sie sogar noch weiter unterdrücken! Gleichzeitig können wir eine existenzielle Anspannung nicht notwendigerweise dadurch auflösen, dass wir mehr in der Welt tun, und es ist sehr wahrscheinlich, dass in einem solchen Fall das Feld reinen Gewahrseins die einzige Lösung dieser Anspannung bietet. Eine so tief gehende Einstellung gegenüber den vielen Komponenten des menschlichen Wesens gestattet ein allumfassendes Zuhören, in dem sich die verschiedenen Bedürfnisse der Psyche zeigen können.

Wie bereits zu Beginn des Buchs herausgestellt wurde, bedeutet Zusammenziehen Leiden und Ausdehnung Glück. Entsprechend macht der uns bekannte psychologische Ansatz den Menschen klein und schmälert seine Chance auf Glück. Ein Ansatz aber, welcher die weit über die Erinnerungen hinausgehende Tiefe des Menschen erkennt, die am Boden seines Bewusstseins vergraben ist, gibt ihm noch vor Beginn des therapeutischen Prozesses die Möglichkeit, durch das Positive zu heilen und nicht durch das Negative. Dies sollte nicht auf die leichte Schulter genommen werden, da optimale Resultate nicht das Einzige sind, was in einer Therapie wichtig ist – nicht weniger wichtig ist der psychologisch-spirituell-philosophische Standpunkt der Therapie in Bezug auf das Leben als Ganzes, und dies wird unausweichlich die Psyche derer beeinflussen, die sich in ihrem Rahmen einer Behandlung unterziehen.

Absolute Positivität als Grundlage des therapeutischen Prozesses

Wie bereits im zweiten Prinzip des Ausdehnungsprozesses im Detail erläutert wurde, findet die therapeutische Arbeit des White Light niemals im mental-emotionalen Feld alleine statt. Es wird vielmehr von den feinstofflichen Feldern aus auf das mental-emotionale Feld eingewirkt. Daraus folgt unausweichlich ein Gefühl absoluter Positivität, das den gesamten Prozess umschließt: Überquellend von bedingungslosem Mitgefühl, Liebe und Freude, nähern wir uns unserem Unterbewusstsein, unseren schmerzlichsten Emotionen, den heikelsten Traumata, und entwirren aus einem glücklichen Zustand heraus das Dickicht. Nur absolute Einfachheit kann eine schreckliche Kompliziertheit lösen; nur ein Zustand, der frei von Psychologie ist, kann psychologische Verbindungen heilen, und nur ein klares Gehirn kann einen zwanghaften Gedanken loslassen.

Aus diesem Grund wird ein White Light-Prozess normalerweise nicht von bitteren Tränen begleitet oder irgendeiner anderen Form kathartischen Ausbruchs – die alles umfassende Stille entsteht in uns als neue Ebene der Reife, die von der vorherigen, kindlicher Ebene geschaffene Strukturen einfach abtragen kann. Schließlich ist Katharsis das ergänzende Gegenteil eines fortwährend angestrengten Zustands von Körper und Geist. Stille in Körper und Geist kann in keiner Weise angespannt sein.

Der Versuch der Psychologie, einen Gedanken mit einem anderen auszutauschen (oder, alternativ, einen Gedanken mit einer anderen Handlung) mag unseren Durst nach Befreiung bis zu einem gewissen Grad stillen. Sobald wir der Fähigkeit begegnen, einen Gedanken mit einem befreiten Seinszustand zu ersetzen, in dem Gedanken und ihr Gegenteil unmöglich existieren können, erkennen wir zum ersten Mal, dass es der ultimative Sinn jeder echten Psychologie sein muss, uns vollkommen von Psychologie zu befreien. Die Idee ist nicht, dass wir uns auf ewig in den psychologischen Ebenen unseres Selbst wälzen, sondern dass wir uns bereits jetzt frei fühlen und aus dieser Freiheit heraus diese Schichten zu ihrer letztlichen Erlösung führen – die sie in den feinstofflichen Feldern erwartet.

Dies ist die Bedeutung des Begriffs „erleuchtete Psychologie“: Das gesamte therapeutische Vorgehen beruht in keiner Weise auf einem Problembewusstsein. Eine Frau, die sich einem White Light-Prozess unterzog, verglich ihr Erlebnis mit der Erfahrung psychologischer Behandlungen: „Als ich mit meinem Kind zu einer psychologischen Familientherapie gegangen bin und für längere Zeit auch in eine individuelle Behandlung, hat man immer sehr viel über das Problem gesprochen. Ich wurde auf ein Problem reduziert, und genau so habe ich angefangen, die Dinge zu sehen und so hat sich auch die Kommunikation mit meinem Kind entwickelt. Ich bin zu einer frustrierten und tadelnden Person geworden, frustriert deswegen, weil die Behandlung das Problem nicht löste, und tadelnd, weil es mir vorkam, als hätten andere Menschen dieses Problem geschaffen. Als Folge der Behandlung hat sich die Kommunikation in Schuldzuweisungen und Angriffe verwandelt, und Dinge, die es in unserem Zuhause gegeben hatte – Akzeptanz, Liebe und Mitgefühl – haben einfach keinerlei Aufmerksamkeit mehr bekommen. White Light hat mich erstaunt, da ich einen Zustand entdeckt habe, in dem ich, statt selbst das Problem zu sein,

Freude, Leichtigkeit, Glück, Stille und Fließen sein kann – obgleich die Herausforderung gleichzeitig nicht ausgeblendet war! Ich habe einfach ausgedehnt – und wenn du ausgedehnt bist, fällt die Vorstellung eines Problems in sich zusammen." Eine weitere Frau schreibt über ihre Erfahrungen: „Ich habe über lange Zeit psychologische Behandlungen in Anspruch genommen, zwischen meinem siebzehnten und fünfunddreißigsten Lebensjahr. Ich war am Ende komplizierter als davor: In mir hatte sich eine große Menge Stress angesammelt, weil ich mich als unlösbares Problem gesehen habe; wie der Führer eines Landes, das in sich selbst ganz zerrüttet ist, in dem das bestmögliche Ergebnis ein kalter Friede ist und eine Art Leben, in dem man sich mit dauerndem, mäßigem Leiden abfindet. Ich habe in diesen psychologischen Behandlungen noch nicht einmal den Anfang eines Fadens gefunden, dem ich hätte folgen können, um dieses große Wirrwarr aufzulösen, ich habe nur die Fähigkeit entwickelt, es zu analysieren, was mir überraschenderweise nichts als Komplikationen eingebracht hat. Im White Light wurde ich endlich von dem Glauben befreit, dass ein therapeutischer Prozess eine so negative Erfahrung sein muss."

Die Kraft des ausgedehnten Selbst

Ein weiteres Prinzip erleuchteter Psychologie ergibt sich aus allem, das wir bis zu diesem Punkt festgestellt haben: Bei dieser psychologischen Herangehensweise liegt ein großer Schwerpunkt darauf, ein vollständiges und ausgedehntes Selbst zu entwickeln, dessen reine Präsenz sofort viele Muster der Psyche lösen kann.

Obwohl jedermann nach außen ein geistreiches, sprachfertiges und entscheidungsfreudiges Selbst zur Schau stellt, existiert unser wirkliches Selbst noch gar nicht. Ein unzweifelhaftes Anzeichen davon kann an jenen Stellen gefunden werden, an denen Entscheidungen getroffen werden müssen, wenn wir nämlich in uns vielen Stimmen begegnen, die einander widersprechen. Diese Stimmen sind faktisch die verschiedenen Schichten des Ich, die innerhalb der Struktur von Körper und

Psyche unabhängig und getrennt voneinander arbeiten. Als Resultat sind wir wie ein ganzes Orchester, das keinen Dirigenten hat, sodass jedes einzelne Instrument seine eigene Melodie spielt.

Wenn wir von einem echten Selbst sprechen, sollten wir es nicht mit dem Bündel an Ideen, Gedanken und Emotionen verwechseln, mit dem wir uns identifizieren. Gemeint ist eine totale Präsenz des Seins, die keinerlei externe Bestätigung benötigt. Interessanterweise ist es gerade die Abwesenheit einer solchen Präsenz, aus der viele psychologische Prägungen hervorgehen. Da in Körper und Geist keine starke und integrierende Präsenz vorhanden ist, werden sie zu einer leichten Beute für negative Emotionen, die sich herauskristallisieren.

Wir können mit einer Spur dieser Präsenz in Berührung kommen, wenn wir die folgende kleine Übung machen: Da wir nicht präsent sind, attackiert ein Strom an Gedanken und Erinnerungen uns unablässig und überflutet unseren Geist. Versuche nun mit aller Kraft, auf den nächsten Gedanken zu warten und ihn mit deiner gesamten Aufmerksamkeit zu betrachten. Sehr schnell wirst du erkennen, dass er nicht aufsteigen kann, wenn du auf sein Erscheinen wartest. Erst in dem Moment, in dem du loslässt und die ganze Sache vergisst, kehrt der Strom in deinen Geist zurück. Mit anderen Worten können Gedanken und Emotionen nur existieren, wenn keine Aufmerksamkeit da ist, wenn es an Wachheit mangelt, und sie können nicht existieren, wenn deine Achtsamkeit ganz präsent ist. Entsprechend dieser Logik ist die zunehmende Entstehung eines integrierten, ausgedehnten und authentischen Selbst (aus dem dritten, vierten und fünften Feld) für sich genommen ein therapeutischer Schritt. Und oft ist nicht mehr als das nötig. Ein solches Selbst kann sich selbst befreien, und zwar unabhängig von Methoden oder anderen Formen externer Erlösung. In seiner Präsenz werden nicht nur jene alten, negativen Prägungen aus dem System getilgt, es können sich auch keine neuen negativen Prägungen mehr formen. Von diesem Standpunkt aus ist es möglich, das gesamte Unterbewusste als Ansammlung von Prägungen zu sehen, die entstehen, wenn das wahre Selbst abwesend ist.

In diesem Kontext können wir erneut auf die Kraft der Veränderung hinweisen, die mit diesem Zurechtrücken der Maßstäbe einhergeht: Das echte Selbst überwindet den Inhalt des mental-emotionalen Felds, ganz einfach, weil es weiter ist und der gesamte Inhalt auf relative Weise als winziger Punkt in einem unendlichen Raum in ihm stattfindet. Negative Prägungen, die in unserer Psyche zu enormer Größe und Tiefe aufgebläht werden, sodass wir annehmen, es bräuchte eine jahrelange akribisch durchgeführte psychoanalytische Entwirrung, begegnen wir mit einem Lächeln, wenn wir unser Selbst ausgedehnt haben und unsere Prägungen von dieser Warte aus betrachten. Dann erkennen wir die einfache Tatsache, dass unsere Aufmerksamkeit eine viel größere Kraft besitzt als alle Emotionen, Gedanken und Erinnerungen und dass all diese negativen Prägungen uns nur deswegen so mächtig erscheinen, weil wir sie durch unsere Aufmerksamkeit mit Energie versorgt haben – und das bedeutet, dass in Abwesenheit dieser Energie, diesem ständigen Treibstoff, Gedanken wie Gedanken und Emotionen wie Emotionen erscheinen, die in ihrer Natur recht kraftlos und neutral sind. So festigt sich in uns allmählich ein Selbst, das eine Gegenantwort auf die Überempfindlichkeit unserer Seele ausmacht, die momentan noch von jedem kleinen Windstoß von innen oder von außen erschüttert wird.

Viktor Frankl schrieb: „Ein bestimmtes Symptom erweckt eine Phobie, die Phobie aktiviert das Symptom und das Symptom verstärkt die Phobie. Eine ähnliche Kette an Ereignissen lässt sich in Fällen von Zwangsneurosen finden, in denen der Patient mit Ideen kämpft, die ihn ständig bedrängen. In seinem Kampf verstärkt er ihre Kraft, da Druck Gegendruck erzeugt und das Symptom so erneut verstärkt wird. Wenn der Patient hingegen aufhört, gegen seine Zwanghaftigkeit zu kämpfen, wird der Teufelskreis unterbrochen, das Symptom wird kleiner und stirbt irgendwann ab. In günstigen Fällen, in denen es keine existenzielle Leere gibt, die nach einem neuen Symptom verlangt, kann der Patient sich über seine neurotische Angst nicht nur erfolgreich lustig machen, er wird schließlich in der Lage sein, sie vollkommen zu ignorieren." Die feinstofflichen Felder, die eine völlige Freiheit vom mental-emotionalen Feld bedeuten, existieren jenseits des sich selbst erhaltenden Kampfes und auch jenseits der "existenziellen Leere, die nach einem neuen Symptom verlangt" und sind aus diesem Grund die besten Heiler der Psyche.

Echte emotionale Entwicklung fördern

Ein weiteres wichtiges Problem, das von den Feldern gelöst wird, ist unsere beträchtliche Angst, stark irrationale Emotionen anzugehen, während unser Wesensschwerpunkt im analytischen, rationalen Denken liegt. Wir neigen dazu, in einem psychoanalytischen Prozess auf dieses Hindernis zu stoßen, sei es nun unter der Aufsicht eines Psychologen oder in einem Prozess, den wir aus einer Gewohnheit und Konditionierung heraus mit uns selbst betreiben.

An diesem Punkt der menschlichen Evolution gibt es in uns eine unterdrückte Daseinsschicht. Über ihr liegt die Schicht des Denkens, die immer dicker wird, da rationale, intellektuelle und logische Instrumente immer häufiger benutzt werden. Wenn diese emotionale Schicht unterdrückt wird, ist das Resultat das Erleben einer ständigen Dissonanz: Wir wissen, wie wir uns verhalten und wie wir denken sollten, und wir verstehen viel, aber aus irgendeinem Grund verhalten die störrischen und rebellischen Emotionen sich weiterhin eigensinnig und akzeptieren unser intellektuelles Verstehen nicht als Autorität. Sehr verlegen betrachten wir unsere Wut, Ängste und irrationalen Reaktionen und wissen nicht, wie wir mit ihnen auf eine Weise umgehen können, die sie dauerhaft zum Verschwinden bringen würde. Sie sind wie kleine Babys, die endlos schreien und wir, die wir ihnen zu helfen versuchen, können nicht wissen, wonach sie in ihrer seltsamen Sprache verlangen. Letztlich tun wir unser Bestes, um die unerwünschten Emotionen so gut wie möglich zu unterdrücken, und gleichzeitig versuchen wir verzweifelt zu begreifen, wie uns geschieht, wann immer sie unkontrolliert ausbrechen. Als direktes Resultat dieser Zwangsherrschaft werden die unterdrückten Emotionen verzerrt und verwandeln sich in neurotische Gedanken, die das rationale Denken mehr und mehr bedrohen.

In der derzeitig gelebten Realität haben Emotionen keine Möglichkeit, eine eigene Entwicklung zu durchlaufen. Emotionen können sich nicht durch intellektuelles Verstehen entwickeln. Es muss einen direkten Zugang zu ihnen geben, einen Zugang, der ihnen eine Transformation ermöglicht, und zwar von der Ebene aus, auf der sie sich gerade befinden. Aus diesem Grund können wir selbst dann, wenn wir verstehen, warum wir uns auf die eine oder andere Weise verhalten („Das hier passiert wegen des Traumas, das ich im Alter von zwei Jahren erlebt habe" oder „Ich reagiere auf diese Weise, weil ich dieses Muster von meinem Vater geerbt habe"), trotzdem nicht anders handeln, oder aber wir handeln doch anders, während unsere Emotionen in uns toben und uns unerbittlich in die völlig andere Richtung ziehen wollen. Dank der Kraft unseres Verstands sind wir bereit, selbst dann auf eine Bühne zu treten, wenn wir Bühnenangst haben, aber wir tun es, während unser Herz wild schlägt und all unsere Körpersignale uns sagen, dass wir uns in einer lebensbedrohlichen Situation befinden. Mit anderen Worten, der Körper und seine Emotionen bleiben, wie sie sind, und wir zwingen beide durch die Kraft kalter Logik zu Handlungen, die für sie völlig unnatürlich sind.

Erleuchtete Psychologie, die sich auf die Felder und den Ausdehnungsprozess stützt, hat die Kraft, mit den Emotionen von dem Punkt aus zu arbeiten, an dem sie sich befinden, und ihnen endlich eine Entwicklung zu ermöglichen. Am wichtigsten ist es, unsere Fähigkeit zu kultivieren, in einen direkten Kontakt mit der Emotion zu kommen, das analytische Denken zu umgehen und zu einem Einverständnis zu gelangen, die Emotionen ohne Rechtfertigung und Urteil in uns auszuhalten. Dies ist natürlich nur möglich, wenn wir sicher sein können, dass wir in ihr nicht ertrinken werden, da wir die richtigen Instrumente für ihre Verwandlung besitzen. Die Ausdehnung arbeitet mit dem Material, aus dem den Emotion gemacht ist, löst sie auf und wandelt sie in feinstoffliche Feldern in eine positive Energie um, die unseren Entwicklungsweg voll unterstützt und beschleunigt. Auf diese Weise sind Emotionen kein Ballast, den wir loswerden müssen, sondern wunderbares Rohmaterial für Transformationen. Es ist nicht nötig, sie zu heilen, wir müssen ihnen nur ihre eigene Entwicklung erlauben. Dank der Tatsache, dass es nicht nötig ist, schwierige Muster zu vermeiden und dass sie sogar genutzt werden können, um unendliches Glück zu erlangen (wie wir im dritten Prinzip ‚Ausdehnung ist höchstes Glück' gelernt haben), können wir leicht und angstfrei auf dem Pfad der Emotionen schreiten, der uns Schritt für Schritt zu unserer vollkommenen Befreiung führt.

Psychologische Arbeit ohne ein Gefühl der Schwere und Anstrengung

Eine fast unausweichliche Befürchtung – die ebenfalls von den psychologischen Konditionierungen unserer Zeit herrührt – lautet, dass eine erleuchtete Psychologie, die auf den Feldern und Ausdehnungen basiert, zu einer neuen Form der Verdrängung führen könnte. Eine solche Sorge ist nur zu verständlich, da im Vergleich zum hartnäckigen Steineklopfen unserer felsharten Persönlichkeit, wie wir es in der normalen psychologischen Arbeit kennen, die Ausdehnung durch eine Art unerträgliche Einfachheit gekennzeichnet ist. Unsere größte Konditionierung in Bezug auf psychologische Arbeit ist der Glaube, dass der Prozess der Aufdeckung eines Problems in einer Atmosphäre größter Beschwerlichkeit stattfinden muss; wenn wir uns während des Prozesses leichtherzig, glücklich und freudig fühlen – vielleicht sogar leichtherziger und glücklicher als wir uns je im Leben gefühlt haben – könnten wir die Ernsthaftigkeit und Tiefe der ganzen Angelegenheit übersehen. Ein Gefühl der Freude bricht aus den Tiefen unserer feinstofflichen Felder hervor und könnte uns dazu bringen, im Nu einen langlebigen Konflikt als lächerlichen Gedanken zu erkennen – all dies mag in unserem Kopf oberflächlich scheinen, eine Form von Selbsttäuschung, zu gut, um wahr zu sein. Wir haben nicht nur Angst vor der Verflachung, sondern auch vor der Erkenntnis, dass wir uns vielleicht selbst zum

Narren gehalten haben – wir haben Angst, dass wir in dem Moment, in dem das Zauberpulver des Ausdehnungsprozesses verschwindet und wir zu unserem alltäglichen Bewusstseinszustand zurückkehren, den Schmerz sogar noch intensiver spüren können, da wir nun wissen, dass es eine andere Wirklichkeit gibt.

Es ist zunächst wichtig zu verstehen, dass die Angst vor der Verdrängung nichts als eine weitere Form der Verdrängung ist: Verdrängt wird das Positive und die Freiheit, die uns angeboten wird, die in den Tiefen unseres Wesens vollständig für uns erreichbar ist. Wir sollten zweitens die psychologische Angewohnheit hinterfragen, unablässig jedes einzelne Muster zu durchleuchten – es mag sein, dass diese Angewohnheit den Narzissmus nur vertieft und verstärkt, dass sie die Selbstzentriertheit und damit den neurotischen Zustand nur verschlimmert. Es gibt die Möglichkeit, ein Muster auszudehnen, es unabhängig von Zeit und Prozessen verschwinden zu lassen und nach einigen Minuten leichtherzig mit dem Leben weiterzumachen, frei von der Bürde der Psychologie. Wir sollten uns selbst daran erinnern, dass ganze Teile des psychologischen Daseinszustands eine Eigenkreation sind, die sich ständig selbst hervorbringt, und zwar immer genau dann, wenn wir unseren Blick wieder nach Innen richten, um uns Sorgen zu machen. Manchmal ist es so, dass Probleme sich keinesfalls immer weiter auflösen, je mehr wir uns mit ihnen beschäftigen, sondern dass sie stattdessen immer komplizierter und verwickelter werden und neue Neurosen mit sich bringen. Letztlich ist diese verbreitete Vorstellung – die Angst, dass erleuchte Psychologie das Problem unterdrücken könnte – nur eine weitere Markierung des Feldwegs. Dies ist der Weg des Leidens, der zu „normalem menschlichen Unglück" führt, und er geht davon aus, dass eine Befreiung vom Leiden ein schmerzhafter Prozess sein muss. Wir können uns schwer vorstellen, dass Positivität uns verändern wird, während es in Wirklichkeit sogar einen Pfad geben kann, auf dem wir Muster ganz und gar nicht durch gründliches und tapferes Anpacken aus dem Weg räumen müssen. Wir brauchen uns nur entlang einer spirituellen Streckenführung zu bewegen, die unser inneres

Licht verstärkt, ein Licht, das von sich aus alle Dunkelheit vertreibt. Ein solcher Weg ist es, sich aus dem Positiven zu immer noch mehr Positivem zu bewegen und dieser Weg hat wie jeder andere Weg auch seine Berechtigung.

Jede Methode verlangt nach Regelmäßigkeit, Ernsthaftigkeit und Tiefe. Auch in der erleuchteten Psychologie ist es folglich wichtig, den Prozess nachhaltig zu verfolgen. Es wäre also ziemlich kindisch, auf den unausweichlichen Moment, in dem man die Felder am Ende des Ausdehnungsprozesses verlässt und zu seinem normalen Bewusstseinszustand zurückkehrt, mit Enttäuschung zu reagieren. Es liegt auf der Hand, dass diese Rückkehr stattfinden sollte. Bis wir es schaffen, uns mit unserem ganzen Wesen in den feinstofflichen Feldern anzusiedeln, können wir die enorme Kraft nutzen, die frei wird, wenn wir uns wieder und wieder in die Felder vertiefen, auch dann, wenn der Kontakt mit diesen Feldern zeitlich begrenzt ist. Selbst wenn wir nicht die Freiheit haben, uns nach Lust und Laune jederzeit entlang der Felder zu bewegen, kann die Arbeit an einem Muster, die wir aus den feinstofflichen Feldern heraus geleistet haben, sich als hochwirksam herausstellen und in der Struktur von Körper und Psyche daran erinnern, dass die Schnellstraße tatsächlich der richtige Ansatz ist, mit dem Leben und der Vielschichtigkeit unserer Psyche umzugehen.

Eines der fesselndsten Erlebnisse, die ich je in Bezug auf erleuchtete Psychologie hatte, war eine Veranstaltung von Byron Katie, der Entwicklerin der Technik ‚The Work‘. In einer Live-Vorführung rief sie einen jungen Israeli auf die Bühne, der in seiner Kindheit einen mörderischen Anschlag von mehreren Terroristen miterlebt hatte. Die langen Momente, in denen er angesichts der mörderischen Absicht der Terroristen entsetzliche Todesangst durchstehen musste, bis er auf wundersame Weise von Passanten gerettet wurde, begleiteten ihn durch sein ganzes Erwachsenenleben als schreckliche, lebendige Erinnerung. Byron Katie entschied sich für einen extrem überraschenden Blickwinkel. Es ist wohl bekannt, dass einer der vier wesentlichen Fragen in ‚The Work‘ die Frage „Ist das wahr?“ ist. Katie benutzte diese Frage angesichts dieses von seinen Erinnerungen geplagten Mannes: „Ich bin fast von Terroristen ermordet worden – ist das wahr?“ So lautete ihre Frage! Mich traf sofort die Erkenntnis, dass sie versuchte, sein Bewusstsein in Richtung einer Ausdehnung zu ziehen, zu den Feldern, in denen diese Erinnerung inaktiv und daher vollkommen ungültig war. Dies war ein bemerkenswert mutiger Schritt, da sie danach trachtete, ihn mit einer Dimension in Kontakt zu bringen, in der er von dieser Erinnerung vollkommen frei war (und dementsprechend keinerlei Therapie benötigte). Der terrorgeplagte Mann widersetzte sich Katies Vorschlag, seine Erinnerung auf diese Weise zu überprüfen – wenn er das getan hätte, wäre er auf die erstaunliche Möglichkeit einer Existenz im Hier und Jetzt gestoßen, bar jedes einflussreichen und konditionierenden Traumas.

Dies ist ein hervorragendes Beispiel für die tatsächliche Möglichkeit einer unvorstellbaren Befreiung, die wie eine Verdrängung eines äußerst belastenden Traumas wirken könnte. Mehr noch, man könnte argumentieren, dass der Mann zwar vielleicht für den Moment gesagt hätte, die Erinnerung sei nicht wahr, aber dass das Trauma ihn später wieder geplagt hätte. Falls dies aber tatsächlich der Fall gewesen wäre und das Trauma ihn erneut geplagt hätte, wäre dies eine Einladung gewesen, in die Felder zurückzukehren und sicher nicht dazu, sich wieder angsterfüllt auf den qualvollen Feldweg zu begeben. Wenn wir aus der Freiheit wieder herausfallen, ist dies eine Aufforderung dazu, uns der Freiheit, die sich gezeigt hat, tiefer zu verpflichten. Es wäre ein großer Fehler, dies als Beweis einer angeblichen Bedeutungslosigkeit und prinzipieller Bedeutungslosigkeit solcher freien Daseinszustände zu interpretieren. Jetzt besitzen wir dank des Ausdehnungsprozesses die Fähigkeit, selbst in die ausgedehnten Zustände zurückzukehren und haben keinen Grund mehr, enttäuscht zu sein und zu den sicheren und tröstlichen Pfaden des Feldwegs zurückzukehren.

Dies ist eine Zusammenfassung der Grundlagen der erleuchteten Psychologie:

1. Die psychologische Struktur ist nichts als ein kleiner Teil des menschlichen Bewusstseins – diese Tatsache verändert auf der kollektiven Ebene unser gegenwärtiges psychologisches Paradigma und gewährt uns auf der individuellen Ebene neue und heilsame Proportionen in Bezug auf unsere psychologischen Probleme.
2. Geistige Gesundheit ist eine optimale und harmonische Aktivität aller Bestandteile des Bewusstseins.
3. In Einklang mit Abschnitt 2 kann es sein, dass die nötige Heilung nicht im mental-emotionalen Feld gefunden werden kann, sondern in völlig anderen Feldern. Es kann sein, dass die psychologischen Probleme im mental-emotionalen Feld nur in den anderen Feldern gelöst werden können (so kann sich etwa ein spirituelles Problem als psychologisches Problem ausgeben).
4. Während der Therapie mit erleuchteter Psychologie erfahren wir Zustände der Freude und des Glücks. Dies kann uns dabei helfen, das Problem auf neue Weise zu behandeln (ohne dabei das Gefühl zu haben, dass es ein Problem gibt!). Ein therapeutischer Prozess muss nicht anstrengend und schmerzhaft sein: Wir dürfen uns in den feinstofflichen Feldern vor allem frei und glücklich fühlen, selbst wenn gleichzeitig ein Problem existiert.
5. Der Zweck der Psychologie ist letztlich, uns von Psychologie zu befreien. Aus dem Verständnis heraus, dass wir in unserer Essenz keineswegs psychologische Geschöpfe sind, begleiten wir die psychologischen Schichten auf ihrem Weg zu ihrer Aufdeckung in den feinstofflichen Feldern.
6. Die volle Präsenz eines echten Selbst ist an sich schon ein therapeutischer Schritt, der die Kraft hat, als Nebenwirkung viele Muster aufzulösen. Das Unterbewusste ist in Wirklichkeit eine Ansammlung von Eindrücken, die entstehen, wenn das wahre Selbst abwesend ist.

7. Eine erleuchtete Psychologie behandelt auch die schwierigsten Muster positiv und ist bereit, ihnen ohne Urteil oder diagnostizierende Gedanken zu begegnen. So ist sie in der Lage, sie aus einer langlebigen Verdrängung zu befreien und ihnen dabei zu helfen, sich zu entwickeln und sich zu transformieren.

Kapitel 7: Weite in Gefühle bringen

Nachdem wir den Prozess der Ausdehnung umfassend kennengelernt und die wichtigsten Prinzipien erleuchteter Psychologie integriert haben, sind wir an diesem Punkt so weit, das White Light für Emotionen und das White Light für Empfindungen praktizieren zu können. Diese beiden Techniken sind von deutlich vielschichtigeren Techniken abgeleitet, die White Light-Begleiter anwenden. Der Zweck der Do-it-yourself-Techniken ist es, dass wir uns selbst durch einen schnellen therapeutischen Prozess führen können, wann immer wir dies brauchen. Sie sind nicht dazu gedacht, hoch komplizierte Muster zu entwirren, sondern geben uns die Fähigkeit, uns von einem Moment zum nächsten über unsere emotionalen und psychosomatischen Blockaden zu erheben und Ebenen echter psychologischer Gesundheit zu betreten.

Selbstarbeit mit White Light für Emotionen

In der ersten Technik White Light für Emotionen (in der Version für die Arbeit mit sich selbst) erleben wir zum ersten Mal die Ausdehnung einer negativen Emotion. (s.S. 268) Es kann sein, dass wir während des Ausdehnungsprozesses einer positiven Emotion zu Beginn des Buchs auf die Schwierigkeit gestoßen sind, uns das Privileg eines unvorstellbaren Glücksgefühls zu gestatten. Die Ausdehnung einer negativen

Emotion ist dennoch eine größere Herausforderung als die Ausdehnung einer positiven Emotion. Dafür gibt es einige wichtige Gründe:

1. Wir sind nicht daran gewöhnt, eine Emotion von der Situation zu trennen, die sie hervorgerufen hat. Wir gehen immer wieder von der falschen Annahme aus, dass es die Situation im Außen war, die die Emotion verursacht hat: Mein Mann hat mich wütend gemacht; die Fahrer auf der Straße lösen bei mir ständig Stress aus; die Menschen, die über mich getratscht haben, haben mich beleidigt. Tatsächlich aber existiert unser Satz an Emotionen bereits vor dem Ereignis, Letzteres erweckt die Emotionen lediglich als automatische Reaktion zum Leben (dies wird im nächsten Kapitel noch näher besprochen, wenn es darum geht, wie unsere Erinnerungszusammenhänge unser psychologisches Leiden hervorrufen). Der erste Schritt einer wirklich heilenden Therapie besteht immer darin, für unsere Leiden die volle Verantwortung zu übernehmen und ein tiefgehendes Verständnis dafür zu entwickeln, dass wir es durch unsere Interpretation der Realität selbst schaffen – eine Interpretation, die von unseren Emotionen und Überzeugungen völlig verzerrt wird. Natürlich bedeutet dies nicht, dass Leiden nur innerhalb unseres Bewusstseins existiert – schließlich ist es das Bewusstsein der Menschen, das die uns bekannte Welt geschaffen hat, eine Welt, in der jeder aufgrund der Verzerrungen in seinem Bewusstsein anderen Leiden zufügt. Die Welt ist daher tatsächlich hart, gewalttätig und grausam. Dennoch können wir von unseren Leid bringenden psychologischen Strukturen befreit werden. Wir können selbst in der Welt, wie sie jetzt ist, in einem absolut positiven Zustand leben. So viel Macht hat das Bewusstsein! Demnach müssen wir uns daran gewöhnen, Emotionen von einem Ergebnis zu trennen und sie zu isolieren; zu verstehen, dass wir das Ereignis nicht analysieren und nicht zu untersuchen brauchen, wie wir damit umgehen – tatsächlich wäre jeder Versuch, mit dem Ereignis umzugehen, ein schwerer Fehler, solange wir unsere Emotionen in Bezug auf das Ereignis nicht aufgedeckt haben. Was uns betrifft,

bedeutet jeder Moment, in dem wir eine Anspannung fühlen, dass wir eine verzerrte Realität wahrnehmen – keine Anspannung ist jemals gerechtfertigt! Wir sollten uns daran erinnern, wann immer wir die Schuld unverblümt einem anderen geben und irrationale Erwartungen entwickeln. Sobald unser Bewusstsein ganz ist und fleckenlos vollkommen, werden wir wissen, wie wir die Situation ohne große Schwierigkeiten angehen können. Es geht immer um Gleichgewicht und Stille. Aus alldem folgt, dass der Akt des Abtrennens einer Emotion von einem externen Ereignis an sich eine große Befreiung darstellt und eine große Verantwortung, ein nüchterner Akt, in dem wir unsere verzerrte Wahrnehmung untersuchen, bevor wir in der Realität handeln oder reagieren.

2. Es fällt uns schwer, eine unangenehme Emotion anzuerkennen und sie auszuhalten. Das einfache Gesetz lautet, dass wir uns nicht von etwas befreien können, vor dem wir Angst haben, das uns einschüchtert und vor dem wir weglaufen wollen. Wenn wir befreit werden wollen, müssen wir zustimmen, der Sache an sich ins Gesicht zu sehen – und sie darüber hinaus mit einer ruhigen Achtsamkeit betrachten. Die in jeden Organismus eingebaute Überlebenstendenz ist es, Genuss zu suchen und Schmerz zu vermeiden. Hier aber transzendieren wir diese Tendenz und stimmen innerlich zu, dem „Unangenehmen" standzuhalten, es im Inneren zu fühlen und es in seiner Tiefe kennenzulernen. Nur eine tiefe Vertrautheit mit der negativen Emotion wird uns erlauben, ihre Struktur genau zu erkennen, und wie erwähnt ist eine Ausdehnung nur möglich, wenn ihre Struktur erfasst wird. Wir nehmen also einen tiefen Atemzug und sinken in die Emotion hinein, ohne uns dabei in einem der Extreme zu verfangen: Weder identifizieren wir uns stark mit ihr, noch verdammen wir sie und versuchen, sie zu verdrängen oder zu entfernen. Wir tendieren zu der Ansicht, dass wir uns vor emotionalem Schmerz schützen können, wenn wir ihm widerstehen und uns zusammennehmen, aber es ist vor allem eine Entspannung, welche die Emotion in sich halten kann und

echte Unverwundbarkeit erschafft. Im Prozess der Ausdehnung gehen wir noch einen Schritt weiter und ermutigen die Emotionen, mehr und mehr zu wachsen und sich ganz und gar auszubreiten. Auf diese Weise enthüllen wir nicht nur ihre Struktur in einer größeren Klarheit, sondern steigern auch unsere Fähigkeit des Durch- und Standhaltens und entsprechend auch die Präsenz unseres ausgedehnteren Selbst.

3. Es fällt uns schwer, die Emotion loszulassen, wie unangenehm sie auch sein mag. Jedes psychologische Phänomen in uns besteht aus zwei Aspekten, die zueinander komplementär sind. Und dieser Abschnitt ist die komplementäre Entsprechung zu Abschnitt 2: Wie es unserem zerstückelten, in sich widersprüchlichen Denken entspricht, schwanken wir immer zwischen zwei Extremen: Identifizierung und Verurteilung einer zu intensiv empfundenen Emotion oder dem Versuch, sie zu unterdrücken, einem Festhalten an ihr und der Sehnsucht, von ihr befreit zu werden. Aufgrund dieser hinterlistigen Dualität fällt es uns oft schwer, von etwas befreit zu werden, das Leiden verursacht. Es gibt dafür mehr als nur eine Ursache – ein wichtiger Grund ist die Tatsache, dass wir tief in uns wissen, dass wir etwas verlieren werden, wenn wir von der Emotion befreit werden, das Gefühl des Opferseins etwa, in dem wir unsere letzte Ressource der Macht sehen. Ein weiterer wichtiger Grund ist die Tatsache, dass eine Emotion letztlich auch aufregend ist und dass sich daher selbst eine durch und durch unangenehme Emotion viel dramatischer und aufregender anfühlt als der Zustand eines befreiten, reifen, verantwortungsvollen und klaglosen Daseins! Es ist daher sehr wichtig, in uns diese Motive offenzulegen, die dem Prozess der Ausdehnung im Weg stehen können.

4. Bei manchen Emotionen fällt es uns schwer zu begreifen, dass sie tatsächlich eine Grenze haben. Es gibt in uns wenigstens ein paar Emotionen, die uns vorkommen wie bodenlos klaffende Abgründe, in denen wir, wenn wir in sie hineinsinken würden,

auf ewig Schmerz, Angst oder Trauer fühlen würden. Wenn wir es aber wagen und es ausprobieren, können wir erkennen, dass wir willig mit unserem ganzen Wesen in dieses Dickicht der Dunkelheit hineingetreten sind. Sodann können wir uns die Entdeckung erlauben, dass die Emotion eine Grenze und einen Rahmen hat. Selbst die intensivste Emotion bittet darum, sich erschöpfen zu dürfen. Der große Philosoph Jiddu Krishnamurti betrauerte seinen geliebten Bruder drei Tage und Nächte lang, nachdem dieser jung an einer schweren Krankheit gestorben war – er weinte ununterbrochen und schrie vor Schmerz über die Trennung, dank seiner Totalität aber endeten diese drei Tage der Trauer in einer Wiedergeburt: Er hatte die Trauer tatsächlich bis an ihre maximale Grenze ausgedehnt und entdeckte dahinter die Ewigkeit, in welcher der Tod keinerlei Wirklichkeit besitzt. Es ist wichtig, sich an diese Tatsache zu erinnern und darauf zu bestehen herauszufinden, was sich jenseits der Grenze befindet. Selbst wenn die Ausdehnung der Emotion am Anfang endlos erscheinen mag, ziehe in Betracht, dass jede Struktur ein Ende hat. Wenn wir einer Emotion über Jahrzehnte unseres Lebens hinweg viel Aufmerksamkeit und Energie geschenkt haben, weil wir uns mit ihr identifizierten, entwickelt sie einen eigenen Schwung und verwandelt sich in eine Art unabhängiges Wesen, das trügerischerweise sogar größer als unser Bewusstsein und unser Körper erscheint. Glücklicherweise aber erinnert uns die Tatsache, dass wir ihre Struktur erfassen können, daran, dass die Emotion trotz allem kleiner ist als wir und nur als Struktur innerhalb unseres Bewusstseins existiert.

5. Der Schmerz tut uns weh, wir wollen ihn überspringen und eilen zu der positiven Ebene, die sich sehr viel angenehmer anfühlt. Man kann im Prozess der Ausdehnung betrügen, aber wir betrügen auf diese Weise nur uns selbst. Wenn wir aufgrund eines tief sitzenden Musters, das Schmerz und emotionale Intensität vermeiden will, versuchen, die Emotion leichtherzig zu überspringen und in eine positive Ebene zu eilen, machen wir einen großen Fehler, da jeder

echte Prozess nach Ehrlichkeit verlangt und auch danach, sich an das Stadium zu halten, in dem man sich tatsächlich befindet. Es ist besser, durch sieben negative Ausdehnungen zu gehen und sich die positive Ebene rechtmäßig zu verdienen als die negative emotionale Struktur in der heimlichen Absicht allzu schnell zu identifizieren, sie nicht so genau fühlen zu müssen. Andererseits wirst du feststellen, dass von einem Ausdehnungsprozess zum nächsten die Anzahl der Kreise oder Schichten sich durchaus verringert – weil deine Fähigkeit, von einem Feld zum nächsten zu springen, sich verbessert hat. Dies ist ein gutes Zeichen für die Entwicklung des Bewusstseins, vorausgesetzt, dieser Prozess findet auf eine organische Art und Weise statt, aus einer tiefen Ehrlichkeit heraus und weil man sich an den Prozess gehalten hat, wie er ist.

6. Wir fallen während des Ausdehnungsprozesses immer wieder in negative Emotionen zurück – scheinbar schaffen wir es nicht, uns in den positiven Stadien der Ausdehnung kontinuierlich vorwärts zu bewegen. Es gibt drei mögliche Gründe für eine Zickzack-Bewegung während der Ausdehnung. Der erste ist, dass unser Geist in den ersten Stadien des Ausdehnungsprozesses abgelenkt ist und wir es schwierig finden, die Konzentration über einen längeren Zeitraum hinweg aufrecht zu halten. Ein tiefer sitzender Grund ist der Widerstand von Körper und Geist gegen positive Ebenen. Dieser Widerstand betrifft vor allem die Nerven und die Physiologie: Es ist für uns schwierig, einen so positiven und ausgedehnten Zustand über längere Zeit hinweg zu meistern, daher müssen wir den Prozess wieder und wieder durchlaufen, bis eine solche Fähigkeit sich entwickelt hat. Der dritte Grund ist die Tatsache, dass das Licht der ausgedehnten Felder einen reinigenden Prozess in Gang setzt, in dem psychologische Giftstoffe aus der Körper-Geist-Struktur entfernt werden. Aus diesem Grund erleben wir vielleicht einen dualistischen Zustand, in dem das Innerste unseres Wesens sich in einem ganz erleuchteten Zustand befindet, während negative Emotionen, Bilder und Erinnerungen in der Peripherie flackern. In

einer solchen Situation sollten wir uns daran erinnern, dass das System von diesen negativen Elementen gereinigt wird, sodass wir diesen Randerscheinungen nicht erlauben müssen, uns vom zentralen Geschehen in unserem Bewusstsein abzulenken. Wir sind so sehr daran gewöhnt und darauf konditioniert, vorübergehenden Emotionen und Gedanken eine enorme Bedeutung zuzuschreiben, dass oft ein geradezu komischer Zustand in einem White Light-Prozess entsteht: Während das Bewusstsein des Menschen ganz in einen unendlichen Raum jenseits von Beschreibungen ausgedehnt ist, wird seine Aufmerksamkeit immer noch von den Gespenstern winziger, flüchtiger Gedanken angezogen.

7. Wir können uns nur schwer vorstellen, dass wir wirklich in die Realität zurückkehren und ohne die gewohnte Emotion handeln können. Wir neigen dazu, uns mit der Struktur einer automatischen Reaktion auf die Emotion zu identifizieren, und zwar in einem solchen Ausmaß, dass wir nicht im Geringsten das Vertrauen haben, uns selbst jemals getrennt davon erleben zu können. Aus diesem Grund gibt sich die Technik nicht damit zufrieden, den freien Zustand einfach nur zu erleben, sondern besteht auch darauf, die verschiedenen Schichten der Emotion aus den feinstofflichen Feldern heraus zu betrachten und diesbezüglich eine neue Haltung zu finden. Dieses Vorgehen generiert nicht nur eine Dissoziation von der Emotion, sondern lässt uns auch aus einem wesentlich intelligenteren Zustand heraus durchdringend und befreiend in ihr Innerstes sehen. Die Technik schließt zudem mit einer detaillierten Beschreibung dessen ab, wie wir uns von nun an verhalten können. So wird sichergestellt, dass ein Herzenswissen über eine für uns authentischere Handlungsweise bestehen bleibt, wenn das Erlebnis der Ausdehnung abklingt. Der Vorteil des Herzenswissens liegt darin, dass es alle Umstände, Zustände und Zeiten überdauert und unabhängig von vorübergehenden Erlebnissen ist. Deshalb steht immer, wenn wir uns am Ende eines strukturierten White Light-Prozesses von den Feldern lösen, die Anweisung:

„Du kannst dich entscheiden, mit dieser Ebene in deinem Herzen verbunden zu bleiben, selbst wenn Du in einen alltäglichen Bewusstseinszustand zurückgekehrt bist.“ Noch einmal, das große Problem ist eine zynische Haltung gegenüber unserer Fähigkeit, auszuleben, was auch immer sich im Prozess offenbart hat – und dieser Zynismus sollte für sich genommen einen spezifischen Ausdehnungsprozess durchlaufen, bis er sich ganz auflöst (erfahrungsgemäß ist es sehr wahrscheinlich, dass du die Wurzeln des Zynismus auf einen tief sitzenden Schmerz zurückführen kannst, der sich auf dem Grund deines Unterbewusstseins befindet).

8. Kurz nach dem Prozess der Ausdehnung, der uns Erleichterung verschafft hat, kehrt das Ereignis wieder zurück und die Emotionen überwältigen uns. Es ist sehr wahrscheinlich, dass dies passieren wird, und zwar nicht, weil der Ausdehnungsprozess nicht effektiv war, sondern weil wir der Emotion über Jahrzehnte hinweg viel Aufmerksamkeit und die Macht unserer Achtsamkeit gewidmet haben, während wir den feinstofflichen Feldern erst ein oder zwei Chancen gegeben haben! Wir sollten verstehen, dass wir den feinstofflichen Feldern, um diese starke Dynamik der Emotion umzukehren, das gleiche Maß an Aufmerksamkeit und Macht unserer Achtsamkeit widmen müssen, indem wir wieder und wieder den Ausdehnungsprozess durchführen. Jetzt sind es die Felder, die sich in eine tägliche Angewohnheit verwandeln sollten, bis sie jede Emotion, jedes Muster und jede Erinnerung, die uns einschränkt, überwältigen. Dennoch müssen wir im Sinn behalten, dass die Kraft des White Light für die Selbstarbeit nicht vergleichbar ist mit der Kraft einer präzisen therapeutischen Arbeit mit einem zertifizierten White Light-Begleiter; es gibt Muster, die in Form von Erinnerungszusammenhängen tief in unserer Psyche verwurzelt und so verworren sind, dass sie unser oberflächliches Gewahrsein nicht erreichen können. Es ist daher empfehlenswert, solche Muster mit ausgefeilteren Mitteln aufzulösen.

Die folgende Do-It-Yourself-Version des White Light für Emotionen ist für eine sofortige Anwendung gedacht. Sobald eine Anspannung in deinem Leben auftaucht, die von externen oder innerlichen Ereignissen verursacht wurde, kannst du die Augen schließen und den Ausdehnungsprozess durchführen, bis du die feinstofflichen Felder erreichst, wo du so lange bleiben kannst, wie es dein Herz begehrt.

Zu Beginn des Prozesses wirst du angeleitet, die negative Emotion von der Geschichte oder dem Drama zu isolieren, die sie umgibt, und sie durch die Ausdehnung aus Körper und Gehirn in das zweite, mental-emotionale Feld zu bewegen. Während du tiefer in den Ausdehnungsprozess hineingehst, wirst du in die Schichten des Unterbewusstseins eindringen können, aus denen diese Emotion stammt. Durch die Ausdehnung wirst du schließlich im neutralen Zustand ankommen, der faktisch die Grenzlinie darstellt, die das mental-emotionale Feld vom mental-spirituellen Feld trennt. Der neutrale Zustand ist durch ein Gefühl des Friedens, der Stille, des freien Raums und der tiefen Entspannung gekennzeichnet, die Ruhe nach dem Sturm sozusagen. Eine weitere Ausdehnung kann dich bereits hoch in das mental-spirituelle Feld bringen, zu nicht-kausalen positiven Emotionen. Von dort aus kannst du, während du weiter ausdehnst, noch viel tiefer in die feinstofflichen Felder hineingehen, in immer hellere, freiere und ausgedehntere Daseinszustände.

Wir könnten so den Prozess zum Beispiel mit einem Gefühl der Wut über einen Kommentar unserer Mutter beginnen, den wir als Beleidigung auslegen.

In der ersten Ausdehnung könnte die Wut sich in Frustration umwandeln (zweites Feld). Die zweite Ausdehnung könnte die Frustration in ein Anerkennungsbedürfnis umwandeln (zweites Feld). In der dritten Ausdehnung könnte das Anerkennungsbedürfnis sich in eine Sehnsucht nach Wärme und Nähe verwandeln (zweites Feld). Eine vierte Ausdehnung könnte die Sehnsucht in Entspannung und Ruhe umwandeln (neutraler Zustand). In der fünften Ausdehnung könnte die Entspannung sich in Ganzheit und Erfüllung verwandeln (drittes Feld).

Und von hier aus kann man sich aus der Ganzheit zum weißen Licht oder White Light-Zustand bewegen (zwischen dem dritten und vierten Feld), vom weißen Licht zum befreiten Sein (viertes Feld), vom befreiten Sein zu unendlichem Bewusstsein und so weiter.

Nachdem wir in einem ausgedehnteren Zustand angekommen sind und uns darin niedergelassen haben, begegnen wir der Emotion auf eine tiefere, gründlichere Weise. Wir geben uns nicht mit dem Ausdehnungsprozess zufrieden, sondern widmen uns einer kurzen Aufgabe im mental-spirituellen Feld: Wir betrachten die verschiedenen Ebenen der negativen Emotion von dem ausgedehnten Bewusstseinszustand aus und vollführen anschließend eine Integration, indem wir eine neue Handlungsweise in der Realität skizzieren.

Viel Glück!

ÜBUNG:

White Light für negative Emotionen

Wann immer du eine bestimmte Emotion umwandeln willst, schließe die Augen und folge den Anweisungen.

1. Atme langsam und tief. Erlaube deinem Körper, sich mit jedem Atemzug mehr und mehr zu entspannen... Öffne dich diesem Prozess, in dem du entdecken wirst, dass diese Emotion viel tiefere Wurzeln hat, als es dir in der momentanen Situation erscheint... Fühle dich mehr und mehr als friedliche und weite Achtsamkeit, die jeder Emotion, jeder Empfindung oder jedem Gedanken erlaubt, voll da zu sein, ganz einfach, weil sie weit genug ist... Sehr wahrscheinlich bist du daran gewöhnt, dich mit diesem Gefühl entweder zu identifizieren oder es zu verurteilen, jetzt aber erlaube dir, die Emotion voll und tief zu fühlen, ohne Urteil oder Reaktion. Erlaube ihr zu sein, sodass du sie wirklich kennenlernen kannst... Atme also in die Emotion, fühle sie tief, bewege dich in ihre Tiefe...

2. Jetzt erlaube einem bestimmten Moment, in dem du diese Emotion am meisten gespürt hast, in dir aufzutauchen. Lass diesen Moment von allein auftauchen, ohne Kontrolle und ohne ihn absichtlich zu wählen. Fühle die Emotion, wie sie in der Szene erscheint. Was siehst du? Wo bist du? ... Beschreibe, was du während des Ereignisses fühlst, denkst und erlebst ... Wähle einen Namen für deine Gefühle in diesem Ereignis aus – die dominanteste und zutreffendste Emotion... Überprüfe, wo (... der Name) am meisten in deinem Körper erscheint...
3. Atme in (...den Namen), wie es in der Szene erscheint. Stimme zu, es ganz zu erleben, selbst wenn es im Körper und Geist etwas Widerstand dagegen gibt, es in dir zu halten... Jetzt trenne (...den Namen) von der Szene und bleibe nur bei diesem Gefühl, nutze dafür den Bereich des Körpers, in dem du es am meisten gespürt hast. Bleibe bei ihm, in seinem Zentrum... Dann hole wieder die Szene zurück, die das Gefühl bewirkt hat, fühle (...den Namen), wie es darin erscheint... Und dann trenne erneut (...den Namen) und bleibe nur bei dem Gefühl. Atme hinein... Und zum letzten Mal: Hole wieder die Szene her, die das Gefühl geweckt hat, fühle (...den Namen), wie es darin erscheint... und dann trenne wieder die Szene ab und bleibe nur bei (...dem Namen). Atme hinein...
4. Fühle (...den Namen) tief, wie er in der Szene erscheint. Bewege dich in sein Zentrum, in sein Innerstes hinein. Versuch, es auszusprechen – wie fühlt es sich an?... Schau, welcher Teil deines Körpers am meisten damit verbunden ist... finde eine Form oder ein Bild... eine Farbe... eine Empfindung... und einen Geruch...
5. Jetzt fühle (...den Namen), atme hinein und erlaube ihm, sich mehr und mehr auszudehnen. Lass es deinen ganzen Körper und dein ganzes Wesen füllen. Indem du (...den Bereich des Körpers) und (...die Form oder das Bild) nutzt, erlaube ihm, sich mehr und mehr auszudehnen, bis es seine weiteste Grenze erreicht, bis es sich nicht mehr weiter ausdehnen kann. Sprich die Bitte aus: „(...Name), zeig dich mir ganz!“...

6. Gib der ausgedehnten Emotion einen Namen... Fühle (...den ausgedehnten Namen) tief. Bewege dich in sein Zentrum, in sein Innerstes. Versuch, es auszusprechen – wie fühlt es sich an?... Schau, welcher Teil deines Körpers am meisten damit verbunden ist... finde eine Form oder ein Bild... eine Farbe... eine Empfindung... und einen Geruch...
7. Jetzt fühle (...den ausgedehnten Namen), atme hinein und erlaube ihm, sich mehr und mehr auszudehnen. Lass es deinen ganzen Körper und dein ganzes Wesen füllen. Indem du (...den Bereich des Körpers) und (...die Form oder das Bild) nutzt, erlaube ihm, sich mehr und mehr auszudehnen, bis es seine weiteste Grenze erreicht, bis es sich nicht mehr weiter ausdehnen kann. Sprich die Bitte aus: „(...ausgedehnter Name), zeig dich mir ganz!“...
8. Gib der ausgedehnten Emotion einen Namen... Fühle (...den ausgedehnten Namen) tief. Bewege dich in sein Zentrum, in sein Innerstes. Versuch, es auszusprechen – wie fühlt es sich an?... Schau, welcher Teil deines Körpers am meisten damit verbunden ist...finde eine Form oder ein Bild... eine Farbe... eine Empfindung... und einen Geruch...
9. Jetzt fühle (...den ausgedehnten Namen), atme in es hinein und erlaube ihm, sich mehr und mehr auszudehnen. Lass es deinen ganzen Körper und dein ganzes Wesen füllen. Indem du (...den Bereich des Körpers) und (...die Form oder das Bild) nutzt, erlaube ihm, sich mehr und mehr auszudehnen, bis es seine weiteste Grenze erreicht, bis es sich nicht mehr weiter ausdehnen kann. Sprich die Bitte aus: „(...ausgedehnter Name), zeig dich mir ganz!“...
10. Dehne weiter aus (Abschnitte 8-9), bis du einen Zustand erreichst, in dem die negative Emotion keine Wirkung mehr auf dich hat; ein Zustand, der von Frieden, freiem Raum oder Freiheit gekennzeichnet ist. Dies ist der neutrale Zustand. Du kannst dich vergewissern, dass du ihn erreicht hast, indem du

fragst: „Wie nehme ich aus diesem Zustand heraus die Emotion wahr?"

11. Gehe jetzt aus diesem Zustand heraus in deiner Erinnerung in eine Zeit und an einen Ort, an dem (...die letzte negative Emotion vor dem neutralen Zustand) noch nicht in dir existiert hat – du kannst eine solche Zeit in deiner Kindheit oder im Säuglingsalter finden, möglicherweise musst du aber bis in den Mutterleib zurückgehen oder sogar in die Zeit vor deiner Empfängnis. Wo bist du?... Wie hast du dich in dieser Zeit und an diesem Ort gefühlt?... Gib dem Gefühl einen allgemeinen Namen... Wo in deinem Körper fühlst du (...den allgemeinen Namen) ...
12. Atme in (...den Namen), wie er in der Szene erscheint. Stimme zu, es ganz zu erleben, selbst wenn es in Körper und Geist einen gewissen Widerstand dagegen gibt, es ganz in dir zu halten... Jetzt trenne (...den Namen) von der Szene und bleibe nur bei diesem Gefühl, indem du den Bereich des Körpers nutzt, in dem du es am meisten gefühlt hast. Bleibe bei ihm, in seinem Zentrum... Dann hole wieder die Szene zurück, die das Gefühl bewirkt hat, fühle (...den Namen), wie es darin erscheint... Und dann trenne erneut (...den Namen) und bleib nur bei dem Gefühl. Atme hinein... Und zum letzten Mal: Hole wieder die Szene her, die das Gefühl geweckt hat, fühle (...den Namen), wie es darin erscheint...und dann trenne wieder die Szene ab und bleibe nur bei (...dem Namen). Atme hinein...
13. Fühle (...den Namen) tief, wie er in der Szene erscheint. Bewege dich in sein Zentrum, in sein Innerstes hinein. Versuch, es auszusprechen – wie fühlt es sich an?... Schau, welcher Teil deines Körpers am meisten damit verbunden ist... finde eine Form oder ein Bild... eine Farbe... eine Empfindung... und einen Geruch...
14. Jetzt fühle (...den ausgedehnten Namen), atme hinein und erlaube ihm, sich mehr und mehr auszudehnen. Lass es deinen ganzen Körper und dein ganzes Wesen füllen. In dem du (...den Bereich des Körpers) und (...die Form oder das Bild) nutzt, erlaube ihm,

sich mehr und mehr auszudehnen, bis es seine weiteste Grenze erreicht, bis es sich nicht mehr weiter ausdehnen kann. Sprich die Bitte aus: „(...ausgedehnter Name), zeig dich mir ganz!"…

15. Gib der ausgedehnten Emotion einen Namen... Fühle (...den ausgedehnten Namen) tief. Bewege dich in sein Zentrum, in sein Innerstes. Versuch, es auszusprechen – wie fühlt es sich an?... Schau, welcher Teil deines Körpers am meisten damit verbunden ist... finde eine Form oder ein Bild... eine Farbe... eine Empfindung... und einen Geruch…
16. Du kannst mit dem Ausdehnen fortfahren (Abschnitte 14-15) solange du willst. In dem Moment, in dem du fühlst, dass du ganz in das ausgedehnte Bewusstsein eingetaucht bist, bewege dich zu Absatz 19.
17. Aus diesem ausgedehnten Zustand heraus wasche deinen Körper, deine Emotionen, deine Gedanken und dein ganzes Wesen mit weißem Licht... Bitte deinen Körper-Psyche-Komplex, dich mit diesem Zustand in Einklang zu bringen: „Verwandele dich in das Licht dieses ausgedehnten Zustands!"
18. Jetzt fühle, dass dieser Zustand ein weites Gefäß ist, in dem alles aufsteigt und versinkt. In diesem Gefäß kannst du jeden Schmerz und jede Verwirrung aufklären und erleuchten, die dich von diesem ausgedehnten Zustand fernhalten.
19. Schaue aus diesem Zustand heraus tief in (...die letzte negative Emotion kurz vor dem neutralen Zustand) hinein. Untersuche, was die Quelle des Schmerzes und der Schwierigkeiten auf dieser Ebene der Emotion ist... Überprüfe, was du in dem Ereignis, das die Emotion wachgerufen hat, wirklich gesucht hast... Schaue weiter, bis die tiefe Wirklichkeit dieser Emotion dir vollkommen klar wird…
20. Schaue aus diesem Zustand heraus tief in (...die mittlere negative Emotion) hinein. Untersuche, was die Quelle des Schmerzes und der Schwierigkeiten auf dieser Ebene der Emotion ist... Überprüfe, was du in dem Ereignis, das die Emotion wachgerufen hat,

wirklich gesucht hast... Schaue weiter, bis die tiefe Wirklichkeit dieser Emotion dir vollkommen klar wird…

21. Schaue aus diesem Zustand heraus tief in (...die oberflächlichste negative Emotion aus Absatz 2) hinein. Untersuche, was die Quelle des Schmerzes und der Schwierigkeiten auf dieser Ebene der Emotion ist... Überprüfe, was du in dem Ereignis, das die Emotion wachgerufen hat, wirklich gesucht hast... Schaue weiter, bis die tiefe Wirklichkeit dieser Emotion dir vollkommen klar wird…
22. Wasche aus diesem ausgedehnten Zustand heraus deinen Körper, deine Emotionen, deine Gedanken und dein ganzes Wesen mit weißem Licht... Bitte deinen Körper-Psyche-Komplex, dich mit diesem Zustand in Einklang zu bringen: „Verwandele dich in ein Licht dieses ausgedehnten Zustands!“
23. Leite dich selbst in Bezug auf das Ereignis, das die Emotion geweckt hat, an: Wie wirst du dich in diesem Ereignis oder ähnlichen Ereignissen von jetzt an verhalten?... Wie wirst du handeln?... Wie wirst du reagieren?... Gib deinem Körper-Psyche-Komplex schließlich die Anweisung, sich entsprechend dieser neuen Handlungsweise zu codieren: „Bringe dich mit dieser neuen Handlungsweise in Einklang!“
24. Bedanke dich bei der Emotion, die dir eine Gelegenheit gegeben hat, neue Energie freizusetzen, dich im Leben zu bestärken und dein wahres Selbst zu kennen... Denk daran, dass dieser ausgedehnte Zustand nicht nur die Quelle deiner Heilung und Erkenntnis ist, sondern tatsächlich dein wahres Zuhause... Du kannst dich entscheiden, mit diesem Zustand in deinem Herzen verbunden zu bleiben, selbst wenn du in einem alltäglichen Bewusstseinszustand bist... Tauche ein letztes Mal in diesen Zustand der Erneuerung und Stärke ein... Dann kannst du deine Augen langsam und sanft öffnen.

Ein Erlebnisbericht

M., 28 Jahre alt, nachdem er zum ersten Mal die Ausdehnung einer negativen Emotion erlebt hat:

„Ich habe den Prozess damit angefangen, dass ich Unsicherheit ausgedehnt habe. Das Bild, das es am meisten repräsentiert hat, war eine Verabredung mit einem Mädchen, das ich im Internet kennengelernt hatte. Während des Treffens war ich voller Unsicherheit und hatte dazu körperliche Empfindungen – im Gesicht, in den Schultern und beim Atmen. Ein Gefühl, das ich mich nicht finden kann und ich nicht weiß, wie ich reagieren oder antworten soll, und vor allem, dass ich nicht der sein kann, der ich bin. Ich bin völlig von ihrer Rückmeldung abhängig. Ich bin wütend auf mich selbst: „Warum bin ich so? Warum bin ich so unfähig?“ Und diese Wut stört das Gespräch noch mehr. Es entsteht keine Nähe, kein warmes Gefühl, nur Leere. Nach der ersten Ausdehnung kam ich zu der Schicht der verpassten Gelegenheit. Die Form war Lava, die in mir anschwoll, rot gefärbt, als würde ich in einem dickflüssigen Sumpf ertrinken. Nach der zweiten Ausdehnung kam ich zu der Schicht der Wut. Diese Schicht fühlte sich wie eine extrem dichte Energie an, wie eine Art gefangene Kraft, die befreit werden wollte. In der dritten Ausdehnung erreichte ich plötzlich eine Ebene der Ruhe, in der zumindest der Druck abfiel, fast wie bei einem Orgasmus. Der ganze Körper wurde immer weicher...Ich konnte einen Menschen beim Meditieren sehen, dieser Mensch war ich. Ich habe Geduld gefühlt und eine Fähigkeit, alles endlos in mir aufzunehmen, allem Raum zu geben. Ich habe einen leisen Humor und Vergebung in mir gefühlt. Die vierte Ausdehnung hat zu der Ebene der Stille geführt. Ich habe gespürt, dass diese Stille alles einschließt und dass sie eigentlich alles ist. Sie ging mit dem Bild eines großen Lichtstrahls einher. Nach der fünften Ausdehnung tauchte Ewigkeit auf. Das war ein besonders aufregender Raum, da er alle Kräfte der Natur und die gesamte Geschichte der Menschheit in sich zu halten schien. Das Gefühl war das eines Tempels, weiß und blau, und darin war ein feines Lächeln. Zum Schluss, nach

der sechsten Ausdehnung, habe ich eine Ebene erreicht, die ich Gott genannt habe. Dieser Zustand schien mein ganz eigenes Selbst zu sein und ich wusste, dass es Gott ist, wenn ich ganz verwirklicht bin, da es in Wirklichkeit zwischen ihm und mir keine Trennung gibt. Ich habe gelacht und Tränen des Glücks geweint! Als ich aus diesem Zustand das Problem der Unsicherheit angesehen habe, konnte ich erkennen, dass es am wichtigsten ist, Erfahrungen und Experimente zu machen, ohne Angst davor zu haben, ein Erlebnis erneut durchleben zu müssen, und sogar Dinge anzustoßen, ohne Angst vor Fehlern zu haben. Die Idee ist, mich zu trauen, genau der zu sein, der ich bin, und immer darauf zu bestehen, bis ich Erfolg habe. Ich sollte es wie ein Spiel sehen, in dem es immer die Möglichkeit des Verlierens gibt. Es ist wichtig, Humor zu haben, einen gewissen Grad der Nichternsthaftigkeit, da es meine dramatische Haltung ist, die das Treffen sabotiert. Ich sollte mich im Allgemeinen trauen, meine Gewohnheiten zu verändern, jede Woche neue und ungewohnte Dinge ausprobieren, weil die Herausforderung viel größer ist als nur das Dating-Thema – es geht darum, sich darauf einzulassen, das Leben voll und ganz zu erleben."

Kapitel 8: Das Unterbewusste im White Light

Im Gegensatz zur klassischen Psychoanalyse, die sich damit zufrieden gegeben hat, eine Person als neurotisch zu klassifizieren, zeigt uns die Theorie der feinstofflichen Felder das Potenzial eines ganz neuen menschlichen Daseins. Dieses Dasein geht über die uns bekannten psychologischen Strukturen hinaus, sowohl über das Bewusste als auch das Unterbewusste. Und damit über die erkennbaren und verborgen Schichten des Denkens.

Vor dem Hintergrund der Theorie der feinstofflichen Felder ist das unaufhörliche Grübeln eine mentale Störung, die entfernt werden muss. Ein Zustand geistiger Gesundheit existiert nur in einem ruhigen und heiteren Gehirn, das ohne jeden unnötigen Gedanken arbeitet. Aber wie kann man einen solchen Zustand erreichen?

Die Methode des White Light findet Antworten auf Fragen wie „Warum sind so viele Gedanken in meinem Kopf?“, „Warum hört das Denken niemals auf?“ und „Wie kann ich Stille erlangen?“ in zwei Arbeitsschritten:

1. Man verbringt so viel Zeit wie möglich in Kontakt mit den höheren feinstofflichen Feldern. So reorganisiert sich das Gehirn immer und immer wieder, bis es lernt, sich mit der Ordnung, Harmonie und Ganzheit der feinstofflichen Felder zu synchronisieren.
2. Eine gründliche Entwirrung des Unterbewussten. Wir investieren unnötig viel Mühe in den Versuch, uns gegen unsere Gedanken und Emotionen zu wehren und sie wegzuschieben, wobei wir vergessen,

dass diese oberflächlichen Gedanken und Emotionen nichts als ein Nebenprodukt sind, ein Symptom eines viel tieferen Prozesses: Erinnerungszusammenhänge, die dafür sorgen, dass zahllose, vollkommen erfundene Bedürfnisse geschaffen werden, die sich schließlich als konfliktreiche Gedanken und Gefühle manifestieren. Wir sollten also die Wurzeln der Gedanken abschneiden, aus denen sie wieder und wieder erwachsen, statt sie zu beruhigen: die Erinnerungszusammenhänge des Unterbewussten.

Um ein wirklich ruhiges und einfaches Unterbewusstsein zu erlangen – was meinem Gefühl nach der nächste nötige Evolutionsschritt in unserer Welt ist – sollten wir von oben nach unten arbeiten, indem wir kontinuierlich über das Bewusste und Unterbewusste hinausgehen und über längere Zeiträume im Kontakt mit den feinstofflichen Feldern verweilen. Und von unten nach oben, indem wir die Erinnerungszusammenhänge lösen und die Grundlagen unseres Unterbewusstseins aufdecken.

Im folgenden Kapitel konzentrieren wir uns auf die zweite Tätigkeit, bei der es darum geht, uns vom Joch des Unterbewusstseins zu erlösen.

Was sind Erinnerungszusammenhänge?

Im Grunde kann das Unterbewusstsein als die verborgene Antriebskraft der Psyche definiert werden. Warum versucht die Psyche zu erlangen, was auch immer sie zu erlangen sucht? Warum reagiert sie auf die Weise, in der sie reagiert? Was frustriert sie? Was lässt sie selbstzerstörerisch werden?

Wir werden die faszinierende Frage, ob es positive Triebkräfte außerhalb des Unterbewusstseins gibt (wenn wir die Möglichkeiten der feinstofflichen Felder anerkennen, gewinnen wir diese Überzeugung), vorerst beiseite lassen und konzentrieren uns darauf, das Unterbewusste, so wie es im mental-emotionalen Feld existiert, zu „knacken".

Wie ich bereits in den Kapiteln über die Theorie der feinstofflichen Felder erwähnt habe, liegen in der weiten Spanne des mental-emotionalen Felds die Ursachen für unser psychologisches Verhalten und zwanghafte, repetitive und konflikthafte Gedanken und Emotionen unseres Geistes. Ihre Präsenz am Grunde unseres Unterbewusstseins ist es, die uns das unerträgliche Gefühl gibt, unsere Psyche sei kompliziert und verworren.

Es ist eine wichtige Rolle des Gehirns, die richtigen Bedingungen für das Überleben des Organismus in Raum und Zeit zu schaffen. Jedes Erlebnis wird im Lichte dieser Aufgabe untersucht und im Laufe der Zeit sammeln sich zwei Arten von Eindrücken im Gehirn an: die Erfahrungen, die die richtigen Überlebensbedingungen des Organismus sicherstellen und die Erlebnisse, die das Überleben des Organismus gefährden. Diese Eindrücke wandeln sich schließlich in Prägungen um – in eine Erinnerung also, die für das Fortbestehen des Individuums relevant und lebenswichtig bleibt. Je wichtiger die Erfahrung für das im Gehirn angesammelte Überlebenswissen erscheint, desto mehr verwandelt es sich in eine starke und einflussreiche Prägung. Eine positive Prägung entsteht, wenn das Gehirn ein bestimmtes Erlebnis mit optimalen Bedingungen für das Leben und Gedeihen des Organismus in Verbindung bringt, eine negative Prägung entsteht, wenn das Gehirn eine bestimmte Erfahrung in Verbindung mit einer Gefahr für das eigene Überleben in Verbindung bringt.

Jeder Eindruck des Gehirns schafft Erinnerungszusammenhänge: eine Verbindung zwischen bestimmten Erlebnissen im Leben und deren Bedeutung für die Überlebenschancen des Organismus. Nicht jeder Erinnerungszusammenhang wird jedoch als Prägung eine Form psychischer Störung verursachen. Ein Beispiel: Wenn ein Patient eilig in die Notaufnahme gebracht wird, weiß der Arzt, was er tun muss, da in seinem Gehirn eine Verbindung zwischen der Szene vor ihm und vorhandenem Wissen aktiviert wird, das sich in früheren Erlebnissen als nützlich erwiesen hat. Wenn wir beim Fahren auf der Autobahn in einer Gefahrensituation geschickt reagieren, wird auch das von einem lebenswichtigen Erinnerungszusammenhang ermöglicht. Das Problem beginnt mit den vielen Schichten von Erinnerungszusammenhängen, die nur vorgeben, für das Überleben des Individuums nützlich zu sein und ihm Gefahrensymbole und –signale vorspiegeln, aufgrund derer es die Realität verzerrt interpretiert und hektisch verwirrte Emotionen und Gedanken produziert (beispielsweise die irrationale Interpretation einer Autobahn als „furchteinflößendes Schlachtfeld"; genauso scheint der Gedanke, dass jede körperliche Unpässlichkeit Tod und Schmerz nach sich zieht, ein irregeleitetes Gefahrensignal zu sein).

Unsere psychologische Struktur entsteht also folgendermaßen: Schichten unnötiger Erinnerungszusammenhänge lagern sich über den notwendigen Schichten an, bis es letztlich nicht mehr möglich ist, zwischen beiden zu unterscheiden – eine missliche Lage, die dazu führt, dass der Mensch die Wirklichkeit verfälscht interpretiert und infolgedessen seelisches Leiden entwickelt.

Die Persönlichkeit eines Menschen besteht in ihrer Grundlage vollständig aus Erinnerungszusammenhängen. Jede Erfahrung wird als Erinnerung im Gehirn registriert, und wenn das Gehirn diese Erinnerung als besonders wichtig für das Überleben des Organismus ansieht, verwandelt die Erinnerung sich in eine Prägung. Einmal geschaffen, entwickelt die Prägung im Laufe der Zeit ein Eigenleben. Je mehr sie durch Erfahrungen im Leben bestätigt wird, desto stärker verfestigt sie sich und bildet sich allmählich zu einem Muster aus.

Bei einem Muster handelt es sich um eine viel komplexere Struktur als bei einer Prägung. Während eine Prägung lediglich ein außergewöhnlich starker und eindrücklicher Erinnerungszusammenhang ist, besteht ein Muster aus einer Prägung und allem, was sich im Laufe der Zeit aufgrund der Prägung ausgeformt hat – dazu gehört auch die Art, in der wir uns angepasst haben, um Umstände zu überleben, die das Gehirn als gefährlich erachtet.

Wenn wir starkes Lampenfieber haben und auf einer Bühne vor hundert Menschen stehen, die unseren Ausführungen eigentlich interessiert und höflich folgen, können wir dabei sehr reale, aber unnötige Gefahrensignale des Gehirns spüren, die es aufgrund einer oder mehrerer früherer Erfahrungen aussendet. Diese Reaktionen auf vermeintliche Gefahren stellen in einem solchen Fall eine seelische Störung dar, da sie die Sicht auf die Realität verzerren. Sie warnen uns vor einem möglicherweise lang zurückliegenden Ereignis, das der Situation in diesem Moment vor unseren Augen in irgendeiner Weise ähnelt. Unter diesen Bedingungen reagieren wir manchmal wie gelähmt, da wir vollkommen angespannt sind angesichts einer Gefahr, die zwar erinnert wird, faktisch aber nicht existiert. Jede Frage erscheint uns als Meckern, jeder Blick feindlich, wir fangen an zu schwitzen und haben Probleme beim Luftholen.

Allmählich entwickeln wir Strategien, um mit gefährlichen Ereignissen wie diesen umzugehen, zum Beispiel Gesten oder eine besondere Art zu reden. Wir entwickeln bestimmte Überzeugungen oder geben mit übertriebenem Selbstvertrauen an. Wir finden Mittel und Wege, die Prägung zu verstecken, damit wir in einer Situation funktionieren, mit der wir eigentlich überhaupt nicht klarkommen.

Ein Muster ist also eine Kombination aus einer Prägung und den Bewältigungsmechanismen von Körper und Psyche, die sich um die Prägung herum geformt und gefestigt haben (erwähnenswert sind auch unsere psychologischen Reaktionen auf das Muster in uns, die zunehmend komplizierter werden. Wir fangen zum Beispiel an, uns selbst zu verurteilen, entwickeln Depressionen oder Angstzustände). Diese Strukturen ähneln dem Prozess natürlicher Selektion, den Darwin aufgezeigt hat: Sie stellen eine Form der Anpassung durch Mutation dar, die eine Reaktion auf bestimmte Lebensumstände ist und das Überleben und Gedeihen des Organismus sicherstellen soll. Wenn sich das Muster schließlich im Menschen herauskristallisiert hat, verwendet das Gehirn den zur Prägung gewordenen Erinnerungszusammenhang als Symbol, das eine eigenständige Existenz hat. Dieses Symbol wird fortan mit der Realität, für die es steht, verwechselt, und so ist die Interpretation eines Menschen und seine Reaktionsweise auf eine bestimmte

Wirklichkeit immer in Bezug zu setzen zu dem, was sie für ihn symbolisiert. Er wird nicht sehen können, was ist; er wird das Leben nicht wirklich erfahren, sondern wieder und wieder seine Erinnerungszusammenhänge abspielen.

Jetzt wird das Bild also klarer: Erinnerungen verwandeln sich in Prägungen, Prägungen werden zu Mustern und viele Muster schaffen schließlich die Struktur, die man Persönlichkeit nennt. Die Persönlichkeit, schwer beladen mit falschen Gefahrensignalen und unfähig, irgendetwas anderes zu tun, als die gesamte Welt entsprechend der im Gehirn abgelegten Überlebenserinnerungen in gut und schlecht zu unterteilen, ist der Hauptgrund dafür, dass seelisches Leiden existiert (weitere Gründe könnten, wie Viktor Frankl herausgestellt hat, eine mangelnde Verbindung zu den spirituellen Dimensionen des Daseins sein, oder ein Mangel an Sinn und Bestimmung). Ein gut angepasster Mensch mag an der Oberfläche einen guten oder vernünftigen Eindruck machen, tatsächlich wird dieser Mensch aber pausenlos von eindeutig irrationalen Erinnerungszusammenhängen angetrieben. Nur dem Anschein nach gibt es einen Austausch mit der tatsächlichen Realität. In Wahrheit begegnet man so lediglich Repräsentanten der Realität in der eigenen Psyche und reagiert ausschließlich auf sie. So werden alle Interpretationen, Meinungen, Reaktionen, Neigungen und Herzenswünsche von der Vergangenheit befleckt – da die Persönlichkeit, einfach gesagt, nichts als ein Bündel unverarbeiteter Erinnerungen ist.

Wenn populäre spirituelle Ansätze uns anweisen, im Hier und Jetzt zu sein, ist es die Persönlichkeit, die zuhört – und hier und jetzt zu sein ist das Letzte, was sie zuwege bringen kann. Wie kann ein Bündel an Erinnerungen die Existenz einer Gegenwart erkennen oder gar in ihr präsent sein? Das bedeutet, dass nur eine akribische und ausgiebige Reinigung von unnötigen Erinnerungszusammenhängen uns ganz natürlich und organisch in einen Zustand authentischer Präsenz im Hier und Jetzt bringen kann. Ohne eine solche Reinigung ist das Einzige, was die Persönlichkeit tun kann, aus ihrer Welt der Symbole und vergangenen Erlebnisse eine gewisse Projektion des Hier und Jetzt zu erstellen und so dieses Erleben zu simulieren.

Nur eine extrem gründliche Auflösung der zentralen Erinnerungszusammenhänge, die für die Ausformung unserer Persönlichkeit verantwortlich sind, kann unser psychologisches Leiden beenden und echte Stille im Gehirn entstehen lassen. Wenn das Gehirn von diesen Zusammenhängen befreit wird, erkennt es plötzlich die unmittelbare Realität, in der es nur wenige Gründe dafür gibt, an die Struktur von Körper und Psyche Gefahrensignale zu senden. Das Gehirn hört dann endlich auch auf, jedem einzelnen Moment der Realität auf eine zwanghafte Weise eine Interpretation zuzuweisen, die teils auf bewussten, vor allem aber auf unbewussten Erinnerungsbildern basiert. Die Anspannung findet ein Ende und damit einhergehend entsteht ein neuer und wunderbarer Zustand vollkommenen Zuhörens, der sich in jedem einzelnen Moment gemeinsam mit dem Hier und Jetzt gebiert.

Wer die Erkenntnis, dass unser Handeln auf selbst geschaffenen Erinnerungszusammenhängen basiert, wirklich verinnerlicht hat, der wird akzeptieren, dass er für diese Erinnerungszusammenhänge eine volle Eigenverantwortung übernehmen kann und muss. Diese Verantwortung besteht in der Anerkennung der Tatsache, dass unser psychologisches Leiden ganz und gar von uns selbst geschaffen wird, und zwar deshalb, weil wir der Wirklichkeit auf verzerrte Weise zuhören. Aus dem Rohstoff der Erinnerungszusammenhänge spinnen wir seelisches Leiden um uns herum, wie eine Spinne, die sich in ihrem eigenen Netz fängt. Dass nur wir selbst für unser Leiden verantwortlich sind, bedeutet auch, dass wir die Einzigen sind, die dieses Gewirr auflösen können. Die ignorante innere Betriebsamkeit der Psyche gleicht einer Hölle, die wir mit unseren eigenen Händen aufbauen, wir sind es selbst, die uns quälen, kein Dämon, wie manche in früheren Zeiten behauptet haben, und sicher nicht die Gesellschaft oder unsere Eltern, sondern wir und niemand anders.

Tatsächlich erleben wir ohne die verborgene Tyrannei der Erinnerungszusammenhänge, die unsere Wahrnehmung der Realität beherrscht, keinen einzigen Stressmoment – welche Form auch immer dieser Stress annehmen mag: Wut, Trauer, Verletztheit, Enttäuschung, Verlangen, was auch immer. Schließlich resultiert alle Anspannung aus dem Zusammenprall zwischen dem Erinnerungsbild und der Realität; aus der Unfähigkeit, die Dinge so zu sehen, wie sie sind und sich entsprechend zu verhalten. Aus diesem Grunde bestehen mentale Störungen in der Theorie der feinstofflichen Felder darin, die Welt durch Erinnerungszusammenhänge wahrzunehmen, während seelische Gesundheit aus einer authentischen Präsenz im Hier und Jetzt besteht.

Jeder Werbetexter versteht bis zu einem gewissen Grad das Prinzip der Erinnerungszusammenhänge. Der Zweck einer Werbung ist es, eine Verbindung zwischen einer Konsumware und einem Bild, einer Darstellung, einer Empfindung oder einer Emotion herzustellen. Wenn das Gehirn pausenlos die Nachricht aufnimmt, dass ein bestimmtes Getränk „nach Leben" schmeckt oder der Kauf eines bestimmten Autos bedeutet, dass man „sich traut, wirklich zu leben", wird es letztlich von der Gewohnheit dieser Assoziation überwältigt; der Mensch wird von diesem Moment an jedes Mal, wenn er dem Produkt begegnet, unfähig sein, es von der Botschaft getrennt zu sehen. Im gleichen Zug wird jedes Mal, wenn er sich nach dem Mut sehnt, wirklich zu leben und das Leben ganz auszukosten, der Gedanke an dieses Konsumgut unbewusst oder bewusst in ihm herumspuken.

Natürlich sind die Reaktionen des Unterbewusstseins meist komplizierter und weniger eindeutig als in diesem Beispiel. Aber dennoch gilt: Das Symbol hat schon vor langer Zeit das Ruder übernommen und sich von der ursprünglichen Erinnerung getrennt. Das Symbol ist deshalb nicht mehr so einfach zu entschlüsseln, was der Manipulation des Werbers in die Hände spielt.

Vor einiger Zeit kam ein Mann für einen White Light-Prozess zu mir. Er erzählte mir, dass er ein äußerst erfolgreicher selbstständiger Geschäftsmann sei, und ich konnte aus seinen Worten schließen, dass er keinerlei finanzielle Sorgen hatte. Ausgerechnet jene Tage aber, an welchen er die meisten Kunden hatte, bereiteten ihm die größten Probleme. Wann immer eine Welle an Kunden in seinen Laden strömte, bekam er so viel Angst, dass es ihm sogar lieber gewesen wäre, weniger Geld zu verdienen, wenn ihn das davon befreit hätte, sich einem solchen Ansturm ausgesetzt zu sehen. Ich entschied mich dafür, mit ihm einen Prozess durchzuführen, der White Light für verborgene Erinnerungen heißt, eine vielschichtige Technik, die mit ungewohnten Bildern arbeitet, die in den Tiefen unseres Unterbewusstseins stecken (dieses Thema wird im nächsten Kapitel weiter ausgeführt). In ihm stieg das Bild eines einfachen Dorfbewohners auf, in dem er sich selbst erkannte. Während er auf dem Dorfplatz herumstand, bemerkte er eine Räuberbande, die aus dem Wald heraus in Richtung Dorf stürmte. Innerhalb weniger Minuten sah er das ganze Dorf in Flammen aufgehen, überall wurde geplündert, viele Menschen ließen ihr Leben. Ihm selbst gelang es, sich zu verstecken, aber als er aus seinem Versteck hervorkam, war von der Welt, die er gekannte hatte, nichts mehr übrig.

Dieses alte Bild – das sowohl aus dem kollektiven als auch aus dem individuellen Unterbewussten stammen könnte – hatte sich mit der Zeit in ein Symbol verwandelt, dessen Ursprung völlig vergessen worden war: Wann immer er eine Menschenmenge auf sich zuströmen sah, signalisierte ihm sein Gehirn eine Gefahr für den Organismus. Ob diese Menschen potenzielle Räuber oder potenzielle Kunden waren, machte für sein Gehirn keinen Unterschied – das Bild hatte sich der Wirklichkeit übergestülpt. Sein Gehirn begegnete also immer wieder diesem Bild in ihm, nie der eigentlichen Realität. Nachdem dieser Mann den Erinnerungszusammenhang sehen und ihn in den feinstofflichen Feldern auflösen konnte, hatte er sich damit von der Bürde der Erinnerung befreit und freut sich seitdem, wenn eine Flut an Kunden in seinen Laden strömt.

Ein weiteres faszinierendes Beispiel kommt aus der Welt der Trauminterpretation. Im Rahmen des White Light begegnete ich einem Dozenten, der mir von dem folgenden Traum berichtete: Er sitzt in einem voll besetzen Hörsaal und das Publikum erwartet mit Spannung seine Rede. Dann aber fängt ein alter Mann an, über sich selbst und sein Privatleben zu sprechen und lenkt das Publikum so sehr ab, dass ihm niemand mehr Aufmerksamkeit schenkt. Der Redner geht zur Toilette, und als er zurückkehrt, stellt er fest, dass viele Menschen den Saal schon verlassen und die anderen das Interesse an seinem Vortrag verloren haben. Auf dem Weg zu seinem Dozentenpult sieht er einen Stofftiger, der voll angekleidet mit angelegtem Geschirr in der Mitte des Hörsaals herumspringt. Das Chaos ist vollkommen und der Dozent geht erneut zur Toilette. Schließlich kehrt er zurück und entschließt sich, die aufgezeichnete Rede eines berühmten und erfolgreichen Dozenten abzuspielen, so gewinnt er die Aufmerksamkeit des Publikums zurück.

Als dieser Dozent ein White Light-Format für Trauminterpretationen durchführte, erkannte er, dass es in diesem Traum um sein unaufhörliches Bemühen ging, den Menschen bei seinen Vorträgen zu gefallen. Er ist der Stofftiger, eine mächtige und wilde Kreatur, die sich selbst aufgibt, um geliebt und angenommen zu werden. Das wiederholte Aufsuchen der Toilette ist ein Ausdruck seiner Ängstlichkeit. Und die aufgezeichnete Rede des berühmten Dozenten hat den Zweck, erfolgreich angenommen zu werden – wobei der hohe Preis darin besteht, dass er seine eigene Stimme aufgibt. Er erkannte, dass es sein heimlicher Wunsch war, von allen geliebt zu werden und dass er vor keiner Form von Manipulation zurückschreckte, wenn er dadurch verhindern konnte, dass die Menschen enttäuscht seinen Vortrag verlassen. Unter diesen Bedingungen hat er sich natürlich selbst eingesperrt und unterdrückt. Die Botschaft des Traumes war, den Tiger freizulassen, gradlinig zu sein, sein wahres Selbst aufscheinen zu lassen, zu akzeptieren, dass ihn nicht jeder lieben würde, sich dafür nicht zu entschuldigen und damit seinen eigenen Maßstäben gerecht zu werden. Am Ende der Technik korrigierte er den Traum: Der Tiger brüllte in der Halle und zog die Aufmerksamkeit aller auf sich; er flüchtete nicht zur Toilette, und während er die Aufnahme des anderen Dozenten abspielte, erklärte er dem Publikum, warum er den Worten dieses beliebten Sprechers nicht zustimmen konnte.

Diese Technik macht mir immer wieder deutlich, dass Träume persönliche Symbole sichtbar machen und dass alle Ereignisse und Menschen im Traum einem bestimmten Verständnis dienen sollen und daher keine objektive Bedeutung haben. Dank dieser Technik konnten wir beide verstehen, dass der Dozent im Traum, vermittelt durch einen symbolischen Satz an Erinnerungszusammenhängen, zu sich selbst sprach. Der Tiger, der Besuch der Toilette und der bekannte Dozent standen in diesem Gehirn für sehr persönliche Interpretationen: eine Szenerie, die ihn daran erinnerte, der zu sein, der er wirklich war.

Ein weiteres interessantes Beispiel für das hier präsentierte Prinzip liegt in der Welt unserer selbst geschaffenen Bedürfnisse und Wünsche, einer Welt, die aus verfälschten Bildern des Glücks besteht, die wiederum vollkommen aus unbewussten Erinnerungszusammenhängen entstanden sind. Entsprechend dem Prinzip, dass das Gehirn die Wirklichkeit durch seine Erinnerungszusammenhänge wahrnimmt, können wir erkennen, wie Gefallen entsteht, wenn die Realität den Verbindungen im Gehirn entspricht, und wie Unzufriedenheit aus der Unfähigkeit resultiert, die Realität an die inneren Verbindungen anzupassen. Und anhand des Prinzips, dass das Gehirn nicht auf die Realität reagiert, sondern auf seine Interpretation der Realität, können wir sehen, in welchem Maße wir selbst unsere Traumbilder konstruieren, unsere Vorstellung des Glücks, um dann zu versuchen, andere Personen dieser Vorstellung zu unterwerfen. Wann immer wir uns verlieben, passiert das auf besonders überwältigende Weise: Wir haben Interesse daran, uns verliebt zu fühlen, dies ist ein Erlebnis, das ganz und gar in unserem Inneren stattfindet. Wenn das Objekt unserer Verliebtheit nicht unseren Erwartungen gerecht wird, entwickeln wir Wut und Aggression.

Zeigt das Gehirn ein bestimmtes Verlangen an – wie etwa den Kauf eines neuen Autos – verbindet es dieses Erlebnis in Wirklichkeit mit einer bestimmten emotionalen Erfahrung, die das ist, wonach es sich eigentlich sehnt. Seine Erinnerungszusammenhänge haben eine Verbindung zwischen einem Traumbild und einer Antwort auf ein tieferes

Bedürfnis hergestellt, mit der es durch das erhoffte emotionale Erlebnis in Berührung kommen möchte. Aufgrund seiner früheren Erfahrungen mit der gleichen Situation oder vergangener Erlebnisse, die es in irgendeiner Weise an diese Situation erinnern, oder sogar aufgrund kollektiver Bilder, die tief in ihm verwurzelt sind, kann es nicht mehr zwischen jenem Auto und dem emotionalen Erlebnis der Freiheit, des Lebensmuts und der Erfüllung unterscheiden.

Es ist das Gedächtnis, das alle Sinne verbindet und Begehren generiert. Wenn wir den angenehmen Duft riechen, der aus einer Bäckerei in der Nähe strömt, nimmt der Geruchssinn Kontakt mit dem Sinn des Sehens, dem Tastsinn und dem Geschmackssinn auf, das Gedächtnis verbindet alle vier miteinander und stellt ein Erlebnis in Aussicht, das Erfüllung verspricht. Auch wenn uns eine schöne Frau auffällt, weckt der Sehsinn den Geruchs-, Geschmacks- und Tastsinn. Zusammen können sie eine Verführungsfantasie erschaffen. Natürlich können wir, wenn das Gedächtnis keine Kontrolle ausübt, genauso gut einen Duft genießen, ohne Verlangen zu spüren und einen schönen Anblick, ohne dass eine begehrliche Fantasie ausgelöst wird. Es gibt eine Alternative zu der schwindelerregenden Kettenreaktion, die uns an repetitive Schleifen der Erinnerungen fesselt.

Wir wollen uns jetzt eine Technik für die Selbstarbeit ansehen, die sich dafür eignet, das Unterbewusste zu entwirren: White Light für Erinnerungen.

White Light für Erinnerungen

Einfach gesagt, besteht der Zweck des White Light für Erinnerungen darin, sich zu einem bestimmten Moment zu bewegen, in dem ein irrationaler und unnötiger Erinnerungszusammenhang geformt wurde – und ihn dann, mithilfe der erinnerungsfreien feinstofflichen Felder, aufzulösen.

Aus einem bestimmten Blickwinkel können wir das Unterbewusste als Schichten unverarbeiteter Erinnerungen begreifen, die verdrängt wurden, statt einen Prozess der Aufarbeitung und des Lernens zu durchlaufen. Das geschieht, wenn wir in einem bestimmten Moment nicht die nötige Achtsamkeit hatten, um ein Erlebnis zu erfassen und angemessen zu verarbeiten (und ihm eine Bedeutung und einen Sinn zu verleihen). Diese Erinnerungen haben sich so gewissermaßen in Gespenster verwandelt, die, obwohl sie uns heimzusuchen scheinen, in Wirklichkeit nur darum bitten, dass unsere Achtsamkeit sie endlich freigibt.

Solange wir nicht bewusst genug leben, sammeln wir weiter unverarbeitete Erinnerungen an. Unsere Angst vor Schmerz ist so groß, dass wir bei jedem negativen Erlebnis aus dem Körper flüchten und absichtlich den Kontakt mit unserer Sinneswahrnehmung aufgeben. Und sei es nur, um uns Schmerz zu ersparen. Auf diese Weise entsteht ein Trauma: Indem wir uns vom Körper trennen und keine Achtsamkeit in die Situation hineinbringen, hinterlassen wir einen leeren Raum, der sehr leicht mit irrationalen Erinnerungszusammenhängen gefüllt werden kann.

Das Heilmittel ist offensichtlich und entstammt größtenteils direkt der Krankheit: Damit wir die Erinnerungszusammenhänge auflösen können, sollten wir zustimmen, das Ereignis noch einmal zu erleben, diesmal aber ohne zu flüchten. Wir müssen zustimmen, im Körper ganz präsent zu sein und eine Achtsamkeit in ihn hineinzubringen, die zuvor nicht da gewesen ist. Außerdem müssen wir die Tatsache anerkennen, dass wir vollkommen verantwortlich für das Leiden sind, das durch das Ereignis geschaffen wurde. Deshalb liegt es in unseren Händen, es zu entfernen. Natürlich hat dieses Heilungsprinzip weitreichende Konsequenzen: Wenn wir nur in jedem einzelnen Moment mit unserem ganzen Wesen präsent sein könnten, würden wir vollkommen damit aufhören, unnötige Erinnerungszusammenhänge zu schaffen – das Unterbewusste hätte sich nicht weiter ausformen können und wir müssten nur noch zu jenen Momenten in unserer Vergangenheit zurückgehen, in denen wir nicht präsent waren, um dort die entscheidende Änderung durchzuführen.

Was wir also brauchen, ist ein echtes, stabiles und volles Gewahrsein, das in unvorstellbarer Fülle für uns in den feinstofflichen Feldern zugänglich ist. Nur ein solches Gewahrsein kann zustimmen, den Schmerz zu durchleben, welche Form auch immer er haben mag, und so die Erinnerungszusammenhänge aufzulösen und dem Leiden in der Vergangenheit eine neue Bedeutung zu geben. Nur ein solch stabiles Gewahrsein kann ein schreckliches Trauma in ein unverzichtbares Erlebnis verwandeln, das, wie alle anderen wichtigen Ereignisse, zu unserer nachhaltigen Entwicklung beigetragen hat.

Dank der feinstofflichen Felder erwacht im Menschen eine beeindruckende Bereitschaft – und zwar die, das Erlebnis erneut zu durchleben und diesmal dabei im Körper zu bleiben, in keiner Weise zu dissoziieren und das fehlende Gewahrsein in jedem einzelnen Stadium korrigierend und erneuernd einzusetzen. Wie in dem Kapitel über erleuchtete Psychologie herausgestellt wurde, verhindert das wahre Selbst, wenn es voll präsent ist, durch seine reine Präsenz, dass sich seelisches Leiden ausformen kann. Das wahre Selbst ist der Meister des Gehirns und verdeutlicht ihm, dass es in keiner Weise nötig ist, eine neue Überlebensprägung, ein sich wiederholendes Gefahrensignal, auszubilden. Wie ein enormes Flutlicht deckt es sehr leicht jede Art von Erinnerungszusammenhang auf, der sich einst mangels sofortiger Zuwendung in ein Muster verwandelt hat (das bereits schwerer loszuwerden ist).

Wenn der Erinnerungszusammenhang sich auflöst, kommt gleichzeitig ein sehr heilsamer Prozess in Gang: Die Prägung wird destabilisiert und zerfällt, entsprechend verliert die Struktur des Musters allmählich ihre Kraft, bis es sich ganz auflöst. Dann sieht der Mensch, dass das Erlebnis, dem er sich gerade ausgesetzt sieht, in gewisser Weise zwar einem früheren Erlebnis gleichen mag, dass er aber nicht erneut eine negative Erfahrung machen muss. Und selbst wenn in der Situation erneut eine ähnliche negative Erfahrung auftaucht, kann er ihr diesmal – durch die Kraft der Einsicht und des Gewahrseins – standhalten und ganz im Körper bleiben.

Mir ist wichtig, auch an diesem Punkt darauf hinzuweisen, dass es in den meisten Fällen empfehlenswert ist, sich an einen zertifizierten White Light-Begleiter zu wenden, um einen Erinnerungszusammenhang vollständig aufzulösen. Ein zertifizierter White Light-Begleiter verfügt über deutlich komplexere Techniken, wie White Light für Trauma und White Light für verborgene Erinnerungen. Diese sind besonders geeignet, um Verbindungen aufzulösen, die unseren Blick auf die Realität verzerren.

Um ein bestimmtes Muster ganz und gar aufzulösen, sollten wir eine Möglichkeit in Betracht ziehen, die den Rahmen unseres normalen rationalen Denkens sprengt: Sehr oft haben wir es nicht mit traumatischen Ereignissen aus dem jetzigen Leben zu tun. Ich möchte mich damit nicht ohne Wenn und Aber für die Sichtweise der Reinkarnation aussprechen – dennoch hat mich die Erfahrung überzeugt, dass viele unserer Erinnerungszusammenhänge durch das alte psychologische Paradigma schlichtweg nicht erklärt werden können. Wie kommt es zum Beispiel, dass man bereits in früher Kindheit dazu tendiert, bestimmte Erlebnisse auf eine spezifische Weise zu interpretieren, während ein Freund sie vielleicht ganz anders interpretieren würde? Wie kommt es, dass eine Person Flugangst erlebt, wenngleich sie in ihrem momentanen Leben nur positive Erfahrungen in der Höhe hatte?

Im White Light für verborgene Erinnerungen dehnen wir eine irrationale Verbindung aus, die eine mentale Unannehmlichkeit für die Person darstellt, und kommen so auf einer Ebene an, in der sich eine unbewusste und unbekannte Erinnerung zeigt, die die Psyche der Person stark beeinflusst. Egal, ob es sich um Erinnerungen aus dem kollektiven Unterbewusstsein oder Erinnerungen des individuellen Unterbewusstseins handelt, immer wird sehr deutlich, dass diese Erinnerungsbilder einen stark prägenden Einfluss auf die Art haben, in der die Person Geschehnisse interpretiert und wie sie somit auf ihre gegenwärtige Realität reagiert. Wenn sich diese Bilder entfalten, zeigt sich auf erstaunliche Weise, wie kreativ unser Gehirn ist – es schafft aus Fragmenten und Stücken sinnlicher und psychologischer Erlebnisse

Bilder und erinnert sich so jedes Mal an das gesamte Erlebnis, wenn es eine neue Erfahrung macht, die ein ähnliches oder identisches Fragment oder Stück enthält.

Am überzeugendsten aber ist vielleicht die Tatsache, dass das White Light für verborgene Erinnerungen die vielleicht effektivste Technik in der gesamten Methode ist, um Muster zu entfernen! Meiner Meinung nach liegt das daran, dass es mit der Technik für die verborgene Erinnerung gelingt, den ersten Moment zu erreichen, in dem der Erinnerungszusammenhang entstanden ist (und nicht andere Momente, in denen die Gültigkeit der Verbindung nur erneut bestätigt wurde), um so die Wurzel des verworrenen und wilde Blüten treibenden Musters auszureißen.

Mit der folgenden Technik kannst du eine negative Erinnerung erneut erwecken und durch ehrliches Zuhören die Erinnerungszusammenhänge aufdecken, die sich gebildet haben (und die dich bis heute beeinflussen), um dann mehrere Ausdehnungen durchzuführen, bis du dich ausreichend im mental-spirituellen Feld stabilisiert hast. Von dieser vollkommen positiven, erinnerungsfreien Ebene aus kannst du in die Tiefen der Erinnerung eintreten und sie diesmal mit einer befreiten Achtsamkeit überfluten. So kannst du die irrationalen Verbindungen auflösen.

Viel Glück!

Übung:

White Light für Erinnerungen

1. Schließe die Augen. Atme langsam und tief. Entspanne dich mit jedem Atemzug mehr und mehr... Mache dir beim Atmen den Bereich des Perineums, die Basis der Wirbelsäule und den Ausgangspunkt der Beine bewusst... Wähle die Erinnerung aus, die du heilen möchtest. Eine negative Erinnerung ist ein Ereignis, in dem du einen emotionalen Schock erlebt hast, den du nicht richtig verarbeiten konntest und der in dir eine tiefe Prägung

hinterlassen hat... Sei bereit, diesem Ereignis in dem sanften und geschützten Raum des White Light zu begegnen... Gestatte dem Ereignis, ganz da zu sein, ohne es zu bewerten oder zu verurteilen... Jetzt erinnere dich so detailliert wie möglich an das Ereignis... erinnere dich als Erstes an die Szene, so detailliert wie möglich... erinnere dich so detailliert wie möglich an die Emotionen in diesem Ereignis... erinnere dich so detailliert wie möglich an die Gedanken in diesem Ereignis... erinnere dich so detailliert wie möglich an die Empfindungen in diesem Ereignis... In welchem Zustand war dein Körper?... Welcher Teil deines Körpers reagiert am stärksten auf dieses Ereignis?

2. Beschreibe weiter deine Emotionen und Empfindungen – sprich nicht als Außenstehende(r) über dein Erlebnis, sondern aus seiner Mitte, von innen heraus... Wie hoch war der Grad deiner Präsenz bei diesem Ereignis? Wie sehr warst du in deinem Körper präsent?... Überprüfe, wie sehr du es vermieden hast, präsent zu sein, wie sehr du diesem Ereignis innerlich Widerstand geleistet hast und wie sehr es dich aus der Fassung gebracht hat... Überprüfe, wie du während des Ereignisses geatmet hast... Erkenne, wie sehr du dich als Opfer empfunden hast, wie sehr du gefühlt hast: „Warum muss mir das passieren?“... Spüre den Widerstand gegenüber dem Ereignis und den Wunsch, es zu vermeiden…
3. Beschreibe deine Umgebung und deine Verbindung mit ihr, während das Ereignis stattgefunden hat... Wie sehr hast du das Außen wahrgenommen – warst du dir allem um dich herum bewusst, oder ist die Welt verschwunden und dir war nur bewusst, was in deinem Innern vor sich geht?... Nun beschreibe das Bild des Angreifers, also desjenigen, der dich verletzt hat, und wie du dich damit gefühlt hast…
4. Beschreibe den ersten Kontakt mit dem Ereignis. Wo spürst du es in deinem Körper?... Und wie hat es sich angefühlt?... Gestatte dir, in diesem geschützten Raum die ursprünglichsten Gefühle und Empfindungen erneut zu erleben…

5. Was ging in deinen Gedanken vor?... Schau bis in ihre Tiefe und überprüfe: Welcher Glaube hat es dir schwer gemacht, das Ereignis voll zu konfrontieren? Ein Glaube ist jede Erwartung, dass das Leben in einer bestimmten Weise verlaufen sollte... Was war dein Wunsch, das verborgene, perfekte Bild, das du dir gewünscht hast?...
6. Welchen Schluss hast du aus diesem Ereignis gezogen? Überprüfe genau, welche Prägung das Ereignis in dir geschaffen hat... Schau nach, was das Ereignis später in deinem Körper hat entstehen lassen... Schau nach, was das Ereignis später in deinen Emotionen hat entstehen lassen... Schau nach, was das Ereignis später in deinen Gedanken hat entstehen lassen... Schau nach, was das Ereignis später in deinen Handlungen und deinem Verhalten hat entstehen lassen... Schau nach, was das Ereignis später in deiner allgemeinen Beziehung mit dem Leben hat entstehen lassen... Welcher irrationale Zusammenhang ist in dir entstanden?
7. Jetzt gib dem Trauma einen allgemeinen Namen... Atme in (...den allgemeinen Namen) hinein und spüre ihn tief. Bewege dich in seine Tiefe, in sein Herz hinein. Versuche, es auszusprechen – wie fühlt es sich an?... Schau nach, welcher Bereich deines Körpers am stärksten damit verbunden ist... finde eine Form oder ein Bild... eine Farbe... eine allgemeine Empfindung... und einen Geruch...
8. Jetzt atme in (...den allgemeinen Namen) hinein, und erlaube ihm, sich immer weiter auszudehnen. Lass ihn deinen ganzen Körper und dein ganzes Wesen füllen. Indem du (...den Bereich deines Körpers) und (...das Bild oder die Form) nutzt, atme und dehne aus, atme und dehne aus, bis es seine weiteste Grenze erreicht und sich nicht mehr weiter ausdehnen kann. Sprich die Bitte aus: „(...allgemeiner Name), zeig dich mir ganz!"... Gib mir ein Zeichen, wenn du spürst, dass (...der allgemeine Name) seine weiteste Grenze erreicht hat und sich nicht mehr weiter ausdehnen kann.

9. Gib dem ausgedehnten Zustand einen Namen... Atme in (...den ausgedehnten Namen) hinein. Bewege dich ihm entgegen, in seine Tiefe hinein, in sein Herz. Versuch, ihn auszusprechen – wie fühlt es sich an?... Schau nach, welcher Teil deines Körpers am meisten damit verbunden ist... Finde eine Form oder ein Bild... eine Farbe... eine generelle Empfindung... und einen Geruch…
10. Jetzt atme in (...den ausgedehnten Namen) hinein, und erlaube ihm, sich immer weiter auszudehnen. Lass ihn deinen ganzen Körper und dein ganzes Wesen füllen. Indem du (...den Bereich deines Körpers) und (...das Bild oder die Form) nutzt, atme und dehne es aus, atme und dehne es aus, bis es seine weiteste Grenze erreicht und sich nicht mehr weiter ausdehnen kann. Sprich die Bitte aus: „(...ausgedehnter Name), zeig dich mir ganz!"... Gib mir ein Zeichen, wenn du spürst, dass (...der ausgedehnte Name) seine weiteste Grenze erreicht hat und sich nicht mehr weiter ausdehnen kann.
11. Gib dem ausgedehnten Zustand einen Namen... Atme in (...den ausgedehnten Namen) hinein. Bewege dich ihm entgegen, in seine Tiefe hinein, in sein Herz. Versuch, ihn auszusprechen – wie fühlt er sich an?... Schau nach, welcher Teil deines Körpers am meisten damit verbunden ist... Finde eine Form oder ein Bild... eine Farbe... eine generelle Empfindung... und einen Geruch…
12. Jetzt atme in (...den ausgedehnten Namen) hinein, und erlaube ihm, sich immer weiter auszudehnen. Lass ihn deinen ganzen Körper und dein ganzes Wesen füllen. Indem du (...den Bereich deines Körpers) und (...das Bild oder die Form) nutzt, atme und dehne aus, atme und dehne aus, bis es seine weiteste Grenze erreicht und sich nicht mehr weiter ausdehnen kann. Sprich die Bitte aus: „(...ausgedehnter Name), zeig dich mir ganz!"... Gib mir ein Zeichen, wenn du spürst, dass (...der ausgedehnte Name) seine weiteste Grenze erreicht hat, und sich nicht mehr weiter ausdehnen kann.

13. Begleiter: Mache mit der Ausdehnung weiter, aus den negativen Zuständen heraus, bis positive Zustände erreicht werden. Höre nicht auf, bis ein vollkommen ausgedehnter Zustand erreicht ist.
14. Aus diesem Zustand des (...letzten ausgedehnten Namens) heraus, wasche dein ganzes Wesen in weißem Licht: Körper... Emotionen... und Gedanken... Gib deinem Körper-Psyche-Komplex die Anweisung, sich neu zu kodieren: „Verwandle dich in ein Licht des (...ausgedehnten Namens)!“
15. Von diesem ausgedehnten Zustand aus werden wir erneut durch das Ereignis gehen, Schritt für Schritt. Diesmal aber stimme zu, es voll und ganz zu erleben, mit deiner gesamten Präsenz... Lass die Szene in dir aufsteigen. Wie sieht sie aus diesem Zustand für dich aus?...
16. Aus diesem Zustand der Freiheit und des Gelöstseins heraus erlebe das Ereignis von Neuem – aber gehe ihm diesmal nicht aus dem Weg. Atme in den Körper hinein... sage „Ja“ zu dem Ereignis – und sage mir, was dann passiert... Bleib völlig präsent – und sage mir, was dann passiert... Erlaube dir zu atmen – und sag mir, was dann passiert... Erlaube dir, das Unbehagen und das Widerstreben zu empfinden – aber lass aus dem Schmerz kein Leiden werden! – und sage mir, was dann passiert... Lass das Gefühl los, dass du ein Opfer bist, lass den Gedanken los „Warum muss mir das passieren?“ – und sage mir, was dann passiert... Lass die Art und Weise los, wie du deinen Angreifer empfunden hast – und sage mir, was dann passiert... Lass den Wunsch los, dass die Dinge anders sein sollten – und sage mir, was dann passiert... Lass die Schlussfolgerung los (...) – und sage mir, was dann passiert... Lass den Gedanken los (...) – und sage mir, was dann passiert... Lass den irrationalen Zusammenhang los – und sage mir, was dann passiert... Wie hättest du dich in diesem Ereignis verhalten, wie hättest du aus diesem Zustand ganzheitlicher Präsenz heraus reagiert?...

17. Jetzt kannst du sehen, dass du dieses Erlebnis fälschlich wahrgenommen hast, als wäre es ganz und gar gegen dich gerichtet gewesen. Stattdessen betrachte das Ereignis jetzt objektiv und neutral, und erkläre es entsprechend... Schau genau hin und sage mir: Was war der Zweck dieses Ereignisses?... Was sollte es dich lehren?... Wie kann dieses Ereignis dir dienen?... War es also wirklich ein negatives Ereignis, oder hat vielleicht deine Wahrnehmung seine Bedeutung verdreht?... Bilde jetzt eine neue Verbindung, eine neue Schlussfolgerung, die du in dein Gehirn einprägen kannst ... Sage mir also: Warum hast du dieses Ereignis für deine eigene Evolution geschaffen?... Wie wirst du dieses Ereignis von nun an in deiner Erinnerung betrachten?... Wer wärest du ohne die negative Interpretation dieser Erinnerung?...
18. Erinnere dich daran, dass dieser Zustand nicht nur die Quelle deiner Heilung und Befreiung ist, sondern auch dein wahres Zuhause. Bevor du die Augen öffnest, kannst du dich entscheiden, mit diesem Zustand in deinem Herzen in Verbindung zu bleiben, selbst wenn du zu deinem normalen Bewusstsein zurückkehrst... Jetzt kannst du die Augen sanft und langsam öffnen.

Ein Erfahrungsbericht

T., 30 Jahre alt, kam zum White Light, um Gleichgewicht zu finden. Er hatte jahrelang ein emotionales Chaos erlebt, das sich durch nichts hatte in Ordnung bringen lassen. Dies ist, was er nach seiner ersten Erfahrung mit White Light für Erinnerungen berichtete:

„Ich hatte mich dafür entschieden, mit einer traumatischen Erfahrung zu arbeiten, die ich in einem Gespräch mit einem alten Freund gemacht habe, als ich siebzehn war. Wir saßen zusammen bei mir zu Hause und sprachen über Drogen und psychoaktive Pflanzen, er erzählte mir von

Menschen, die Visionen und Begegnungen mit unsichtbaren Wesenheiten erlebten, nachdem sie diese Drogen genommen hatten. Während er redete, kam plötzlich eine Frage in mir auf: „Was ist dann eigentlich die Wirklichkeit? Gibt es überhaupt irgendetwas Wirkliches? Wie kann ich wissen, dass das, was ich sehe, die Wirklichkeit ist und nicht etwas, das ich mir vorstelle?" Es war, als wäre ich gezwungen, diese Frage zu stellen, als ob ich die Wahrheit wissen müsste. Im nächsten Moment stieg in mir eine schreckliche Woge an Hitze und Energie auf. Ich bekam das Gefühl, abgetrennt zu werden, als hätte ich den Bezug zur Wirklichkeit verloren, als ob etwas in mir ausgeschaltet worden sei. Ich hatte das Gefühl, dass ich alles verloren hatte. Mit aller Macht versuchte ich, mich an vertrauten Dingen festzuhalten, aber vergeblich. Ich dachte mir: Das Leben hat mich ruiniert... mir ist alles weggenommen worden... Ich habe keinen Kontakt zur Realität... Nichts wird mich jemals aus diesem Zustand herausbringen. Seitdem, in all den Jahren nach diesem Ereignis, habe ich Panikattacken, die in Schüben auftreten.

Nachdem ich mich im Detail an das Gespräch von damals erinnert hatte, inklusive der Gedanken, Emotionen und Empfindungen, die ich währenddessen hatte, konnte ich durch das White Light für Erinnerungen sehen, dass die Vorstellung, die mich daran gehindert hatte, mit dem Ereignis angemessen umzugehen, darin bestand, dass etwas Unwiderrufliches passiert war. Etwas, das sich unmöglich jemals wieder würde ändern können. In diesem Moment haben sich, weil ich aufgrund der schrecklichen Angst nicht präsent war, unbewusste Prägungen in mir eingegraben – Prägungen wie: Ich kann nicht wissen, was echt ist... Ich bin unfähig, in mir die Wahrheit zu finden... Niemand kann mir helfen, aus diesem Zustand herauszukommen... Ich bin total ruiniert und es kann unmöglich noch eine Zukunft für mich geben... Ich muss mich von allem fernhalten, was mein vertrautes und normales Erleben erschüttern könnte... Ich vermied es, zu meditieren und Entspannungsübungen zu machen, damit ich nicht dieser Gefahr in mir begegnen musste. Keine Behandlung, die ich ausprobiert habe, konnte mir helfen und ich habe alles in meiner Macht stehende getan, um im Normalzustand zu bleiben.

Nach vier Ausdehnungen, bei denen ich die Gefühle der Destabilisierung und des Verlusts durchlebte, kam ich auf einmal in neuen Weiten der Präsenz und der Helligkeit an. In diesen Weiten veränderte sich der Blick auf das traumatische Erlebnis völlig, es war nicht mehr als ein Bild. Ich machte die Erfahrung erneut durch und erlaubte der Welle der Hitze und Angst diesmal, durch meinen Körper hindurchzugehen, ohne dabei zu interpretieren. Ich wurde friedvoll und still und meine eigene Gestalt wurde reifer und männlicher. Das negative Erlebnis verwandelte sich in ein positives: Etwas, das mich hatte reifen lassen und mir ein stilles Wissen gewährt hatte. Ich sah, dass nur mein Körper erschüttert wurde, ich dagegen war inmitten des Sturms und musste keinen Widerstand leisten. Mein Unwissen verwandelte sich in Offenheit und ich wusste, dass alles in Ordnung ist, dass ich nichts und niemanden brauche, um mich gut zu fühlen – und deshalb brauchte ich auch keine Hilfe, um aus diesem Zustand herauszukommen. Ich war bereit, überall hinzugehen, wo das Leben mich hinführen würde und spürte interessanterweise mein Selbst viel mehr. Ich dachte nicht darüber nach, was in Zukunft passieren würde und spürte keine drohende Gefahr.

Ich erkannte, dass ich, wäre ich in diesem Moment in einem Zustand totaler, heller und klarer Akzeptanz gewesen, erkannt hätte, dass dieses Ereignis eine Art Geschenk war. Es war, als ob das Leben mir in diesem Gespräch etwas zeigen wollte – mein eigenes wahres Selbst. Nach weiteren Ausdehnungen erreichte ich den Zustand Inneres Licht, in dem mir auf sehr schlichte Weise klar war, dass dieses Ereignis eines der wichtigsten und positivsten Ereignisse war, die ich jemals im Leben hatte, ein Wendepunkt, ein Aufblühen! Sein Ziel war das Aufwachen; die Erkenntnis, dass es jenseits der dünnen Schicht des Denkens keinerlei Zweifel oder Probleme gibt. Auf dieser Ebene konnte ich sicher sagen, dass ich dem Leben vollkommen vertraue, dass das Universum manifestierte Liebe ist und dass es nur mein Bestes will. Meine Einstellung gegenüber der Erinnerung änderte sich völlig, und weil ich die

Erinnerung nun anders interpretierte, erkannte ich, dass ich in Zukunft, sollte ein solches Ereignis noch einmal geschehen, ganz loslassen und alles durch mich hindurchgehen lassen würde, aus einem Vertrauen heraus."

Kapitel 9: Die Chakren und White Light

Zweifellos ist der Siegeszug des Denkens Ausdruck einer erstaunlichen Evolution. Doch wir zahlen für diese Entwicklung einen hohen Preis: Das geistreiche und gerissene Denken ermöglicht es dem Menschen, in einer Vitrine Normalität und Vernunft zur Schau zu stellen – während er die impulsiven und primitiven Antriebskräfte für sein Handeln in den Keller verbannt. Als Resultat dieser Fähigkeit ist eine große Lücke entstanden zwischen der Art, wie der Mensch von sich denkt und der Art, wie er sich gibt. Sein Selbstbild und die Wirklichkeit seines konfliktreichen und chaotischen Daseins driften auseinander. Diese Vitrine ist ein großes Hindernis für jede Möglichkeit der Selbst-Transformation und nur durch eine direkte Kommunikation mit den irrationalen Elementen des menschlichen Wesens kann er ausbrechen. Freud hat zwei Möglichkeiten vorgeschlagen, mit dem Unterbewussten zu kommunizieren: Träume und das, was man als „Freud'schen Versprecher" bezeichnet – eine unabsichtliche und achtlose Enthüllung eines Erinnerungszusammenhangs. Wir haben bisher mehrere Möglichkeiten einer solchen Kommunikation aufgezeigt, die im Rahmen eines White Light-Prozesses genutzt werden können:

1. Bedeutsame Erinnerungen aus dem jetzigen Leben – durch sie können Erinnerungszusammenhänge erkannt werden, die unseren Körper und Geist bis heute beeinflussen.
2. Erinnerungszusammenhänge, die sich in Momenten der Anspannung und Reibung zeigen – jeder Moment, in dem wir intern oder

extern mit dem Leben zusammenprallen, kann solche Verbindungen aufzeigen.

3. Selbst erzeugte Wünsche und Bedürfnisse – hierzu gehören alle Vorstellungen eines perfekten Daseins, die wir in unseren Köpfen haben, von starken Erwartungen bis hin zu heftigen Begierden. Diese Vorstellungen spielen uns eine Perfektion vor, die wir angeblich durch äußere Erfahrungen erlangen können. Indem wir sie hinterfragen, stoßen wir auf unbewusste Erinnerungszusammenhänge.
   a) Träume – Träume gelten zu Recht weithin als die wichtigsten Zugangstore zu unserem Unterbewusstsein, da zu ihnen eine ganze Bandbreite unbewusster Symbole gehört, hinter denen nicht nur Erinnerungszusammenhänge stecken, sondern auch Lösungen für die Herausforderungen in unseren Leben. Diese Lösungen stammen aus den tiefer liegenden Teilen unseres Selbst.
   b) Psychosomatische Krankheiten und chronische Schmerzen – viele körperliche und physiologische Störungen sind wie Symbole und Metaphern für psychologische Verstrickungen. Ihr „Vorteil“ ist, dass sie direkt und ehrlich sind, dass sie also nicht nur an der Oberfläche unseres bewussten Verstandes erscheinen, sondern deutlich auf der körperlichen Ebene.

Aber es gibt eine weitere, sehr bedeutsame Möglichkeit, unser oberflächliches Selbstbild zu umgehen und direkt mit Eindrücken zu kommunizieren, die in der Tiefe unseres Unterbewussten begraben liegen: Die Arbeit mit den Chakren.

Im Wesentlichen sind die sieben Chakren (wie sie in Traditionen wie dem Yoga im Hinduismus, im Buddhismus, der theosophischen Gesellschaft und verschiedenen Schulen der New Age-Kultur identifiziert wurden) sieben energetische Zentren, die sich im elektromagnetischen Feld befinden und in enger Wechselbeziehung mit dem Körper stehen. Die wörtliche Übersetzung des Begriffs „Chakra“ lautet Rad, und tatsächlich arbeiten sie in gewisser Weise wie ein hochwirksamer energetischer Propeller: Ihre wichtigste Aufgabe ist es zunächst, die allgemeine Lebenskraft (Chi im Chinesischen oder Prana auf Sanskrit) anzuziehen, die Kraft also, die jede biologische Kreatur am Leben hält, und diese Energie in den Körper zu leiten. Jedes der sieben Chakren ist direkt mit einem bestimmten Bereich des Körpers verbunden und leitet die aufgenommene Energie direkt zu den zentralen Drüsen, Nervennetzen und Organen des entsprechenden Bereichs. So leiten zum Beispiel das sechste und siebte Chakra die Lebenskraft zur Hypophyse und Epiphyse, aber auch zum Gehirn als Ganzem. Das fünfte Chakra ist mit der Kehle und der Schilddrüse verbunden. Auf eine mysteriöse Weise können diese Energiezentren die Lebenskraft in eine Form von Materie übersetzen, die den physischen Körper nähren kann. Ohne diese Lebenskraft verschwindet im wahrsten Sinne des Wortes das Leben aus dem Körper; ohne sie kann man, wie wir immer beobachten können, wenn jemand stirbt, nur von einem leblosen Körper sprechen, mehr nicht.

Abgesehen von ihrer zentralen Aufgabe, Lebenskraft in den Körper zu leiten, dienen die Chakren als eine Art Speicher für Erinnerungen und Erfahrungen, wobei jeder dieser Speicher entsprechend seines zugehörigen Chakras ganz spezifische Eigenschaften hat. In diesem Sinne stellen die sieben energetischen Zentren faktisch die sieben Schichten der Psyche dar, die sich mit der Zeit entwickelt hat. Wenn man sie Schicht für Schicht untersucht, kann man sie in der Evolution des Menschen nachvollziehen, vom Anbeginn seiner Existenz bis heute, in der verborgenen Struktur des menschlichen Unterbewusstseins und dem Entwicklungsweg vom Baby zum reifen und vollständigen Menschen. Natürlich steckt in dieser Erkenntnis eine weitreichende Schlussfolgerung: Wir können durch die sieben Chakren direkt mit unseren unverarbeiteten und irrationalen Erinnerungen Kontakt aufnehmen und auf diese Weise den Schleier des Denkens umgehen.

Während wir aufmerksam jedem einzelnen Chakra lauschen, offenbart es langsam, aber sicher seine Verfassung, genau so, wie sie gerade ist – und die Verfassung des Chakras entspricht natürlich unserer eigenen

Verfassung. Da jedes von ihnen eine bestimmte psychologische Schicht ausmacht, können wir genau herausfinden, welche der sieben Schichten unserer Psyche nur teilweise aktiv ist.

Meiner Auffassung nach muss es nicht zwangsläufig so sein, dass alle Chakren von Anbeginn der Menschheit an existiert haben. Am Anfang besaß der Mensch höchstens zwei energetische Zentren, die ausgereicht haben, um einen solch primitiven Organismus aufrechtzuerhalten. Aber während der Mensch sich entwickelte, summierten sich die verschiedenen Schichten aus Erfahrungen, Erkenntnis und Verstand, was wiederum Ära für Ära neue energetische Zentren mit sich brachte. Eine andere Theorie geht davon aus, dass der menschliche Komplex von Anfang an ein elektromagnetisches Feld besaß, das die sieben Chakren einschloss. Sie waren aber zum großen Teil noch nahezu inaktiv – was bedeutet, dass ihr ganzes Potenzial auf die Weiterentwicklung des Menschen wartete (wenngleich ihr umfassendstes spirituelles Potenzial bei den meisten Menschen noch kaum entwickelt ist). Die zweite Theorie ähnelt dem wundersamen Prinzip eines winzigen Samenkorns, das in sich als Potenzial den riesigen Baum trägt. Auch mit dieser Theorie können wir die Tatsache verknüpfen, dass diese sieben energetischen Zentren von Ära zu Ära Erfahrungen, Erinnerungen und menschliches Verstehen angesammelt haben.

Unsere sämtlichen Chakren sind immer bis zu einem gewissen Grad aktiv. Bei Menschen, die ihr Gewahrsein noch nicht entwickelt haben, ist die Aktivität der Chakren normalerweise minimal – auf genau der Ebene, die nötig ist, den Körper und die automatischen Mechanismen von Emotionen und Denken aufrechtzuerhalten. Zu dieser minimalen Aktivität gesellt sich die Last der Erinnerung, die sich in den Chakren ansammelt und die ihre Fähigkeit, sich optimal zu bewegen, stark einschränkt. Das Entfernen der Erinnerungslast sorgt in Kombination mit einer immer stärkeren Entwicklung unseres Bewusstseins dafür, dass die Chakren optimal im Fluss sind: Je weniger Erinnerungszusammenhänge das Chakra trägt, desto gesünder und ausgeglichener wird es und desto mehr wird es mit Lebenskraft gefüllt – und dementsprechend sind auch Körper und Geist gesünder und ausgeglichener. Des Weiteren zeigt sich, wenn unser Gewahrsein größer wird, auch das schlummernde Potenzial dieser Chakren mehr und mehr, wie bei einer Blume, die sich völlig öffnet – bis sie für uns zu Verbindungspunkten mit den fünf Feldern werden.

Der große Vorteil der Chakren ist ihre erstaunliche Zugänglichkeit – dank der Tatsache, dass sie im Vergleich zu den anderen Bestandteilen der feinstofflichen Anatomie des Menschen dem physischen Körper am nächsten sind. Die ganze Menschheit spricht mit großer Selbstverständlichkeit Sätze wie „Nimm es dir nicht zu Herzen“ oder „Ich habe Wut im Bauch“. Dies ist ein Vorteil, der die Technik White Light für die Chakren zu einem ausgezeichneten Instrument für die Selbstdiagnose und den eigenen Ausgleich macht. Indem wir den Chakren ehrlich und direkt zuhören – von unten nach oben, einem nach dem anderen – können wir auf direkte Weise den Erinnerungszusammenhängen begegnen, die den Fluss der Lebenskraft in unserem Körper und Geist behindern. Wir begegnen auf diese Weise den unbewussten Blockaden, die uns im Weg stehen, dank des Ausdehnungsprozesses können wir sie mehr und mehr freilassen, bis eine vollständige Verwandlung vonstattengegangen ist.

Bevor wir diese Technik kennenlernen, sollten wir die Strukturen der Psyche verstehen, die mit jedem einzelnen Chakra verbunden sind – Strukturen der Psyche, die insgesamt, wie zuvor erwähnt, unser ganzes Wesen und Leben abbilden.

Die Herausforderung der ersten drei Chakren

Die drei unteren Chakren machen das Fundament unseres Seelenhauses und des Bewusstseins als Ganzem aus. Wenn sie instabil, nicht gesund oder unausgeglichen sind, ist das ganze Gebäude dazu verdammt, in sich zusammenzufallen, wann immer eines von ihnen anstrengenden

Lebensumständen ausgesetzt wird und Herausforderungen, denen es nicht standhalten kann.

Im Laufe der Jahre bin ich oft Menschen begegnet, jungen und alten, die Interesse daran hatten, ihr Bewusstsein zu entwickeln, gleichzeitig aber tief frustriert darüber waren, dass ihre ganzen spirituellen Bemühungen im täglichen Leben mitunter mit einem Mal flöten gehen konnten. Sie fragten sich, wie sie die Ausdehnung des Bewusstseins länger würden aufrechterhalten können und ob das für sie überhaupt möglich sei – oder dieses Privileg einigen wenigen glücklichen Menschen vorbehalten sei. Die Antwort auf diese spirituelle Frustration liegt in den drei unteren Chakren, ganz besonders im Wurzelchakra: Solange wir die Erinnerungszusammenhänge auf dieser Ebene der Psyche noch nicht aufgelöst haben, gibt es für uns nicht die Möglichkeit, unser Bewusstsein in den feinstofflichen Feldern zu stabilisieren – und der Grund dafür ist nicht, dass wir zu wenig „göttliche Aufmerksamkeit“ erfahren, sondern ein extrem einfaches Prinzip, das jeder Baumeister in dieser Welt versteht und sich zunutze macht.

In den unteren Chakren liegen tatsächlich die ursprünglichsten und unbewusstesten Erinnerungszusammenhänge, die unser Handeln antreiben. Sie sind es, die unsere Gefühle, Emotionen und Gedanken hauptsächlich hervorbringen. Aufgrund der Tatsache, dass unser repräsentatives Denken nicht willens ist, ihre Existenz anzuerkennen, werden sie in den Keller des Bewusstseins verbannt – und beeinflussen von dort aus natürlich weiter unseren psychologischen Zustand und unser gesamtes Verhalten. Zweifellos hat Freud, wenn er das Unterbewusste als einen Hort ursprünglicher Impulse und Emotionen bezeichnete, damit die Funktion der ersten drei Chakren beschrieben.

Es ist äußerst wichtig zu verstehen, wie im Laufe der Entwicklung des Menschen die drei unteren Chakren mehr und mehr unterdrückt wurden, anstatt befreit zu werden. In der fernen Vergangenheit der Menschheit gab es keinerlei Unterbewusstsein; der Mensch an sich bestand aus jenen ursprünglichen Impulsen und Emotionen, die in der heutigen Welt verdrängt und in ein Unterbewusstsein verwandelt worden sind. Der Mensch war ganz offensichtlich eine auf ihr Territorium bedachte und animalische Kreatur, erst allmählich bildeten sich moralische Vorstellungen und soziale Ordnung heraus und verdrängten diese Aspekte, indem sie diese verboten und ihnen ihre Berechtigung absprachen. Die Menschheit hat so versucht, mittels Ideen und Idealen ihren tatsächlichen Entwicklungszustand zu überspringen. Das Ergebnis dieses moralischen Unheils ist, dass der Mensch so tut, als sei er nicht von diesen Impulsen angetrieben, sondern von einer „guten", moralischen Gesinnung – wenngleich in Wirklichkeit ein beachtlicher Teil seiner psychologischen Verfassung von diesen ursprünglichen Kräften bestimmt wird (darum stellt sich bei sehr intelligenten Menschen in tiefen Beziehungen manchmal heraus, dass ihr Leben von kindlichen und unverarbeiteten Emotionen gesteuert wird). Das Unterbewusstsein besteht also in den Erinnerungsschichten des primitiven Wesens fort, wohlversteckt vor der moralischen Instanz in uns.

Sexualität, Macht, Eindringlichkeit, Lebensfeuer – und alle Erinnerungszusammenhänge, die sich um diese ursprünglichen Energien drehen – wurden verboten; das Denken hat gelernt, was man zeigen darf, um akzeptiert zu werden, und es hat entsprechend auch gelernt, wie man ganze Anteile des menschlichen Wesens einfach unterdrückt. Diese Anteile des Menschen können nicht mehr friedlich dahinexistieren, weil sie unter moralischen Vorstellungen vergraben werden. Sie sind eine Lebenskraft, die ihren Ausdruck finden muss – und tatsächlich drückt sie sich aus, nämlich durch neurotische Ausbrüche, Träume und unablässige Konflikte innerhalb der Psyche. Zweifellos machen diese Dinge einen enormen Teil all jener ursprünglichen Emotionen aus, denen das Denken mit völliger Hilflosigkeit begegnet. Oft schaffen sie es auch, uns nach unten zu ziehen. Man könnte das als „regressive Versuchung" bezeichnen: Wir erleben zeitweilige Ausbrüche des Lebensfeuers und sehnen uns nach der Einfachheit und Kraft, diese in unserer Tiefe ruhende Stärke direkt und frei auszudrücken.

Unter anderem zeigt sich das im sexuellen Bereich, in der unglaublichen Abweichung zwischen der in unserer Zivilisation zur Schau getragenen Oberfläche und der unverhohlen pornografischen Welt des Internets. Pornografie ist das Ergebnis der Verdrängung und Unterdrückung des zweiten Chakras: spontane, intensive und direkte sexuelle Triebe, deren Verwirklichung in der Welt der Moral verboten ist. Diese unmittelbaren Triebe verzerren sich allmählich zu Fantasien – die auf die eine oder andere Weise zum Ausdruck kommen müssen und schließlich Zuflucht in der Welt der Gedanken gefunden haben.

Dies ist ein ziemlich großes Hindernis, das zwischen uns und unserer Fähigkeit steht, feste Wurzeln in den ersten drei Chakren zu schaffen: Das Unterbewusstsein besteht aus sich widersprechenden Erinnerungsschichten, die von Moral überdeckt werden, und es ist entsprechend der Evolution des Lebens Schicht um Schicht aufgebaut. Jede Schicht hat sich aus der vorherigen Schicht entwickelt und gleichzeitig die vorherige Schicht durch eine ihr eigene Moral unterdrückt. Moral, das Streben der Gesellschaft nach Ordnung und stabilen Strukturen im Leben, verdrängt die früheren Ebenen – und vor allem verdrängt sie die ersten drei Chakren. Auf diese Weise finden wir uns in einer misslichen Lage wieder: Wir können uns nicht entwickeln, solange wir die drei grundlegenden Chakren nicht in unser Wesen integrieren, und dennoch sind sie von allen Chakren am schwersten direkt zu kontaktieren.

Sollten wir uns jemals radikal entwickeln wollen – und diese Absicht erfordert, dass wir uns von der Bürde unseres Unterbewusstseins befreien –, so müssen wir ein Chakra nach dem anderen durchwandern und durch die Kraft eines neuen Gewahrseins seine Heilung in Gang bringen. Vor allem die unteren Chakren sind auf viel Energie, die durch Gewahrsein entsteht, angewiesen, da es in ihrer Natur liegt, in sich die instinkthaftesten, überlebensgesteuerten und unbewussten Prägungen zu tragen. Jedes Trauma gräbt sich zunächst in den ersten drei Chakren ein. Wie bereits betont wurde, bildet sich ein Trauma, wenn das Gewahrsein sich vom Körper trennt und sich aus Angst vor Schmerz weigert, in ihm zu sein. Eine Korrektur muss darin bestehen, sich aus einem vollen Gewahrsein heraus von unten nach oben entlang der Chakren zu entwickeln, um alle Ebenen der Psyche, die sich auf eine unbewusste Weise gebildet und herauskristallisiert haben, mit Gewahrsein zu fühlen. Die Regel lautet, dass eine volle Präsenz Traumata und Erinnerungszusammenhänge klärt. Entsprechend ist die Zustimmung, im Körper zu sein, eine wesentliche Voraussetzung dafür, dass die Chakren im Fundament heilen können.

Eine kurze Reise entlang der sieben Chakren

Das erste Chakra, das sich im Bereich des Perineums befindet (zwischen Anus und Geschlechtsorganen), an der Basis der Wirbelsäule, wird auch Basischakra oder Wurzelchakra genannt – und dies aus gutem Grund. Wenn es sich in einer unausgeglichenen Verfassung befindet, strahlt dies auf alle anderen Chakren aus und zieht alles im wahrsten Sinne des Wortes nach unten.

Das erste Chakra ist für Prägungen verantwortlich, die vom Überleben handeln. Es geht um direkte Begegnungen der Psyche mit den Kräften und Turbulenzen des Lebens. Wird unsere Weltsicht von einem unausgeglichenen ersten Chakra beeinflusst, wird das Leben als überwältigend, grausam und unsicher wahrgenommen. Jede Veränderung wird als eine Art Feind empfunden. Seine Ursprünge sind im Überlebenskampf des prähistorischen Menschen gegen die launischen Kräfte der Natur zu finden, gegen Raubtiere und gegen Angehörige anderer Stämme – ein Zustand, in dem der Mensch nicht wusste, wann und wie er seine nächste Mahlzeit bekommen würde und gezwungen war, sich voller Anspannung von Moment zu Moment zu bewegen. Diese Spannung wird dann auf jede Erschütterung im Leben projiziert – Scheidung, Tod und Umzüge –, und diesem Chakra ist in seinem unausgeglichenen Zustand das ganze Leben nicht stabil genug.

Es ist eine Tatsache, dass der größte Teil der Menschheit sich immer noch im ersten Chakra aufhält und aus ihm heraus das Leben sehr misstrauisch und mit unendlicher Vorsicht betrachtet. Menschen erklären die Stabilität familiärer Strukturen für heilig und tun alles, was sie können, um ihr Leben im Gleichgewicht zu halten und einer Routine zu folgen. Die Medien verdienen ihr täglich Brot damit, dass sie unablässig eine Angst einflößende Propaganda betreiben, die auf das erste Chakra abzielt: Sie vermitteln das Gefühl, dass die Welt ein gefährlicher Ort ist, ein Zustand ununterbrochenen Schreckens, und dass wir uns daher an unsere kleinen, fest umrissenen Leben klammern müssen wie es nur eben geht.

Die zentrale Emotion des ersten Chakras ist eine Ur-Angst, die in sich die allerersten Traumata trägt: Die verschiedenen Begegnungen mit dem Leben, die ohne jeden Zweifel bewiesen haben, dass das Leben gefährlich und grausam ist. Die Erinnerungszusammenhänge dieses Chakras lassen sich auf einen Nenner bringen: dass sich das Leben in jedem Moment völlig umkehren könnte, dass im nächsten Moment eine schreckliche Gefahr aus dem Nichts auftauchen könnte. Damit geht das Gefühl einher, dass alles gegen uns gerichtet ist und dass wir uns ununterbrochen verteidigen müssen. Die beste Art, uns zu verteidigen, ist der Versuch, im Leben Stabilität und Sicherheit zu etablieren und uns mit aller Macht an diese zusammengezimmerte Stabilität und Sicherheit zu klammern.

Man kann leicht erkennen, wie eine Stabilität oder Instabilität in diesem Chakra ausschlaggebend dafür ist, ob wir das Leben fundamental positiv oder negativ erleben – und man kann daraus außerdem schließen, dass es keinen Sinn hat, die Ausdehnung und Entwicklung des Bewusstseins zu diskutieren, solange wir das Leben grundsätzlich als negativ empfinden. Niemand kann das Gefühl haben, dass er sein Bewusstsein von der fundamentalen Anspannung trennen und sie in eine wundersame Ausdehnung entlassen kann, während in ihm weiterhin unbewusste Gefahrensignale nahelegen, dass im nächsten Moment eine Katastrophe über ihn hereinbrechen könnte!

Nicht zufällig sind die zentralen psychosomatischen Störungen des unausgeglichenen ersten Chakras Probleme mit der Wirbelsäule, dem Rücken, den Knochen und Schmerzen in den Gelenken – und es ist ebenfalls kein Zufall, dass man von einem Menschen, der eine unabhängige und stabile Präsenz ausstrahlt, sagt, er habe ein Rückgrat.

Die Lösung, die das unausgeglichene erste Chakra braucht, ist vor allem eine psychologische – und keine spirituelle. Tatsächlich bildet ein unausgeglichenes erstes Chakra eine Spiritualität aus, die man als künstliche Spiritualität bezeichnen könnte: eine raffinierte Art, dem Leben zu entkommen, eine Flucht, die sich in Religionen als Fantasie von dem Jenseits, der Rückkehr in den Himmel und dem messianischen Zeitalter zeigt. Dies ist keine Spiritualität, sondern eigentlich eine Form von Neurose – eine Flucht in die Welt der Einbildung, die ein Gefühl der Überlegenheit und Macht schafft und dadurch eine Entfremdung von anderen und der ganzen Gesellschaft verstärkt. Das tatsächliche Problem einer solchen Person ist, dass sie das Gefühl hat, mit den Herausforderungen des Lebens nicht umgehen zu können, und das Gefühl der Überlegenheit ist die letzte Art von Macht, die ihr angesichts eines erschreckenden und brutalen Lebens noch übrig bleibt. Entsprechend würde ihre Spiritualität sich vermutlich auflösen, sobald ihre Beziehung zum Leben ins Lot kommt, genauso wie Krankheiten oder psychische Probleme abklingen. Es ist wichtig zu verstehen, dass sich eine echte Spiritualität auf einer positiven Lebenserfahrung gründet; sie ist keine Lösung für unser Leiden, da eine solche in Wirklichkeit darin bestehen muss, die volle Verantwortung für unser Leben zu übernehmen und bereit zu sein, sich den Herausforderungen des Lebens ganz zu stellen.

Man sollte verstehen, dass ein unausgeglichenes erstes Chakra zudem ein großes Hindernis auf dem Weg psychischer Heilung darstellt. Es kann sehr leicht auch den falschen Anschein eines Gefühls von „es ist alles in Ordnung mit mir“ schaffen – und deshalb kann es sein, dass selbst ein gründlicher Chakra-Scan zu dem Eindruck vollkommener Harmonie in Körper und Geist führt. Der Wunsch, weiteren Schmerzen und Erschütterungen aus dem Weg zu gehen, die Angst vor Veränderungen im Leben und der Entschluss, die vorhandenen Strukturen im Leben um jeden Preis beizubehalten (selbst wenn sie der Person fortwährendes Leiden bereiten), werden sich rasch zu einer undurchdringlichen Mauer aufbauen, die selbst dem engagiertesten Therapeuten Widerstand leistet. Jede Veränderung, sei sie intern oder extern, stellt ein Risiko dar, das ein blockiertes erstes Chakra schlichtweg nicht eingehen kann.

Je mehr wir die Erinnerungszusammenhänge im ersten Chakra auflösen, desto mehr werden wir im wahrsten Sinne des Wortes munter. Seine Fähigkeit, authentisch mit dem Leben zu fließen, sich ohne Widerstand gegen Veränderungen zu bewegen, allem zuzustimmen, sei es Genuss oder Schmerz – erwächst aus einer neuen inneren Stabilität. Das heißt also, je mehr ein Individuum sich von der Hoffnung befreit, dass das Leben im Außen ihm eine Sicherheit und Stabilität geben wird, an welcher es sich festklammern kann, je mehr es sein Rückgrat entwickelt, desto mehr zeigt sich, dass die Lösung des ersten Chakras eine vollständige Präsenz des Selbst ist. Eine solche Präsenz ist der unerschütterliche Boden, den der Mensch gesucht hat, und sie ist in der Lage, allem zu begegnen, sie wartet nie auf die Schicksalsschläge im Leben, sondern heißt sie willkommen und stößt sie sogar an. Nicht nur, dass sie den Körper in Krisenzeiten nicht verlässt, sie besteht zur Gänze aus einer tiefen Annahme des Lebens als Ganzem.

In seinem erwachten spirituellen Zustand interagiert das erste Chakra mit dem energetischen Rückgrat des elektromagnetischen Felds – eine Säule, die das Zentrum des Körpers halbiert und in der yogischen Tradition als Sushumna Nadi bezeichnet wird. Diese Säule ist in der Lage, die Lebenskraft zu leiten, und zwar diesmal in der umgekehrten Richtung: Statt die Lebenskraft (das Chi oder Prana) des elektromagnetischen Felds nach unten Richtung Erde zu ziehen, zieht sie uns nach oben, zu den oberen Chakren – ein Prozess, der dem gesamten Komplex von Körper, Psyche und Bewusstsein ein fortlaufendes spirituelles Erwachen ermöglicht.

Das zweite Chakra, das sich im Bereich der Geschlechtsorgane, des Unterbauchs und des Bauchnabels befindet, ist das Chakra der Lebenskraft (es ist nicht überraschend, dass es mit der Essenz der Lebenskraft verknüpft ist, die in der chinesischen Medizin Jing und in der ayurvedischen Medizin Ojas genannt wird). Es ist im Vergleich zum ersten Chakra bereits weniger auf das Überleben ausgerichtet und befasst sich mehr mit dem Mut, Dinge zu erleben, zu fühlen und sinnlich zu spüren. Es ist unvermeidlich, dass es sich auch mit den Grenzen unserer Erfahrungen, Emotionen und Empfindungen beschäftigt – Grenzen, die die Moral und die soziale Ordnung uns durch die Ge- und Verbote setzen, die man uns auferlegt hat, durch Eltern, Lehrer, Freunde, Vorgesetzte, Gesetzgeber und Anführer, und zwar oft aus Gründen, die nicht klar waren oder nicht gerecht schienen.

Dieses Chakra ist meist während unserer frühen Kindheit bemerkenswert aktiv und gesund: Wir sind ein Ausbund unbegrenzter Lebensfreude, der alles ausprobieren, fühlen und schmecken will. Wir wissen nicht, was erlaubt und was verboten ist und die Welt kommt uns wie ein riesiger Spielplatz vor. Dann werden uns Grenzen gesetzt: Aus irgendeinem Grund kommt, wenn wir mit manchen Dingen experimentieren – wenn wir etwa genussvoll die Wände im Haus bemalen und Süßigkeiten aus den Taschen der Erwachsenen ziehen – ein Erwachsener auf uns zu, rot vor Wut, und schreit: „Böser Junge!“, oder „Das darfst du nicht!“ In solchen Momenten begreifen wir erstaunt, dass es Dinge gibt, die einfach deswegen verboten sind, weil jemand beschlossen hat, dass sie nicht geschehen sollen – und selbst wenn wir den Grund nicht verstehen, müssen wir sie einfach sein lassen.

Viele Verbote betreffen die Sexualität und sind nichts als klebrige Überreste aus Zeiten, in denen Religion die Menschheit kontrollierte. Es gibt auch Verbote in anderen Bereichen des Erlebens, sogar manche, die unserer Kreativität Grenzen setzen. Jedes Mal, wenn wir ein solches Verbot brechen, sei es absichtlich oder unabsichtlich, fühlen wir uns schuldig und haben ein Gefühl der Sünde, oft werden wir außerdem bestraft (wenn die Erinnerungszusammenhänge im zweiten Chakra aktiv sind, werden wir selbst unsere schlimmsten Richter!). Auf Hebräisch gibt es eine Redensart, die wörtlich als „Reue der Nieren“ (womit ein Gewissensbiss gemeint ist) übersetzt werden kann, was viel Sinn ergibt, wenn man bedenkt, dass die Nieren Teil des zweiten Chakras sind. Auf diese Weise wird ein Teufelskreis geschaffen, in dem einerseits der Wunsch da ist, das Verbotene auszuleben, während andererseits das moralische Gesetz übertreten und die Übertretung bestraft wird – und dann das Ganze wieder von vorn. So wird das zweite Chakra mit Erinnerungen überladen und zunehmend erschöpft (ein wichtiger Grund für verschiedene psychosomatische Störungen im Sexualsystem und auch für die Ausformung zwanghafter Begierden und zerstörerischer Süchte – die Lebenskraft wendet sich gegen sich selbst).

Wenn die Erinnerungszusammenhänge im zweiten Chakra befreit werden, geht dies mit einer neuen Bereitschaft zu erleben, zu fühlen und zu empfinden einher – diesmal ohne Schuld und das Gefühl der Sünde. Mit Ausnahme von Situationen, in denen wir uns selbst und andere verletzen könnten, steht uns eine ganze Bandbreite möglicher Erfahrungen zur Verfügung, und ein großer Teil des Lebens kann wieder wie ein großer Spielplatz empfunden werden. Wir dürfen unsere Grenzen erforschen; wir wagen es, die Intensität des Lebens zu fühlen; uns zu verlieben – und akzeptieren, dass die Liebe uns enttäuschen mag (ohne uns danach zu schwören: „Nie wieder werde ich mich verlieben!"); wir dürfen sexuell sein; Kreativität ausdrücken (selbst wenn das aus Sicht der Gesellschaft danebengeht). Die allgemeine Heilung für dieses Chakra ist das Gefühl, dass man darf. Es ist das Gefühl, dass es bei diesem Mal letztlich wir selbst sind, die uns die Erlaubnis geben. In gewisser Hinsicht ist das der Beginn von Eigenautorität.

Gemeinsam mit dem Erwachen des schlummernden spirituellen Potenzials des zweiten Chakras bekommt das Bestreben, mit dem Leben zu verschmelzen, eine neue Facette – nämlich das Verlangen, unser Bewusstsein mehr und mehr auszudehnen. Unsere kreative Kraft verwandelt sich von einer lediglich instinktgesteuerten Teilnahme an den kreativen Prozessen des Lebens (in Form des sexuellen und des Fortpflanzungstriebs) in den Drang, unsere Gaben und Talente aus einer Verbindung mit dem Leben heraus auszudrücken, so wie die gesamte

Natur ein harmonischer und natürlicher kreativer Ausdruck des Kosmos ist. Das erwachte zweite Chakra schenkt uns das Gefühl, dass wir grenzenlos sind – nicht in dem Sinne, dass wir von nun an splitternackt auf der Straße herumgehen sollten, sondern eher im Sinne des Gefühls innerer Freiheit, aus dem heraus wir mit der Lebensfreude und Fröhlichkeit eines Kindes angefüllt sind. Unsere Fähigkeit zu fühlen und uns zu zeigen wird stärker und wir sind faktisch zum ersten Mal in der Lage zu wissen, was eine vollkommene Erfahrung ausmacht. Das zweite Chakra ist zudem mit dem elektromagnetischen Feld verbunden, darüber hinaus aber auch mit dem mental-emotionalen Feld – also jenen Schichten von Gedanken und Emotionen, bei denen es um kreativen Ausdruck, Sexualität, Grenzerlebnisse und verschiedene Sehnsüchte nach Erfahrungen geht.

Das dritte Chakra, das sich im Bereich des Oberbauchs und Solarplexus befindet (und unter anderem mit dem Verdauungssystem verknüpft ist), ist das Chakra der Individualität. Es ist sehr einfach, die Beziehung zwischen dem zweiten und dritten Chakra hinsichtlich der Wachtumsprozesse von Kindern und Jugendlichen zu verstehen: Das Kind ist ein Ausbund an Lebenslust, das lernt, sich angesichts der verschiedenen Verbote der Eltern zu zügeln, während der Jugendliche gegen diesen Druck rebelliert – eine Rebellion, deren Sinn es ist, ein eigenes Selbst zu formen und zu festigen. Individualität ist, einfach gesagt, wie ich mein Selbst erlebe, gemeinsam mit meinen Meinungen, Ansichten und der mir eigenen Art des Erlebens – im Gegensatz zu dem, was andere über meine Taten sagen oder denken. Aus diesem Grund geht es bei dem wichtigsten und häufig auch verwickeltsten Erinnerungszusammenhang dieses Chakras um die Reaktion der Masse oder die Reaktion von Autoritäten auf meine Individualität: Die Masse, die wütend meine Ansichten steinigt; die Pfeile der Kritik, die auf mich abgeschossen werden, wenn ich darauf bestehe, meinen Weg zu gehen; meine Fähigkeit, auch bei Druck an meinen Überzeugungen festzuhalten.

Die Konsolidierung meiner Individualität hat aber noch einen weiteren wichtigen Aspekt: meine Fähigkeit, hoch hinaus zu wollen und meine Bestrebungen zu realisieren; meine Fähigkeit, mich zu kontrollieren und mich selbst zu zügeln, beispielsweise in mir Selbstdisziplin zu erwecken, um mein Leben auf bestimmte Ziele auszurichten; meine Fähigkeit, keinen Rückzieher zu machen, weil ich es mir leicht machen, Druck ausweichen oder einfach die Bequemlichkeit sozialer Konformität genießen möchte.

Das dritte Chakra ist mit dem mental-emotionalen Feld verbunden und kann auch als ein Auftauchen des wahren Selbst gesehen werden, eine Präsenz, die die zahllosen widersprüchlichen Stimmen der Emotionen und Gedanken organisieren und zu einem Willen zusammenführen kann. Ein wahres Selbst bedeutet, dass ich die Fähigkeit habe zu wissen, was ich will – und meinen Willen umzusetzen. Die niedrigste Ebene eines solchen Selbst wird auf der psychologischen Ebene als Ego bezeichnet – die Präsenz, die zwischen Trieben und Impulsen oder dem Es und den sozialen Regeln vermittelt. Es ist kein Zufall, dass das Chakra der Individualität über dem Chakra der Lebenskraft sitzt; es ist das Chakra, das der Lebenskraft zu einem positiven mittleren Weg zwischen dem sozial Verbotenen und dem für das innere Kind Erlaubten verhilft. Die höchste Ebene des wahren Selbst aber ist es, wenn alle Teile des Selbst zu einem vollkommen einfachen und harmonischen Bewusstsein zusammengeführt werden – das Ergebnis einer Verlagerung in das mental-emotionale Feld.

Ein Gleichgewicht im dritten Chakra wird erreicht, indem man fest darauf besteht, den Stimmen der Gesellschaft und ihrem Druck standzuhalten und der eigenen Wahrheit treu zu bleiben, ohne es zu heftigen und aggressiven Ausbrüchen kommen zu lassen. Allzu oft reagiert das unausgeglichene dritte Chakra mit Wut und Ungestüm, da es meint, dass das Gegenüber die Kraft der eigenen Individualiät nur auf diese Weise spüren kann.

Ein spirituelles Erwachen des dritten Chakras führt in das mental-spirituelle Feld, wo die Entdeckung eines Selbst jenseits von Gedanken liegt. Gleichzeitig dient das dritte Chakra als Kraft, die es uns möglich macht, unsere höchsten Bestrebungen zu realisieren und unserem

Leben aus einer sehr tiefen Selbstdisziplin und Reife heraus eine echte Entwicklung zu geben. Tatsächlich verwandeln sich auch die Ambitionen an sich, da die Individualität sich nicht mehr auf die eigene Macht konzentriert, sondern darauf, dem Leben als Ganzem zu dienen.

Das vierte Chakra, das sich in der mittleren und oberen Brust befindet, gilt auch als Herzchakra. Wenn wir der Folge der Chakren dem Entwicklungsprozess eines Kindes über den Jugendlichen entsprechend weiter nachgehen, wird in diesem Stadium der Reifeprozess des jungen Mensch vollendet, indem er lernt, das Vorhandensein der anderen anzuerkennen und mit ihnen reife und verantwortungsvolle Beziehungen einzugehen. Eines der offensichtlichsten Merkmale der Natur eines Kindes ist sein Narzissmus; das Gefühl, das sich alles um meine unmittelbaren Wünsche und Begehren dreht; der andere existiert nur als mein Diener oder Unterstützer und seine Existenz wird für selbstverständlich gehalten – wenn er sich weigert, seine Aufmerksamkeit auf mich zu richten und einen anderen Willen als den meinen an den Tag legt, reagiere ich voller Wut, bin beleidigt, frustriert und enttäuscht. Wir erwarten normalerweise nicht von einem kleinen Kind, oft noch nicht einmal von einem Teenager, andere anzuerkennen. Wir verlangen höchstens von ihnen, sich an grundsätzliche Manieren zu halten und zumindest so zu tun, als würden sie Rücksicht nehmen. Wenn der Teenager aber aufwächst und noch immer ein Narzisst ist, so wird dieser Mensch kindisch. In vielfacher Hinsicht lässt sich ein echtes psychologisches Wachstum daran erkennen, dass wir zunehmend den anderen sehen, seine einzigartige und eigenständige Welt, seine Autonomie – und darüber hinaus die Fähigkeit kultivieren, mit diesem separaten autonomen Menschen eine reife und engagierte Beziehung einzugehen.

Wie oben erwähnt, geht es im dritten Chakra um die Herausbildung der Individualität – das Selbst trennt sich von den anderen. Unter der Voraussetzung, dass dieses Chakra eine angemessene und tiefgehende Aufmerksamkeit erhält – dass sich also die Individualität tatsächlich angemessen herausbildet – ist die nächste natürliche Stufe eine Rückkehr in die Gesellschaft und der Aufbau echter Verbindungen, und darin liegt in der Tat die Lektion des Herzchakras: die Beziehung zwischen dem entwickelten Selbst und den anderen.

In seinem unausgeglichenen Zustand reflektiert das Herzchakra einen narzisstischen Zustand, in dem die Person angesichts der Welt ununterbrochen kindische Emotionen erlebt und sich als Opfer fühlt. Das Ich bleibt im Zentrum – beleidigt, mit gebrochenem Herzen, seine Wunden leckend, mit dem Gefühl, dass alle Gegner sind, um Liebe bittend und so weiter. Dieses narzisstische Erleben ist in erster Linie durch das Gefühl eines unvollständigen Selbst charakterisiert, das Gefühl eines ständigen emotionalen Defizits, das immer von anderen ausgeglichen werden muss. Dieses Selbst fordert, dass ihm ständig Aufmerksamkeit zuteil wird – in Form von Bestätigung, Unterstützung, Anerkennung und Liebe, und wenn es das alles nicht bekommt (oder eher, wenn es das Gefühl hat, das nicht zu bekommen), zieht es sich in sich selbst zurück, ist beleidigt und verletzt (was sich dann oft in Selbsthass und Selbstverurteilung äußert: „Ich bin nicht gut genug und ich bin es nicht wert, geliebt und begehrt zu werden!“.

Wenn das vierte Chakra ausgeglichen ist, kann die Person wirklich reifen und letztendlich zur Einsicht gelangen, dass das Leben sich nicht nur um sie dreht und dass die eigentliche Frage nicht lautet, wie alle anderen und das Leben ihr zu Diensten sein und sie mit Liebe, Bestätigung und sanfter Zuwendung umschmeicheln können, sondern wie sie den anderen und dem Leben an sich dienen kann. Das Gefühl des unvollständigen Selbst findet ein Ende und wird vom echten Selbst ersetzt – das vollständig, von sich selbst genährt und vollkommen unabhängig ist. Das geht über die gewohnte Beziehungsebene von Geben und Nehmen weit hinaus. In einem solchen Zustand verschwindet das Gefühl, ein Opfer zu sein, und die Person klagt nicht mehr: „Warum muss von allen Menschen ausgerechnet mir das passieren? Womit habe ich das verdient?“ Es ist vor allem die Ganzheit des Selbst, die endlich eine echte Liebesfähigkeit mit sich bringt, und Liebe in diesem Kontext meint die Fähigkeit, Aufmerksamkeit, Sensibilität und Fürsorge vom Selbst auf den anderen zu übertragen.

Wenn das spirituelle Potenzial dieses vierten Chakras erwacht, wird ein sehr außergewöhnliches Erlebnis möglich: nicht eine Beziehung zwischen dem Selbst und anderen, sondern der andere als mein Selbst. Das ist darauf zurückzuführen, dass die Wahrnehmung des wahren Selbst, die im Herzchakra geschieht, sich zunehmend ausdehnt – in genau der gleichen Weise, in der wir das Bewusstsein ausdehnen – und je mehr es sich ausdehnt, desto mehr andere schließt es ein. Die bekannte buddhistische Aussage, dass das Ich nicht wahrhaft glücklich und frei sein kann, solange nicht die ganze Welt glücklich und frei ist, ist ein Ausdruck dessen, dass das Selbst die anderen einschließt. Tatsächlich ist das spirituelle Potenzial dieses Chakras so enorm, dass es im Menschen das Gefühl wecken kann, er habe unendliche Reserven, um zu lieben und zu geben; der Körper mag müde werden, aber im Herzen sitzt die Fähigkeit, immer noch mehr und mehr zu geben.

Wenn das vierte Chakra erwacht, zeigt sich weiterhin etwas, das man als Herzenswissen bezeichnen kann – ein direktes Wissen über die Wahrheit und Bedeutung des Lebens. Nachdem auch die Wissenschaft entdeckt hat, dass es im Herzen Neuronen gibt, dass es also eine Art zweites Gehirn ist, kann man sicher davon ausgehen, dass es dies ist, was Mystiker meinen, wenn sie sagen, das Herz wisse, was der Kopf vergessen habe.

Das Herzchakra ist mit dem mental-emotionalen Feld verbunden, in seiner größten Verwirklichung auch mit dem mental-spirituellen Feld (in dem es, wie erwähnt, ein wahres Selbst gibt, das über das Denken und nicht-kausale Emotionen hinausgeht und dadurch gleichfalls durch eine authentische Form der Selbstlosigkeit charakterisiert ist) und mit dem kosmisch-seelischen Feld.

Das fünfte Chakra, das sich im Zentrum der Kehle befindet, ist das Chakra des Ausdrucks und der Aussprache. Selbst wenn das dritte Chakra stabil ist (was bedeutet, dass wir unserer Wahrheit um jeden Preis treu bleiben) und sogar wenn das vierte Chakra stabil ist (wenn wir also mit der tieferen Wahrheit des Herzens verbunden sind, uns vollständig fühlen und nicht hilfsbedürftig) gibt es immer noch die Herausforderung, unserer Wahrheit gegenüber der Welt auch Ausdruck zu verleihen – unseren Überzeugungen ebenso wie dem tiefen Flüstern des Herzens; uns die Erlaubnis zu geben, so gesehen zu werden, wie wir wirklich sind. Die Fähigkeit, unsere innere Wahrheit zu verkünden, sie nach außen zu bringen, ist das Thema des fünften Chakras.

Ohne das fünfte Chakra bleibt unsere Wahrheit ein rein innerliches Erleben. Wir mögen manches in unserem Inneren fühlen oder wissen, aber die Grenze zwischen unserer erregten inneren Welt und der externen Welt kann mitunter unüberwindbar scheinen. In diesem Sinne gleicht das Kehlchakra einer Grenze zwischen zwei Ländern – wenn die Grenze offen ist, frei und fließend, dringen auf natürliche Weise Informationen und Eindrücke aus dem Außen ins Innen und umgekehrt. Unser Inneres ist gar nicht so innerlich; es fließt in natürlicher Weise nach außen, ohne, dass etwas geschützt oder versteckt wird.

Wenn das Kehlchakra blockiert ist, neigen wir zu der Ansicht, dass unsere Umgebung hart reagieren wird, wenn wir unsere Überzeugungen und das Flüstern in unserem Herzen unverblümt aussprechen. Eine solche Situation entsteht sehr leicht, wenn wir den Fluss, der von innen nach außen gehen will, unterdrücken, weil das Kehlchakra Zorn ansammelt, der in jedem Moment hervorbrechen kann. Wenn wir aber lernen, uns natürlich auszudrücken – und gleichzeitig die volle Verantwortung dafür übernehmen, dass es sich um unsere eigenen Emotionen, Meinungen und Ansichten handelt und wir in keiner Weise damit etwas erzwingen wollen – erhalten wir sehr schnell die Fähigkeit, zwischen dem zu unterscheiden, das wirklich nach außen gebracht werden sollte, und dem, was am besten in uns bleibt.

Dass das Kehlchakra nicht ausgeglichen ist, zeigt sich, wenn wir entweder zu redefreudig sind oder aber zu introvertiert und reserviert. Das Bedürfnis, sich ununterbrochen emotional mitzuteilen, ist in keiner Weise ausgeglichen, genauso wenig ein Zustand, in dem wir alle Gedanken und Emotionen in unserem Inneren behalten. Schließlich erreichen wir den positiven Punkt, an dem wir genau das ausdrücken, was wichtig ist, damit unsere Umgebung uns verstehen und kennenlernen kann – wir lernen, einfach gesagt, das zu zeigen, was der Situation als Ganzer dient.

Wenn das schlummernde spirituelle Potenzial des Kehlchakras geweckt wird, verwandelt es sich in einen treuen Diener der größeren Wahrheit – der Wahrheit, die nicht die meine ist, sondern die andere dazu befreien kann, ihr Bewusstsein auszudehnen und sich in ihre Vollkommenheit zu entwickeln. Dann ist das buddhistische Konzept der richtigen Rede verwirklicht: Wir haben die Fähigkeit, unsere Ausdrucksfähigkeit nur einzusetzen, wenn es der Entwicklung und dem Aufbau der Lebenskraft dient, Klatsch, Urteile und der Ausdruck völlig unwichtiger Emotionen finden ein Ende. Dieses Chakra wird mit dem mental-emotionalen Feld assoziiert, in seinem erwachten Zustand zudem mit dem mental-spirituellen Feld und dem kosmisch-seelischen Feld.

Das sechste Chakra, das sich zwischen den Augenbrauen befindet, ist auch als drittes Auge bekannt. Dieses Chakra ist für die Fähigkeit der Differenzierung verantwortlich: für die Differenzierung zwischen wichtig und unwichtig, Realität und Vorstellung, Wahrheit und Falschheit, hoch und niedrig. In diesem Sinne ist das sechste Chakra also die Präsenz, die die fünf darunter liegenden Chakren organisiert und zwischen ihnen vermittelt – ohne dieses Chakra ist die richtige Rede nicht möglich, da wir nicht unterscheiden können, was wert ist, ausgesprochen zu werden und was es nicht wert ist (fünftes Chakra); wann man auf sich selbst sieht und wann man sich besser auf die anderen konzentrieren sollte (viertes Chakra). Es ist dafür zuständig, Dinge in den angemessenen Kontext zu setzen und entsprechend zu interpretieren. Es ist auch dafür verantwortlich, dass Integration stattfindet. Im besten Falle leistet es eine intelligente Synchronisation der verschiedenen Teile des Daseins. Solange es jedoch nur minimal arbeitet, werden seine Interpretationswege vollständig durch das rationale und konzeptualisierte Denken kontrolliert. Wenn dieses Chakra nicht ausreichend entwickelt und aktiviert ist, wirkt es nicht als die kluge Instanz, die die Chakren organisiert und zwischen ihnen vermittelt, sondern als eine tyrannische Kraft, die alle darunterliegenden Chakren unterdrückt.

Wenn der Zustand dieses sechsten Chakras nicht ausgeglichen ist, wird es von einem ununterbrochenen und konfliktbeladenen Gedankenstrom überflutet, ohne die Fähigkeit, die wichtigen und höheren Gedanken zu erkennen und ohne die Fähigkeit entscheiden zu können, welche Gedanken eigentlich unnötig sind und daher keiner weiteren Aufmerksamkeit wert. Man kann es mit einer Taschenlampe vergleichen: In dem Moment, in dem der Lichtstrahl im Dunkeln etwas anleuchtet, wird es sichtbar. Wenn dieses Chakra also sein Licht auf diesen Gedanken oder jene Emotion richtet, rücken sie in den Vordergrund und werden Gegenstand einer Beschäftigung. Was immer Gegenstand einer Beschäftigung wird, zieht eine Identifikation des gesamten Bewusstseins nach sich. Wir werden in jenem Moment zu der Sache, der wir unsere Aufmerksamkeit schenken. Wenn das Chakra unausgeglichen ist, bewegt es die Aufmerksamkeit eher willkürlich, ohne jedes Gefühl der Verantwortung. Im Ergebnis sind wir morgens, mittags und abends jeweils unterschiedliche Menschen – wir sind mit anderen Worten konfus und desintegriert.

Dieses Chakra filtert zudem die ständigen Informationsströme, die von außen auf uns eindringen. Was davon ist richtig und was ist falsch? Was sollte ich in mich aufnehmen und was abwehren? So lange es unausgeglichen arbeitet, kann es das Irrelevante und Falsche nicht abwehren und auch nicht annehmen und willkommen heißen, was für die Evolution des gesamten Organismus äußerst bedeutsam ist.

Wenn es ausgeglichen ist, kann dieses Chakra sofort das Falsche als falsch erkennen, es kann eine Situation in ihrer Ganzheit erfassen, automatische und kindische Reaktionen vermeiden, beobachten, ohne sich einzumischen und Dinge als das wahrnehmen, was sie wirklich sind. Es ist dafür verantwortlich, wie wir die wichtigsten Essenzen des Lebens begreifen: Bedeutung und Sinn, Selbst und Universum. Wenn es gut arbeitet, ist unser Verständnis dieser Dinge weiträumig und entwickelt.

Wenn das spirituelle Potenzial dieses Chakras erweckt wird, können wir mit einer objektiven Wahrheit in Berührung kommen, einer Wahrheit, die dem normalen und eingeschränkten Denken nicht zugänglich ist. Diese Wahrheit, die keine wechselhafte Idee oder Meinung ist, bringt eine neue Autorität in die Struktur von Körper und Geist – die Autorität höheren Wissens, das alle Ebenen des Daseins in der Harmonie einer höheren Ordnung ausrichtet. Dieses Chakra erlaubt uns zudem, Kontakt mit den unsichtbaren Dimensionen des Lebens aufzunehmen und sie gleichsam zu sehen. Aus diesem Grund wird es auch das dritte Auge genannt.

Das sechste Chakra ist mit dem mental-emotionalen Feld verbunden, in seinem erwachten Zustand auch mit dem mental-spirituellen Feld (Visionen, Intuition, Botschaften und unsichtbare Dimensionen) und mit dem kosmisch-seelischen Feld (objektive Wahrheit, kosmische Gesetze und der „Master-Plan" des Universums).

Das siebte Chakra, das sich auf der Krone des Kopfes befindet (der Spitze des Hinterkopfes), wird auch als Kronenchakra bezeichnet. Dieses Chakra steht für unsere Verbindung zum ewigen Unbekannten des Lebens. Mystiker und Wissenschaftler stimmen im Grunde darin überein, dass das Unergründliche des Universums unermesslich viel größer ist, als das Erkennbare. Das Universum besteht zu 99.99999 % aus einem unbegreiflich tiefgehenden Mysterium. Selbst wenn die Theorie des Urknalls die Entstehung des Universums präzise wiedergibt, bleibt die Frage, was war, bevor das Universum entstanden ist. Und wie ist etwas aus dem Nichts entstanden, wie entstand Zeit aus dem Zeitlosen, das Sichtbare aus dem Unsichtbaren? Wenn wir das Mysterium ernsthaft betrachten, das seinem Wesen nach unergründlich ist, wird es zu einer Wirklichkeit, die jenseits aller vorübergehenden Dinge (inklusive uns selbst) ist. Aus diesem Grund nennen wir es oft die absolute Realität.

Das siebte Chakra ist die Grenzlinie zwischen dem Erlebnis eines Selbst, das getrennt ist – das Gefühl, das wir ein bestimmter Jemand sind, der Grenzen hat und einen Umriss, eine Form und einen Namen –

und der Unendlichkeit, in welcher das Erlebnis des Ich keine wie auch immer geartete Bedeutung hat. Entsprechend bringt dieses Chakra in seinem unausgeglichenen Zustand den Körper und Geist dazu, sich so fest wie möglich an die Grenzen der eigenen Autonomie zu klammern und die Leere (oder das Nichts) so stark wie möglich abzuwehren. Während im ersten Chakra, das weiter unten liegt, die Furcht vor dem physischen Tod sitzt, liegt im unausgeglichenen siebten Chakra die Furcht vor dem Tod des Verstands – dem Tod des Ich. Die Person hütet sich stets davor, die Kontrolle zu verlieren und vermeidet die Gefahr einer Auflösung – vom Denken und vom Bekannten –, und so entfernt sich die Person von einem Zustand höchsten Glücks, in dem die Trennlinie zwischen ihr und dem Unendlichen zerbricht und das Selbst-Bewusstsein alle seine Grenzen verliert.

Es ist jedoch wichtig, an dieser Stelle einen Vorbehalt einzufügen und zu verdeutlichen, dass man unter Umständen nicht reif genug ist, diese Trennlinie unwiderruflich zu verlieren. Wenn eine Person, die nicht die nötige Reife dafür hat, die Trennlinie aufgibt, kann das dazu führen, dass sie die Orientierung in Zeit und Raum und auf eine höchst gefährliche Weise die Erdung verliert. Der mystische Prozess, in dem die Grenzen des individuellen Erlebens verloren gehen und in dem sich die Vereinigung mit der Unendlichkeit vollzieht, sollte auf eine eher kontrollierte und allmähliche Weise passieren. In jedem einzelnen Stadium der Entwicklung des Bewusstseins kann man mutiger werden – und so geschieht dieser Durchbruch schließlich auf Basis der ausgeglichenen und stabilen unteren Chakren, auf der Basis eines integrierten und gesunden Autonomieerlebens also. Nur ein fest etabliertes Selbst kann mit der Unendlichkeit so verschmelzen, dass dies sowohl unumkehrbar als auch vollkommen gesund und ausgeglichen vonstatten geht. Es ist deshalb wichtig, wieder und wieder den Grenzverlust durch den Ausdehnungsprozess zu erleben, während gleichzeitig die Notwendigkeit anerkannt wird, uns von Kontrollsystemen der Nerven und des Gehirns zurück in einen normalen Bewusstseinszustand geleiten zu lassen.

Seiner Natur entsprechend wird das Kronenchakra mit der Unendlichkeit des kosmisch-seelischen Felds und dem Nichts des Felds reinen Gewahrseins assoziiert.

Wenn die sieben Chakren als sieben Schichten der Psyche verstanden werden, ermöglicht dieses Modell ein ungeheures Potenzial der Erkenntnis: Nicht nur geben sie uns die Schlüssel für einen perfekten psychologischen Ausgleich und einen gründlichen Transformationsprozess an die Hand, sie führen uns auch zu einem Modell eines ganzheitlichen und vollkommenen Erlebnisses von Leben und Bewusstsein. Schließlich können wir aus den Lehren der sieben Chakren sieben Perspektiven, sieben Arten der Liebeserfahrung, sieben Arten des Glücks und sieben Herausforderungen im Leben ableiten. Wenn wir erkennen, dass ein vollständiges Leben bedeutet, alle Chakren multi-dimensional zu erleben statt eines der Chakren auszuwählen, halten wir den Schlüssel zur Erfüllung des größten Potenzials des Menschen in unseren Händen, das von seinen irdischen Wurzeln bis in die höchsten Höhen seines Bewusstseins reicht.

White Light für die Chakren

Die folgende Technik empfehle ich für die tägliche Praxis. Sie kann dir auf dreierlei Weise dienen:

1. Für die Selbstdiagnose – durch einen gründlichen Chakra-Scan kannst du die Außenansicht des Denkens umgehen und den grundlegenden Zustand der sieben Schichten deiner Psyche untersuchen.
2. Für das Gleichgewicht von Körper und Geist – wann immer du für eines der sieben Chakren eine Ausdehnung durchführst, wirst du mehr Gesundheit, Frieden und energetischen Fluss erleben.
3. Für die Entwicklung des Bewusstseins – am Ende jeder Praxis wirst du mit dem unschätzbaren Erlebnis eines ganzheitlichen Selbst und eines vollkommen integrierten Wesens in Berührung kommen.

In einem White Light-Prozess, der von einem zertifizierten Begleiter geleitet wird, gibt uns diese Technik die Möglichkeit, den Fluss der Chakren zu untersuchen, um einen präzisen und stufenweise aufgebauten therapeutischen Plan zu erstellen. Wenn zum Beispiel eine Person in einen Prozess geht und mit der Technik selbst diagnostiziert, dass ihr erstes, drittes und fünftes Chakra unausgeglichen ist, wird der Begleiter die erste Sitzung der Stabilisierung des ersten Chakras widmen (meist, indem er die Erinnerungszusammenhänge darin auflöst, wenn notwendig aber auch auf andere Weise) und erst, wenn zweifellos klar ist, dass dieses Chakra ein vollständiges Gleichgewicht erreicht hat, wird er sich den oberen Chakren widmen. Wie bereits ausgeführt wurde, wird das Gebäude immer wieder einstürzen, wenn das Fundament nicht richtig gelegt ist, auch dann, wenn sowohl Begleiter als auch Klient die besten Absichten haben. Interessanterweise bringt eine gründliche Arbeit an den unteren Chakren oft eine Balance der oberen Chakren mit sich, und zwar aus dem einfachen Grund, dass das Ungleichgewicht der oberen Chakren oft nichts anderes ist als ein Ausläufer der unausgeglichenen Grundlagen der Psyche.

Selbst wenn wir diese Technik allein praktizieren, lehrt sie uns immer wieder aufs Neue, von unten nach oben zu klettern, uns von unseren Wurzeln aufwärts zu bewegen, ohne dabei irgendein Stadium zu überspringen oder einem Element unserer Psyche auszuweichen. Wenn am Ende des Prozesses ein ganzheitliches Selbst erreicht worden ist, ist das eine umfassende Errungenschaft unseres Körpers, der Psyche und der feinstofflichen Schichten des Bewusstseins.

Man sollte in Betracht ziehen: Da die Chakren sich im elektromagnetischen Feld befinden, sind sie Einflüssen aller Art ausgesetzt, also nicht nur den Einflüssen von Erinnerungszusammenhängen. Schließlich sind die Chakren für einen täglichen Prozess verantwortlich, die Aufnahme von Prana in das physische System. Daher kann es Tage geben, an dem ihr Gleichgewicht aus Gründen gestört ist, die keine psychologische Ursache haben (wie Krankheiten), andererseits können sie in allgemein entspannten Situationen harmonisch funktionieren und nicht offenbaren, was sich in ihnen verbirgt. In jedem Fall ist das Einzige, das wir tun können, ein ehrliches Zuhören, bei dem wir nicht bestimmte Emotionen oder Gedanken dazu zwingen aufzuscheinen, aber auch nicht den falschen Anschein totaler Harmonie forcieren.

Es ist möglich, dass die Chakren an manchen Tagen frei von Prägungen scheinen, obwohl die Prägungen nur ruhen und auf den richtigen Moment warten, sich zu zeigen. Ein ehrliches Zuhören kann sie meistens aus ihrem Schlaf wecken, manchmal braucht es aber auch den Druck von außen oder extreme Herausforderungen im Leben, damit sie auf einer bewussten Ebene erscheinen. Wie auch immer, ein tägliches Zuhören kann uns allzu intensive Schläge von außen, die uns ganz plötzlich treffen, sicher ersparen, da durch Zuhören und Achtsamkeit bereits an Mustern gearbeitet wird, bevor sie sich im Leben selbst zeigen. Wir werden so viel seltener aus einem Muster heraus agieren. Wir bewahren zum Beispiel Ruhe in Situationen, die sonst eine völlig unnötige Kettenreaktion in Gang setzen würden – und daher ist diese Arbeit eine hervorragende Möglichkeit der Prävention, die einer Heilung gewissermaßen zuvorkommt.

Viel Glück!

Übung:

White Light für die Chakren

1. Schließ deine Augen. Atme tief und entspanne dich mehr und mehr mit jedem Atemzug... Wir begeben uns jetzt auf eine Reise durch deine Chakren. Erlaube dir, auf jeder einzelnen Stufe dieser Reise ganz bei dem spezifischen Chakra zu SEIN, ihm still und aufmerksam zu lauschen, bis es dir seine Geheimnisse offenbart...
2. Richte jetzt deine Aufmerksamkeit auf den Bereich deines ersten Chakras – vom Perineum (Damm) bis zur Basis deiner Wirbelsäule und inklusive der Beine. ... Atme in diesen Bereich und lasse die Empfindungen, Gefühle und Gedanken von dort langsam in dir auftauchen. Halte nichts zurück, selbst wenn Unbehagen, Schmerz, fremde Gefühle oder sogar Erinnerungen in diesem Zuhören aufwachen...
3. (Nach einer Minute) Beschreibe, was aus dem Bereich des ersten Chakras in dir auftaucht... Atme in dein erstes Chakra hinein. Gehe bis in seinen Kern, bis in sein Zentrum. Sprich aus, wie es jetzt ist – wie fühlt es sich an?... Schau nach einer Form oder einem Bild... einer Farbe... einer allgemeinen Empfindung... einem Geruch... Gib schließlich allem, was aufgetaucht ist, einen allgemeinen Namen.
4. Atme jetzt in (...den allgemeinen Namen). Lass ihn deinen ganzen Körper und dein ganzes Wesen durchdringen. Du kannst dich dabei auf (...die Form) und (...die Farbe) konzentrieren. Nutze (...die Form) und (...die Farbe), um (...den allgemeinen Namen) auszudehnen, bis seine absolute Grenze erreicht ist, bis er sich nicht mehr weiter ausdehnen kann. Sprich innerlich die Bitte aus: „(...allgemeiner Name), zeige dich mir ganz!“ Gib mir ein Zeichen, wenn (...der allgemeine Name) seine absolute Grenze erreicht hat und sich nicht mehr weiter ausdehnen kann.

5. Gib dem neuen, ausgedehnten Zustand einen Namen… bewege dich in (...den neuen Namen) hinein, in seine Tiefe, in seinen Kern. Sprich aus, wie es jetzt ist – wie fühlt es sich an?... Finde eine Form oder ein Bild... eine Farbe... eine allgemeine Empfindung... und einen Geruch…
6. Begleiter: Konzentriere dich immer auf den Bereich des spezifischen Chakras: Wenn der ausgedehnte Zustand ein negativer ist, fahre fort mit Ausdehnungen (wie Abschnitt 4-5). Hör nicht auf, bevor du einen deutlich positiven Zustand in dem Chakra erreicht hast. Im anderen Falle, wenn schon der anfängliche Zustand des Chakras positiv empfunden wurde, genügt eine Ausdehnung zu einem noch positiveren Zustand. In jedem Falle gilt: Wenn du einen positiven Zustand erreicht hast, verweile ca. eine Minute darin.
7. Wenn ein positiver Zustand im ersten Chakra erreicht ist, frage: Was kannst du aus diesem Zustand heraus über den jetzigen Zustand des ersten Chakras verstehen?... Was kann getan werden, um ihn zu verbessern und das Chakra zu stärken?... Wie siehst du dein Leben aus diesem ausgeglichenen Zustand heraus?…
8. Nun richte deine Aufmerksamkeit auf den Bereich des zweiten Chakras – den Bereich deiner Genitalien, des Unterbauches und Nabels. Atme in diesen Bereich und lass die Empfindungen, Gefühle und Gedanken von dort langsam in dir auftauchen. Halte nichts zurück, selbst wenn Unbehagen, Schmerz, fremde Gefühle oder sogar Erinnerungen sich zeigen.
9. (Nach einer Minute) Beschreibe bitte, was aus dem Bereich des zweiten Chakras in dir auftaucht… atme in dein zweites Chakra. Gehe bis in seinen Kern, bis in sein Zentrum. Sprich aus, wie es jetzt ist – wie fühlt es sich an?... Schau nach einer Form oder einem Bild... einer Farbe... einer allgemeinen Empfindung... einem Geruch... Gib schließlich allem, was aufgetaucht ist, einen allgemeinen Namen.

10. Atme jetzt in (...den allgemeinen Namen). Lass ihn deinen ganzen Körper und dein ganzes Wesen durchdringen. Du kannst dich dabei auf (...die Form) und (...die Farbe) konzentrieren. Nutze (...die Form) und (...die Farbe), um (...den allgemeinen Namen) auszudehnen, bis seine absolute Grenze erreicht ist, bis er sich nicht mehr weiter ausdehnen kann. Sprich innerlich die Bitte aus: „(...allgemeiner Name), zeige dich mir ganz!" Gib mir ein Zeichen, wenn (...der allgemeine Name) seine absolute Grenze erreicht hat und sich nicht mehr weiter ausdehnen kann.
11. Gib dem neuen Zustand einen Namen... bewege dich in (...den neuen Namen) hinein, in seine Tiefe, in seinen Kern. Sprich aus, wie es jetzt ist – wie fühlt es sich an?... Finde eine Form oder ein Bild... eine Farbe... eine allgemeine Empfindung... und einen Geruch...
12. Richte nun deine Aufmerksamkeit auf den Bereich des dritten Chakras – den Bereich des Oberbauches und des Solarplexus. Atme in diesen Bereich und lass die Empfindungen, Gefühle und Gedanken von dort langsam in dir auftauchen. Halte nichts zurück, selbst wenn Unbehagen, Schmerz, fremde Gefühle oder sogar Erinnerungen sich zeigen.
13. (Nach einer Minute) Beschreibe, was aus dem Bereich des dritten Chakras in dir auftaucht... atme in dein drittes Chakra. Gehe bis in seinen Kern, bis in sein Zentrum. Sprich aus, wie es jetzt ist – wie fühlt es sich an?... Schau nach einer Form oder einem Bild... einer Farbe... einer allgemeinen Empfindung... einem Geruch... Gib schließlich allem, was aufgetaucht ist, einen allgemeinen Namen.
14. Atme jetzt in (...den allgemeinen Namen) hinein. Lass ihn deinen ganzen Körper und dein ganzes Wesen durchdringen. Du kannst dich dabei auf (...die Form) und (...die Farbe) konzentrieren. Nutze (...die Form) und (...die Farbe), um (...den allgemeinen Namen) auszudehnen, bis seine absolute Grenze erreicht ist, bis er sich nicht mehr weiter ausdehnen kann.

Sprich innerlich die Bitte aus: „(...allgemeiner Name), zeige dich mir ganz!" Gib mir ein Zeichen, wenn (...der allgemeine Name) seine absolute Grenze erreicht hat und sich nicht mehr weiter ausdehnen kann.

15. Gib dem neuen Zustand einen Namen... bewege dich in (...den neuen Namen) hinein, in seine Tiefe, in seinen Kern. Sprich aus, wie es jetzt ist – wie fühlt es sich an?... Finde eine Form oder ein Bild... eine Farbe... eine allgemeine Empfindung... und einen Geruch...
16. Richte nun deine Aufmerksamkeit auf den Bereich des vierten Chakras – den Brustbereich. Atme in diesen Bereich und lass die Empfindungen, Gefühle und Gedanken von dort langsam in dir auftauchen. Halte nichts zurück, selbst wenn Unbehagen, Schmerz, fremde Gefühle oder sogar Erinnerungen sich zeigen.
17. (Nach einer Minute) Beschreibe, was aus dem Bereich des vierten Chakras in dir auftaucht... atme in dein viertes Chakra. Gehe bis in seinen Kern, bis in sein Zentrum. Sprich aus, wie es jetzt ist – wie fühlt es sich an?... Schau nach einer Form oder einem Bild... einer Farbe... einer allgemeinen Empfindung... einem Geruch... Gib schließlich allem, was aufgetaucht ist, einen allgemeinen Namen.
18. Atme jetzt in (...den allgemeinen Namen). Lass ihn deinen ganzen Körper und dein ganzes Wesen durchdringen. Du kannst dich dabei auf (...die Form) und (...die Farbe) konzentrieren. Nutze (...die Form) und (...die Farbe), um (...den allgemeinen Namen) auszudehnen, bis seine absolute Grenze erreicht ist, bis er sich nicht mehr weiter ausdehnen kann. Sprich innerlich die Bitte aus: „(...allgemeiner Name), zeige dich mir ganz!" Gib mir ein Zeichen, wenn (...der allgemeine Name) seine absolute Grenze erreicht hat und sich nicht mehr weiter ausdehnen kann.
19. Gib dem neuen Zustand einen Namen... bewege dich in (...den neuen Namen) hinein, in seine Tiefe, in seinen Kern. Sprich aus, wie es jetzt ist – wie fühlt es sich an?... Finde eine Form oder

ein Bild... eine Farbe... eine allgemeine Empfindung... und einen Geruch...

20. Richte nun deine Aufmerksamkeit auf den Bereich des fünften Chakras – auf den Hals und die Kehle. Atme in diesen Bereich und lass die Empfindungen, Gefühle und Gedanken von dort langsam in dir auftauchen. Halte nichts zurück, selbst wenn Unbehagen, Schmerz, fremde Gefühle oder sogar Erinnerungen sich zeigen.
21. (Nach einer Minute) Beschreibe, was aus dem Bereich des fünften Chakras in dir auftaucht... atme in dein fünftes Chakra. Gehe bis in seinen Kern, bis in sein Zentrum. Sprich aus, wie es jetzt ist – wie fühlt es sich an?... Schau nach einer Form oder einem Bild... einer Farbe... einer allgemeinen Empfindung... einem Geruch... Gib schließlich allem, was aufgetaucht ist, einen allgemeinen Namen.
22. Atme jetzt in (...den allgemeinen Namen). Lass ihn deinen ganzen Körper und dein ganzes Wesen durchdringen. Du kannst dich dabei auf (...die Form) und (...die Farbe) konzentrieren. Nutze (...die Form) und (...die Farbe), um (...den allgemeinen Namen) auszudehnen, bis seine absolute Grenze erreicht ist, bis er sich nicht mehr weiter ausdehnen kann. Sprich innerlich die Bitte aus: „(...allgemeiner Name), zeige dich mir ganz!“ Gib mir ein Zeichen, wenn (...der allgemeine Name) seine absolute Grenze erreicht hat und sich nicht mehr weiter ausdehnen kann.
23. Gib dem neuen Zustand einen Namen... bewege dich in (...den neuen Namen) hinein, in seine Tiefe, in seinen Kern. Sprich aus, wie es jetzt ist – wie fühlt es sich an?... Finde eine Form oder ein Bild... eine Farbe... eine allgemeine Empfindung... und einen Geruch...
24. Richte nun deine Aufmerksamkeit auf den Bereich des sechsten Chakras – zwischen den Augenbrauen auf der Stirn. Atme in diesen Bereich und lass die Empfindungen, Gefühle und Gedanken von dort langsam in dir auftauchen. Halte nichts zurück, selbst

wenn Unbehagen, Schmerz, fremde Gefühle oder sogar Erinnerungen sich zeigen.

25. (Nach einer Minute) Beschreibe, was aus dem Bereich des sechsten Chakras in dir auftaucht... atme in dein sechstes Chakra. Gehe bis in seinen Kern, bis in sein Zentrum. Sprich aus, wie es jetzt ist – wie fühlt es sich an?... Schau nach einer Form oder einem Bild... einer Farbe... einer allgemeinen Empfindung... einem Geruch... Gib schließlich allem, was aufgetaucht ist, einen allgemeinen Namen.
26. Atme jetzt in (...den allgemeinen Namen). Lass ihn deinen ganzen Körper und dein ganzes Wesen durchdringen. Du kannst dich dabei auf (...die Form) und (...die Farbe) konzentrieren. Nutze (...die Form) und (...die Farbe), um (...den allgemeinen Namen) auszudehnen, bis seine absolute Grenze erreicht ist, bis er sich nicht mehr weiter ausdehnen kann. Sprich innerlich die Bitte aus: „(...allgemeiner Name), zeige dich mir ganz!" Gib mir ein Zeichen, wenn (...der allgemeine Name) seine absolute Grenze erreicht hat und sich nicht mehr weiter ausdehnen kann.
27. Gib dem neuen Zustand einen Namen... bewege dich in (...den neuen Namen) hinein, in seine Tiefe, in seinen Kern. Sprich aus, wie es jetzt ist – wie fühlt es sich an?... Finde eine Form oder ein Bild... eine Farbe... eine allgemeine Empfindung... und einen Geruch...
28. Richte nun deine Aufmerksamkeit auf den Bereich deines siebten Chakras – oben an der Krone deines Kopfes. Atme in diesen Bereich und lass die Empfindungen, Gefühle und Gedanken von dort langsam in dir auftauchen. Halte nichts zurück, selbst wenn Unbehagen, Schmerz, fremde Gefühle oder sogar Erinnerungen sich zeigen.
29. (Nach einer Minute) Beschreibe, was aus dem Bereich des siebten Chakras in dir auftaucht... atme in dein siebtes Chakra. Gehe bis in seinen Kern, bis in sein Zentrum. Sprich aus, wie es jetzt ist –

wie fühlt es sich an?... Schau nach einer Form oder einem Bild... einer Farbe... einer allgemeinen Empfindung... einem Geruch... Gib schließlich allem, was aufgetaucht ist, einen allgemeinen Namen.

30. Atme jetzt in (...den allgemeinen Namen). Lass ihn deinen ganzen Körper und dein ganzes Wesen durchdringen. Du kannst dich dabei auf (…die Form) und (...die Farbe) konzentrieren. Nutze (...die Form) und (...die Farbe), um (...den allgemeinen Namen) auszudehnen, bis seine absolute Grenze erreicht ist, bis er sich nicht mehr weiter ausdehnen kann. Sprich innerlich die Bitte aus: „(...allgemeiner Name), zeige dich mir ganz!“ Gib mir ein Zeichen, wenn (...der allgemeine Name) seine absolute Grenze erreicht hat und sich nicht mehr weiter ausdehnen kann.

31. Gib dem neuen Zustand einen Namen... bewege dich in (...den neuen Namen) hinein, in seine Tiefe, in seinen Kern. Sprich aus, wie es jetzt ist – wie fühlt es sich an?... Finde eine Form oder ein Bild... eine Farbe... eine allgemeine Empfindung... und einen Geruch…

32. Richte nun deine Aufmerksamkeit auf alle sieben Chakren, die eine Art zentrale Säule bilden, die sich durch den Körper zieht, vom Perineum bis zur Krone des Kopfes. Atme in die zentrale Säule hinein… bewege dich in ihre Tiefe, bis in ihr Innerstes. Sprich aus, wie es jetzt ist – wie fühlt es sich an?… Welche Form oder welches Bild hat sie?... Welche allgemeine Empfindung?... Welchen Geruch?... gib schließlich all dem einen allgemeinen Namen.

33. Atme jetzt in (...den allgemeinen Namen). Lass ihn deinen ganzen Körper und dein ganzes Wesen durchdringen. Du kannst dich dabei auf (...die Form) und (...die Farbe) konzentrieren. Nutze (...die Form) und (...die Farbe), um (...den allgemeinen Namen) auszudehnen, bis seine absolute Grenze erreicht ist, bis er sich nicht mehr weiter ausdehnen kann. Sprich innerlich die Bitte aus: „(...allgemeiner Name), zeige dich mir ganz!“ Gib

mir ein Zeichen, wenn (...der allgemeine Name) seine absolute Grenze erreicht hat und sich nicht mehr weiter ausdehnen kann.

34. Gib dem neuen Zustand einen neuen Namen, … gehe ganz in ihn hinein, in seine Tiefe, in seinen Kern. Sprich aus, wie es jetzt ist – wie fühlt es sich an?... Wasche deinen Körper, deine Gefühle und Gedanken mit weißem Licht... Gib deinem Körper und Geist die Anweisung, sich neu zu codieren: „Werde zu einem Licht des (...neuen Namens)!"

35. Begleiter: Lass deinen Partner mindestens fünf Minuten lang in diesem ausgeglichenen und gereinigten Zustand verweilen und sage dann: „Erinnere dich, dass dieser Zustand deine Quelle der Heilung und Befreiung ist und dein wahres Zuhause. Bevor du deine Augen öffnest, kannst du dich entschließen, in deinem Herzen mit diesem Zustand verbunden zu bleiben, auch wenn du in einem alltäglichen Bewusstseinszustand bist. Tauche noch einmal dein gesamtes Sein in diesen Raum der Befreiung und Reinigung … und nachdem du das getan hast, kannst du langsam und sanft deine Augen öffnen."

Kapitel 10: Kreatives Handeln im eigenen Leben

Bisher haben wir uns vor allem damit beschäftigt, wie die Felder und der Ausdehnungsprozess unsere psychologische Dimension beeinflussen. Dabei haben wir gezeigt, wie aus dem Potenzial enormer Befreiung, das in den feinstofflichen Feldern liegt, eine neue Form von „Erleuchteter Therapie" erwachsen kann. Dennoch reicht ein therapeutischer Prozess, so tief er auch gehen mag, nicht aus, um einem Mensch Glück, ein Gefühl der Bedeutung und Sinn zu schenken. Ohne kreativ zu sein, also ohne bewusst und vollständig am Prozess des Lebens teilzuhaben, kann es sein, dass wir schrecklich leiden und frustriert sind. Zweifellos hat das Auflösen von Erinnerungszusammenhängen, die uns im Leben einschränken, eine große Kraft, es kann uns aber nicht dabei helfen herauszufinden, wie wir unsere Handlungen dementsprechend abstimmen und unserem Lebensweg eine Richtung geben.

Glücklicherweise helfen die Felder des Bewusstseins uns nicht nur in der Bewältigung psychologischer Themen. Sie sind auch ein Raum mit dem großen Potenzial, uns und jeden einzelnen unserer Lebensbereiche neu zu erschaffen – ganz einfach, weil die Felder des Bewusstseins die Quelle der tiefsten Kreativität und der größten Bedeutung sind, die dem Menschen zugänglich sind.

Sobald ein Mensch die direkte Beziehung zwischen seinem Gehirn und einem der drei feinstofflichen Felder – dem dritten, vierten und fünften Feld – erlebt, wird das Gehirn sofort still, es vibriert vor Leben und muss sich nicht mehr unnötig mit Erinnerungen beschäftigt halten. In einem solchen Zustand wird das Gehirn zu einer Art Empfänger und zu einem Mitgestalter der Bewusstseinsfelder. Das Zentrum der Aktivität verschiebt sich in das ausgedehnte Bewusstsein und verlässt das Gehirn.

Wenn sich eines oder mehrere der feinstofflichen Felder ausbreiten, in erster Linie das dritte und vierte Feld, dann bringt das eine unerschöpfliche Quelle an Visionen, nicht-linearer Intelligenz, kreativer Möglichkeiten und Erkenntnis in unseren Teil des kosmischen Puzzles. Und da unsere fünf Felder des Bewusstseins in vielerlei Hinsicht fünf verborgene Sinne sind, die die unendlichen Felder des Bewusstseins kontaktieren können, haben sie die Kraft, Weisheit zu sich zu ziehen, Klarheit und Wissen, und zwar nicht nur aus sich selbst heraus, sondern auch aus dem unermesslich weiten und kreativen Kosmos.

Das dritte, mental-spirituelle Feld ist eine erstaunliche Quelle der Visionen und Erkenntnisse, authentischer Intuition, bahnbrechender Einsichten und Ideen. Wir erhalten Botschaften von unserem höheren Selbst. Und es scheint, als würden manche Wissenschaftler und Künstler ihre beeindruckenden kreativen Eingebungen aus diesem Feld ziehen, das oft aufgeweckt wird, wenn das normale Denken sich erschöpft und man entschlossen danach strebt, es zu transzendieren und etwas ganz Neues zu entdecken. Albert Einsteins Beschreibungen, wie er seine Theorien entwickelt hat, sind vor allem Darstellungen eines ekstatischen, mystischen Zustands. Der amerikanische Biochemiker Kary Mullis, der 1993 den Nobelpreis in Chemie erhalten hat, erklärte, seine Innovationen im Bereich der DNA würden direkt aus seinen Erfahrungen mit LSD stammen – eine sehr interessante Aussage, da psychoaktive Pflanzen und psychedelische Drogen uns oft ermöglichen, zweitweise in dieses Feld einzutreten. J.K. Rowling, die Autorin der „Harry Potter"-Buchserie, hat erklärt, dass sie eine Vision der Geschichte hatte, während sie in einem überfüllten Zug saß: „Die Idee für Harry Potter ist einfach plötzlich in meinen Kopf gefallen. Ich saß einfach da und habe nachgedacht, und alle Details sind in mein

Gehirn gesprudelt." Der junge Komponist Jay Greenberg, 1991 geboren, ist als „neuer Mozart" bejubelt worden, nachdem er bereits als junger Teenager vollständige, makellose Symphonien in wenigen Stunden geschrieben hat. Nach seinem kreativen Prozess gefragt, sagte er, er denke niemals über eine Symphonie nach oder plane sie im Voraus. Er höre sie von Anfang bis Ende und brauche sie dann nur noch aufschreiben. Er machte deutlich, dass er nicht davon ausgehe, das Gehörte in irgendeiner Weise ändern zu können.

Das vierte, kosmisch-seelische Feld trägt in sich alle Regeln der Schöpfung und kosmischen Gesetze, und aus ihm haben die großen Meister der Geschichte wie die Kabbalisten im Judentum und die Yogis im Hinduismus das hochkomplexe Wissen über die Strukturen des Universums und über die Art, wie wir sie beeinflussen können, gezogen. In diesem Feld liegt der Masterplan des Universums – die erste Ursache der Welt, ihre Logik und Entwicklungsrichtung – und entsprechend liegt hier auch unser Anteil an dem großen Puzzle. Das bedeutet, dass ein Vordringen in dieses feinstoffliche Feld uns die Fähigkeit geben kann, einen Teil der Bedeutung unserer Entstehung als Menschheit und Individuum zu erschließen, mag er auch noch so klein sein. Wir können den objektiven Sinn unserer Existenz erkennen. Dies ist andererseits auch das Feld eines unendlichen Potenzials des Kosmos, ein enormer Raum kreativer Freiheit, da in seinen Tiefen jede Idee und gedankliche Form geboren wird. Man kann daher sagen, dass wir in ihm unseren schöpferischen Aspekt entdecken, der aktiv und bewusst an der Schöpfung Anteil haben kann. Während das dritte Feld eine hervorragende Quelle für unsere Kreativität darstellt, können wir uns im vierten Feld selbst als kreative Kraft entdecken.

Das fünfte Feld des reinen Gewahrseins ist wie die Meditation des gesamten Kosmos; eine Meditation über den leeren Raum des ursprünglichen universellen Seins, der sogar vor der Schöpfung des Universums liegt. Obwohl es im Feld des reinen Gewahrseins keine kreative Aktivität gibt, anders als in den vor Leben übersprudelnden dritten und vierten Feldern, dient es doch als lebenswichtige und stützende Grundlage, auf deren Basis wir uns aktiv in der Welt engagieren können und zu dem wir auch jedes Mal, wenn wir eine solche Handlung abgeschlossen haben, zurückkehren können.

Als Mitglieder der freien Welt werden wir heutzutage in eine Art „leeren Raum" geboren. Dieser leere Raum ist das Ergebnis zweier wichtiger Prozesse: Der erste Prozess ist die Schwächung der Traditionen und „ismen", was uns ohne Richtung und einen Sinn, der größer ist als wir, zurückgelassen hat. Mit dieser Sinnentleerung geht auch eine Betonung der Wichtigkeit von Selbstverwirklichung einher. Der zweite Prozess besteht in einer gesteigerten Lebensqualität, die uns mehr und mehr Zeit zur Verfügung stellt. Mehr Zeit kann allerdings auch mehr Langeweile bedeuten und Verwirrung bezüglich der Bedeutung des Lebens. Wenn uns niemand sagt, was wir tun oder lassen sollten und nichts unsere Entscheidungen vorbestimmt und wir zusätzlich auch nicht um unsere nächste Mahlzeit kämpfen müssen, geraten wir unausweichlich mehr oder minder bewusst in einen Zustand der Angst und existenziellen Neurose. Wir müssen uns selbst in der einen oder anderen Weise erfinden – wir müssen selbst wissen, was wir „wollen" und „wer" wir sein wollen! Wir müssen unserem Leben selbst einen Sinn und eine Bedeutung geben, und das in einer Situation, in der wir nicht einmal wissen, warum wir eigentlich am Leben sind. Wie Viktor Frankl in seinem Buch „Der Mensch vor der Frage nach dem Sinn" erklärt, muss der zeitgenössische Mensch verstehen, dass die Frage „Was ist die Bedeutung des Lebens?" jetzt direkt auf ihn gerichtet ist und nicht mehr auf das Leben, das größer ist als er. Und dass die Frage vom Leben selbst gestellt wird.

Wenn wir uns diese enorme Herausforderung des modernen Menschen ansehen, können wir definitiv annehmen, dass der wichtigste Grund für Unglück nicht eine wie auch immer geartete psychische Störung ist, sondern ganz einfach ein Mangel an Richtung, Bedeutung und Sinn im Leben – und diese Leere zieht sich durch die ganze freie Welt. Diese Leere ist wie ein fruchtbarer Boden, auf dem viele Neurosen wachsen, die sich von selbst erledigen würden, wenn die Frage nach dem Sinn klar beantwortet wäre.

Die große Schönheit der fühlbaren Existenz der feinstofflichen Felder jenseits des Gehirns liegt in der Tatsache, dass sie wie eine ständige Einladung an uns ist, ein viel größeres menschliches Potenzial zu entdecken, das über die Grenzen unseres gewohnten Denkens und unserer gewöhnlichen Wahrnehmung hinausgeht. Während unser Bewusstsein weiter wird, untersuchen wir die Entscheidungen in unserem Leben neu, ohne von Angst und anderen destruktiven Emotionen kontrolliert zu werden. Wir können herausfinden, wie wir unsere Fähigkeiten einsetzen können und sogar neue Fähigkeiten und Talente entdecken. Auf diese Weise lernen wir, das tiefste Potenzial zu verwirklichen, das schlummernd in unseren Tiefen liegt, ein Potenzial, das in vielerlei Hinsicht aus der Bedeutung und Richtung des Universums als Ganzem erwächst. Vor allem aber sind wir in der Lage, sicher zu wissen, was in unserem Leben wirklich wichtig und was vernachlässigbar ist, welcher Teil unseres Wesens danach schreit, erkannt zu werden und welche Teile wir zurücklassen müssen – und zudem haben wir auch noch die Fähigkeit, allmählich die nötige Verantwortung zu übernehmen, unsere Essenz zu verwirklichen.

Der leere Raum, der mit der Zeit immer größer wird, kann nur von einem sehr weiten Bewusstsein weise eingenommen werden, einem, das furchtlos ist, das still ist und sich mit den nobelsten Werten und dem Sinn verbunden hat. Diese weitreichende Aufgabe einem Gehirn zuzumuten, das Grenzen hat und nur auf Erinnerungszusammenhänge konditioniert ist, ist ein fast schon grausames Ansinnen. Sinn kann es nur ergeben, wenn ein ganzheitliches Bewusstsein sich dieser Aufgabe aussetzt. Viele von uns vermuten tief in ihrem Herzen zu Recht, dass die wirklich wichtigen Antworten in uns liegen, aber der große Vorteil des White Light liegt nicht nur darin, dass es jede einzelne Frage an unsere Tiefen richtet, sondern dass wir mit seiner Hilfe auch ein Bewusstsein entwickeln können, das diese Herausforderung bewältigen kann. Ob es uns gefällt oder nicht, heutzutage sind wir die einzige schöpferische

Autorität in unserem Leben und mit Hilfe der feinstofflichen Felder kann diese Aufgabe zu einer aufregenden Herausforderung werden, zu einer unvorstellbaren kreativen Chance – und zwar vor allem zur Chance, unser Meisterwerk zu kreieren: unser eigenes Selbst.

Nicht jedes emotionale Problem kann oder sollte mit einer Therapie im Sinne eines auf die Innerlichkeit gerichteten emotionalen Verständnisses gelöst werden. Sehr oft liegt die Quelle des psychologischen Problems in falschen Entscheidungen, einem Lebensstil, der nicht zu unserer einzigartigen Struktur passt oder einfach fehlendem Sinn. Manchmal muss ein depressiver Mensch nicht unbedingt seine „Depression" behandeln, sondern seinen Partner verlassen. Wenn er geht, verschwindet die Depression, als wäre sie nie da gewesen. Viele von uns haben die fast zwanghafte Tendenz, ständig an sich selbst eine Psychoanalyse durchzuführen. Das lässt uns vergessen, dass viele Beschwerden vom Problem universellen Ungleichgewichts herrühren, es handelt sich um kollektive psychische Störungen und weitreichende spirituelle und existenzielle Probleme. Dies verlangt nach einem sehr genauen Zuhören, da wir sonst die anderen Wünsche in unseren Herzen behindern und verdrängen, etwa das Bedürfnis nach Bedeutung, nach Handlungen, die zu uns passen oder auch nach einem Wandel der Lebensstrukturen.

Ein wichtiger Bestandteil der Heilung unserer Psyche besteht darin, eine Bedeutung oder eine Zielsetzung zu finden, die das höchste in der Struktur unseres Körpers und Geistes enthaltene positive Potenzial verwirklicht. Ein anderer Bestandteil ist es zu wissen, wie wir uns entscheiden sollten, wie wir uns in Bezug auf Dreh- und Angelpunkte in unserem Leben verhalten sollten. Da uns, wie gesagt, niemand anders sagen kann, wie das richtige Handeln aussieht, müssen wir dieses Handeln von einem Moment zum nächsten selbst gestalten. Es gibt hierfür kein festes Gesetzeswerk und auch keine kategorische Richtigkeit für Handlungen, da in jedem Stadium unserer Entwicklung und in jedem Kontext unseres Lebens ein spezifisches Handeln nötig ist – und sogar eine spezifische Weltsicht, die wir für eine gewisse Zeit annehmen sollten. Das Gesetz der Moral wird im Laufe der Zeit immer vager, und die Definition von „richtig“ und „falsch“ ist nicht mehr festgelegt und absolut. Wir sollten also in uns Räume entdecken, mit deren Hilfe wir uns an die unglaubliche Mission heranwagen können, „richtig“ und „falsch“ in jedem einzelnen Stadium selbst definieren zu können. Unser Auftrag besteht darin, unsere Leben auf so flexible Weise zu gestalten, dass wir nicht mehr aufgrund vorgefertigter Ideen entscheiden, wie die richtige Lebensweise auszusehen hat. Stattdessen sollten wir das seltene Talent des Lauschens entfalten, das jeder Situation hier und jetzt ganz begegnen kann. Dieses Talent entwickelt sich recht mühelos in den feinstofflichen Feldern.

Echte Kreativität

Kreativität zeigt sich nicht nur darin, ein Buch zu schreiben, ein Theaterstück auf die Bühne zu bringen oder eine umwerfende Symphonie zu komponieren. Kreativität ist vor allem die Art, in der unser Bewusstsein der Realität von Moment zu Moment begegnet und mit ihr kooperiert. Daraus folgt, dass unsere Handlungen und Reaktionswege kreativ werden sollten – und hierin liegt die Antwort auf die Frage: „Wie sollte der moderne Mensch, der frei von Religionen, nationaler und ideologischer Moral ist, handeln?“ Das richtige Handeln ist ganz einfach ein kreatives Handeln.

Abgesehen von seltenen Lichtmomenten ist kreatives Handeln für unser gegenwärtiges Gehirn eine Nummer zu groß. Dieses Gehirn kann, weil es mit unnötigen Erinnerungszusammenhängen überladen und auf ein zerstückeltes und lineares Denken konditioniert ist, nur das hervorbringen, was es bereits weiß und woran es sich erinnern kann. Letztlich wird es sich immer auf eine bestimmte Struktur des Denkens und Verhaltens festlegen, die sich einmal als effizient erwiesen hat, ob es künstlerisch handelt oder in irgendeiner anderen Weise, und so wird es immer und immer wieder die gleichen Handlungen wiederholen.

Dies steht in einem starken Kontrast zur kreativen Dynamik an sich, die ständig danach strebt, Strukturen zu durchbrechen, um eine neue, komplexere und bewusstere Struktur zu entdecken. Die kreative Dynamik kann feste Strukturen nicht ertragen – ihr einziger Wunsch ist es, stets neue Strukturen hervorzubringen. Damit wir uns aber auf eine solche Dynamik einstellen können, müssen wir von unserem gegenwärtigen Gehirn Abstand nehmen und eine Grenze überschreiten – in Richtung der feinstofflichen Felder des Bewusstseins.

Ein konditioniertes und begrenztes Bewusstsein kann den wilden Geist der Kreativität nicht lange ertragen. Wir sollten uns an dieser Stelle erneut daran erinnern, dass die Funktion des Gehirns, solange es von den Feldern getrennt ist, nur eine einzige ist: Um das Überleben des Organismus zu sichern, identifiziert es all jene repetitiven Handlungs- und Reaktionswege, von denen es annimmt, dass sie ihm bei der Verwirklichung dieses Ziels am besten helfen. Wir können daran erkennen, dass das gegenwärtige Gehirn kein Interesse an einem konstanten kreativen Zustand hat und diesen auch nicht braucht. Für unser momentanes Gehirn gibt es nichts Anstrengenderes und Ineffizienteres als eine ständige Wachsamkeit, in der das angemessene Handeln sich aus einem vollkommenen Erlauschen des Moments ableitet. Vielleicht ist das einzige Mittel, das Gehirn aus seiner Sackgasse und seiner Fixierung zu befreien, ein Zustand, in dem der ihm anvertraute Organismus verzweifelt aufschreit, weil all diese Überlebensbemühungen nur zu Konflikt, Chaos, Elend und schmerzlichen inneren Widersprüchen führen.

Das dritte und vierte Feld passen unser Gehirn an einen fortwährend kreativen Zustand an. Natürlich können wir sie nutzen, um eine Erkenntnis über eine bestimmte Situation im Leben zu erlangen, ihre Macht geht jedoch weit darüber hinaus: Je mehr wir sie erleben, desto mehr üben sie eine beruhigende Wirkung auf das von Natur aus unkreative Denken aus und verbinden das Gehirn mit Räumen, deren fundamentales Wesen in Kreativität besteht. Eine solche Umkehr geschieht nicht über Nacht und muss kultiviert werden. Vor allem muss man seine Handlungen dafür an den feinstofflichen Feldern ausrichten. Mit der Zeit erlangen wir aber die Fähigkeit, unser eigenes Leben zu gestalten, sein 'Jetzt' ebenso wie seine Zukunft.

Das dritte und vierte Feld geben uns perfekte Bedingungen für kreatives Handeln:

1. Ein ruhiges, gleichzeitig aktives Gehirn – das Zentrum der Gehirnaktivität ist nicht mehr auf Erinnerungen und repetitive Gedankengänge konzentriert, es verlagert sich in einen Zustand des Lauschens und reiner, holistischer Wahrnehmung, die nicht mehr augenblicklich konzeptuell interpretiert oder mit bekannten Dingen vergleicht und frei von verzerrenden Emotionen ist. Obwohl der Verstand diesen Zustand als passive Haltung des Gehirns interpretieren mag, ist Zuhören alles andere als statisch, es ist eine Art vollkommener Wachheit. Das neurotische Denken existiert darin nicht mehr. Ich nenne dies „aktive Stille". In dieser Stille gibt es keine Schlussfolgerungen und Interpretationen, nur die enorme Kraft des Fragens wird genutzt. Wenn eine Frage unseren Geist fokussiert, konzentriert unsere gesamte zerebrale Anstrengung sich auf den authentischen Versuch, das zu verstehen, was wir noch nicht kennen. Das Fragen an sich ist ein Zustand der Offenheit und des totalen Zuhörens. In der aktiven Stille beeilt sich das Gehirn nicht, die Frage zu beantworten – es wird in vielerlei Hinsicht selbst zu einem Fragezeichen, das wissen will. Es wird also nicht im Voraus das, was sich vor dem inneren Auge zeigen könnte, limitieren.
2. Einsicht aus dem Zuhören heraus – auf der Basis „aktiver Stille" beginnt eine ganz neue mentale Aktivität. In dem Moment, in dem das Gehirn in einem hohen Maße still ist, weil es mit den feinstofflichen Feldern kommuniziert und diese es mit einem Daseinszustand jenseits des Denkens synchronisieren, erwacht in ihm eine andere Art der Wahrnehmung und des Verstehens. Auf diese Weise ist die gewohnte Linearität unseres Denkens – die Logik eines Arguments, das aus einem anderen Argument folgt, ebenso wie

die Betrachtung von Vor- und Nachteilen und der Versuch, durch eine mentale Anstrengung zu einer Schlussfolgerung zu kommen – nicht mehr vorhanden. Erkenntnis tritt an die Stelle von Linearität: Eine Sache wird direkt gesehen, ohne dass dafür eine logische Strukturierung stattfinden muss. Dieses Sehen ist niemals nur ein mentales Verstehen – es schließt Emotionen und Körper und auch die Felder des Bewusstseins mit ein. Seine Authentizität hallt in unserem ganzen Wesen wieder; wir wissen einfach, dass es wahr ist. Eine echte Erkenntnis ist ihrer Natur nach immer befreiend, immer entwicklungsfördernd, immer konstruktiv – sie ist wie ein Faden, den das Unbekannte im Leben uns zuwirft. Wir müssen ihm nur folgen, bis er uns zu unserem nächsten Schritt führt, der nächsten evolutionären Ebene unseres Bewusstseins und unseres Lebens. Eine Erkenntnis ist, wie gesagt, eine Aktivität, die im Gehirn aus dem mental-spirituellen Feld empfangen wird, und sie ist es, durch die jeder Wissenschaftler und jeder Künstler seine nicht-linearen Einsichten und Visionen erlangt. Nun erlaubt White Light einen stetigen und systematischen Zugang zu diesen Einsichten.

3. Das Gefühl, dass alles möglich ist – echte Kreativität kann nicht entstehen, solange es das Gefühl eines Problems und einer Barriere gibt, andererseits ist sie sofort da, wenn es dieses Gefühl nicht gibt. Auf der Ebene kreativen Handelns kann man dies leicht erkennen: Wenn wir gestresst und besorgt sind, ist es für uns so gut wie unmöglich, ein Problem auf unerwartete Weise zu lösen, daraus folgt, dass wir, wenn wir die Probleme in unserem Leben richtig angehen wollen, mit dem eigentlichen Problem anfangen sollten, dem Mangel an Harmonie in unserem Bewusstsein. Kreatives Handeln geschieht immer als positiver Akt, man verändert die Realität konfliktfrei (normalerweise kommt es uns vor, als wollten wir die Realität nur so lange verändern, wie wir uns mit ihr streiten, in Wahrheit aber können wir sie ohne dieses Streiten erstmals kreieren). Im Bereich künstlerischer oder wissenschaftlicher Kreativität ist der Zustand, der als kreative Blockade bezeichnet wird, nichts weiter als ein Dickicht aus Gedanken und Emotionen.

Wir müssen uns lediglich von diesem Zustand entfernen und in die offenen Felder hineinbewegen, in denen dieses Dickicht unmöglich existieren kann – und so verschwindet unsere kreative Blockade. Wenn wir einen Moment lang die Kraft der Felder fühlen und das Gefühl haben wollen, dass alles möglich ist, müssen wir uns nur an irgendeinem Punkt der Unentschiedenheiten und der Blockade fragen: „Was würde ich tun, wenn es keinerlei Einschränkungen für mich geben würde?" Das Gehirn assoziiert dies mit dem dritten und vierten Feld, es gibt nichts, das nicht gelöst werden könnte, es gibt keine Sackgasse, da das Gefühl einer Sackgasse an sich aus dem konflikthaften Denken stammt.

4. Prozesse aus der Vogelperspektive betrachten – da es von Natur aus fragmentiert ist, kann das Denken immer nur einen kleinen Teil des Bildes sehen. Seine Essenz ist es eher, sich zu konzentrieren, nicht, sich weiter auszudehnen. Dies geschieht aus der irregeleiteten überlebensorientierten Annahme, man könne ein Objekt nur dann verstehen, wenn man ihm seine intensive Aufmerksamkeit widmet. Im Gegensatz dazu dehnen die feinstofflichen Felder das Bewusstsein in einem solchen Maße aus, dass es alles sehen kann, was es erschaffen möchte (sei es kreatives Handeln oder ein kreativer Akt), und zwar in seinem ganzen Umfang. Es ist alles eine Frage des Maßstabs: Wenn das Bewusstsein weit genug ist, erscheint die Sache in ihm als von einem vibrierenden und unendlichen Raum umgeben, in dem alles möglich ist. Auf diese Weise lässt sich sehr leicht feststellen, worin der nächste Entwicklungsschritt besteht, den wir unserem zu erschaffenden Objekt angedeihen lassen möchten.

5. Einklang mit dem „Universellen Willen" – unsere höchste Kreativität zeigt sich, wenn Selbsterfüllung – die äußerste Verwirklichung des kreativen Potenzials in uns – und unser Dienst am übergeordneten Wohl sich auf optimale Weise begegnen. Wir verwirklichen uns, anders gesagt, vollständig, wenn wir entdecken, wie wir zum Wohle anderer das Beste aus uns herausholen können.

> Kein Wunder: Das Universum nimmt uns alle als Teile eines vollständigen Puzzles wahr und stattet in seiner Weisheit jeden von uns mit einem bestimmten Potenzial aus, dessen vollste Blüte dazu bestimmt ist, das Aufblühen aller zu fördern. Aus diesem Grund ist es sinnlos, moralische Ideen wie „Selbstlosigkeit“ oder „dem Mitmenschen helfen“ zu kultivieren: Wenn wir die ganze Verantwortung auf uns nehmen, unser höchstes Potenzial zu verwirklichen (das sich tief im dritten und vierten Feld verbirgt), wird uns klar, dass dieses Ansinnen ohnehin untrennbar damit verbunden ist, uns selbst in ein Geschenk für alle anderen zu verwandeln. Nur wenn wir uns teilweise verwirklichen, bleibt unser Beitrag zum großen Ganzen klein. Dies ist ein universelles Gesetz: „Ganz ich sein“ bedeutet, ganz aus mir herauszugehen. Ein anderes Gesetz lautet, dass echte Kreativität und Dienst am großen Ganzen stets zwei Seiten ein und derselben Medaille sind.

Wie erwähnt, sind wir an kreatives Handeln aus den Feldern heraus nicht gewöhnt. Wir müssen uns erst darin üben, über längere Zeiträume in den Feldern zu sein und nicht zu erwarten, dass außergewöhnliche Ideen und Erkenntnisse sofort in uns auftauchen werden. Im ersten Stadium wird unser Gehirn von den immer tiefer werdenden erleuchteten Zuständen so verblüfft sein, dass es kaum mehr als ein paar unvollständige Sätze murmeln kann. Je mehr es sich aber daran gewöhnt, desto mehr wird das Wunder in uns stattfinden und wir werden selbst entdecken, dass Stille sprechen und handeln kann und dass es daher auch möglich ist, Handeln und Erleuchtung zu kombinieren und Erleuchtung tatsächlich zu leben, mit weit geöffneten Augen.

Ausgerechnet Menschen, die Erfahrungen mit Meditation haben, finden es bei ihren ersten Begegnungen mit White Light oft schwer, die Möglichkeit zu akzeptieren, dass man aus der Stille heraus sprechen und handeln kann. Tatsächlich kann es uns manchmal vorkommen, als ginge unsere Meditation so tief, dass die Verbindung mit der Außenwelt vollständig getrennt wird und es keinen Sinn hat, über das Leben zu sprechen und darüber nachzusinnen. Wir sollten jedoch verstehen, dass hinter diesem Insistieren auf den meditativen Zustand oft ein grundlegender Hass auf das Leben steckt – dann neigen wir dazu, die ausgedehnten Zustände zu nutzen, um vor dem Leben zu fliehen, statt aus ihnen heraus ein konstruktives Handeln anzustreben. Wenn das zutrifft, sollten wir diesen unverarbeiteten und wohlversteckten Widerstand der unteren Chakren lösen, damit wir entdecken können, dass die Felder des Bewusstseins nicht nur dazu gedacht sind, uns Erleichterung und Erlösung zu verschaffen, sondern dass in ihnen die begehrten praktischen Schlüssel liegen, unser Leben und das der ganzen Welt zu verändern.

Die folgende Technik ist dazu gedacht, dass du die Fähigkeit kreativen Handelns bekommst, indem du eine Frage ausdehnst, deren Antwort für dich wichtig ist. Du kannst gerne eine Frage auswählen, die dich verstört oder fasziniert und sie dann auf eine Reise wiederholter Ausdehnungen mitnehmen. Währenddessen kommst du tiefer und tiefer mit ihr in Berührung. Nach ein paar Ausdehnungen wird sich die Frage selbst auflösen, doch obwohl du das Gefühl haben wirst, dass sie nicht mehr wichtig ist, mache noch eine weitere Ausdehnung. Mit dieser zusätzlichen Ausdehnung wirst du die Tiefen des dritten Felds erreichen, einen Seinszustand, in dem alles geklärt ist und alles möglich erscheint. Aus diesem Zustand heraus kannst du über die Frage nach Herzenslust ausgiebiger kontemplieren.

Erwähnenswert ist, dass diese Technik uns im Alltag darin unterstützen kann, unsere Handlungen und nächsten Schritte im Leben zu definieren. Wenn wir unsere Aufgabe im Leben tiefer erkennen wollen oder in entscheidenden Momenten unseres Lebens die richtige Wahl treffen wollen, wenden wir uns allerdings am besten an einen autorisierten White Light-Begleiter. Es gibt dafür zwei Gründe: Die Techniken, die ein Begleiter einsetzen kann, sind komplexer und gründlicher, zudem ist es ein unschätzbares Geschenk, wenn uns eine erfahrene Person dabei hilft, unser Leben aus der Vogelperspektive zu betrachten.

Viel Glück!

ÜBUNG:

White Light für Fragen

1. Schließe die Augen und entspanne dich tief. Atme langsam und tief... Schaue in diesem entspannten und offenen Zustand in dich: Wenn du eine einzige Frage stellen könntest, welche Frage würdest du dann an das Unbekannte richten, an Gott oder an das Leben?...
2. Versuche jetzt, so leicht, sorglos und transparent wie möglich in den heiligen Raum der Frage zu kommen. Um diesen heiligen Raum zu betreten, musst du offen wie der Himmel werden... weit wie der Ozean... still wie ein See... und unschuldig wie ein Kind... Damit dies möglich ist, schaue nun, ob es unnötiges oder überflüssiges Gepäck gibt, das du in Bezug auf das Thema der Frage (...die Frage aus Absatz 1) bei dir trägst und das dich vielleicht zu stark belastet und dich daran hindert, leicht, sorglos und transparent zu sein: Empfindungen, Emotionen, Gedanken, Vermutungen... Bevor du eintrittst, lege die Bürde all dieses Gepäcks beiseite... Du kannst am Ende des Prozesses zu ihm zurückkehren, erlaube dir aber jetzt, so sorglos, unschuldig und leicht wie möglich zu sein. Lass deinen Geist frei sein und bewege dich der Frage entgegen...
3. Aus diesem Zustand der Entspannung heraus, der ehrlichen Absicht, eine wahre Antwort zu bekommen, höre der Frage zu (...die Frage aus Absatz 1). Halte diese Frage in dir, während du in sie einatmest und noch mehr loslässt. Fühle die Frage... Versuche auszusprechen – wie fühlt sie sich an?... Schau, welcher Teil deines Körpers am meisten mit ihr verbunden ist... finde eine Form oder ein Bild... eine Farbe... eine allgemeine Empfindung... und einen Geruch...
4. Atme in das Mysterium der Frage hinein und nutze dafür den Bereich deines Körpers und die Form. Denk daran: Die Frage ist wie ein durchsichtiges Tor, durch das du dich gleich ins Unbe-

kannte bewegen wirst… Jetzt höre der Frage zu: (...der Frage aus Absatz 1)... Fühle, wie sich die Frage durch dein ganzes Wesen ausbreitet und stärker wird. Atme in sie noch mehr hinein und lasse sie sich ausdehnen, bis sie ihre weiteste Grenze erreicht, bis sie sich nicht mehr weiter ausdehnen kann. Sprich innerlich die Bitte aus: „Frage, zeig dich mir ganz!"…

5. Du hast den Raum der Frage betreten. Schau, was du siehst... spürst... fühlst... weißt... Selbst wenn es anfangs nur eine tiefe Stille gibt, vertiefe dich in diese Entspannung und schau dich um: Was siehst du in Bezug auf die Frage... (...die Frage aus Absatz 1)?… Schau, ob die Frage sich verändert hat, oder ob sie die gleiche wie vorher ist. Wenn es eine neue Frage ist, erlaube der neuen Frage, sich zu formen – so, wie sie in deiner Tiefe erscheint…
6. Lass alles zurück, was du bist jetzt gesehen hast, und gehe auf deiner Reise weiter. Jetzt konzentriere deine ganze Aufmerksamkeit und höre der Frage zu (...der Frage aus Absatz 1)… Bewege dich in ihr Zentrum, in ihr Innerstes. Sei bei ihr, sei präsent ... ein Gehirn, das keine Reaktion zeigt, kein Urteil und keine Bewegung. Fühle die Frage, bewege dich in ihr Innerstes, in ihr Zentrum ... Schau, welcher Teil deines Körpers am meisten mit ihr verbunden ist... finde eine Form oder ein Bild... eine Farbe... eine allgemeine Empfindung... und einen Geruch…
7. Jetzt atme in die Frage: (...die Frage aus Absatz 1)… und lass sie sich immer weiter ausdehnen... lass sie sich in deinem ganzen Wesen ausbreiten, indem du den genannten Bereich des Körpers und die Form nutzt... erlaube ihr, sich mehr und mehr auszudehnen, bis sie ihre weiteste Grenze erreicht, bis sie sich nicht mehr weiter ausdehnen kann. Bitte sie: „Frage, zeig dich mir ganz!"...
8. Du hast nun den Raum der Frage betreten. Schau, was du siehst... spürst... fühlst... weißt... Selbst wenn es anfangs nur eine tiefe Stille gibt, vertiefe dich in diese Entspannung und schau dich um: Was siehst du in Bezug auf die Frage... (...die Frage aus

Absatz 1)?... Schau, ob die Frage sich verändert hat oder ob sie die gleiche wie vorher ist. Wenn es eine neue Frage ist, erlaube der neuen Frage, sich auszuformulieren – so, wie sie in deiner Tiefe erscheint…

9. Lass alles zurück, was du bist jetzt gesehen hast, und gehe auf deiner Reise weiter. Jetzt konzentriere deine ganze Aufmerksamkeit und höre der Frage zu (...der Frage aus Absatz 1)... Bewege dich in ihr Zentrum, in ihr Innerstes. Sei bei ihr, sei präsent; ein Gehirn, das keine Reaktion zeigt, kein Urteil und keine Bewegung. Fühle die Frage, bewege dich in ihr Innerstes, in ihr Zentrum... Schau, welcher Teil deines Körpers am meisten mit ihr verbunden ist... finde eine Form oder ein Bild... eine Farbe... eine allgemeine Empfindung... und einen Geruch…
10. Atme in die Frage (...die Frage aus Absatz 1) hinein... und lass sie sich immer weiter ausdehnen... lass sie sich in deinem ganzen Wesen ausbreiten, indem du den Bereich des Körpers und die Form nutzt... erlaube ihr, sich mehr und mehr auszudehnen, bis sie ihre weiteste Grenze erreicht, bis sie sich nicht mehr weiter ausdehnen kann. Bitte sie: „Frage, zeig dich mir ganz!“…
11. Du hast nun den Raum der Frage betreten. Schau, was du siehst... spürst... fühlst... weißt... Selbst wenn es anfangs nur eine tiefe Stille gibt, vertiefe dich in diese Entspannung und schau dich um: Was siehst du in Bezug auf die Frage (...die Frage aus Absatz 1)?... Wer bist du jetzt?…
12. Dehne weiter aus, bis du in einem Zustand bist, in dem die Frage nicht mehr existiert; ein Zustand des Friedens und der Stille. Dann gehe zu Absatz 13 über.
13. Es ist möglich, dass die Frage in diesem Raum nicht mehr existiert, atme dennoch weiter in sie hinein und dehne sie aus, atme und dehne die Frage (...die Frage aus Absatz 1) aus... Geh durch sie hindurch, durch ihr Zentrum, lasse sie sich bis an ihre weiteste Grenze ausdehnen, bis sie sich nicht mehr weiter ausdehnen kann... Bitte sie: „Frage, zeig dich mir ganz!“…

14. Gib dem neuen Zustand einen Namen... Sehr wahrscheinlich hast du einen Zustand erreicht, in dem alles gelöst ist und keine Frage je existiert hat... Wasche aus diesem Zustand heraus dein Gehirn mit weißem Licht... Wasche jegliche Verwirrung oder Zweifel, die zu Beginn des Prozesses in dir waren...
15. Jetzt höre der Frage zu: (...der Frage aus Absatz 1)... Stelle diese Frage an deine innere Weisheit und schau: Was kannst du dir selbst über diese Frage sagen?... Führe dich selbst weiter, bis dir die Antwort klar genug erscheint... Wie wirst du angesichts dieser Klarheit im Leben handeln?...
16. Tauche schließlich ein letztes Mal in diesen Zustand der Klarheit ein und öffne sanft die Augen...

Ein Erfahrungsbericht

I., 35 Jahre, nachdem er das „White Light für Fragen“ erlebt hat, das er bezeichnet als „ein Ereignis, das mein Leben verändert hat“:

„Ich bin mit der Frage in den Prozess hineingegangen: ‚Wie sollte ich mich in dem momentanen Konflikt mit meinen Eltern verhalten?’ – ein Konflikt, der damit zusammenhing, dass sie ständig mein Leben kritisieren. Ich war verwirrt und ängstlich und musste eine Menge emotionales Gepäck abladen: die Angst, zu extrem zu sein, die Angst davor, ihre finanzielle Unterstützung zu verlieren und sogar die Angst davor, dass sie mit ihrer Kritik vielleicht recht hatten. Am Anfang des Prozesses habe ich eine furchtbare Beklemmung in meinem Kiefer und in meiner Brust gespürt. Ich war innerlich voller Gewalt. Schließlich habe ich die Frage so definiert: ‚Wie kann ich auf ideale Weise mit der Beziehung zwischen mir und meinen Eltern umgehen?‘ – und ich habe mit dem Ausdehnen angefangen. Es war wie eine ganze Reise, in der sogar noch Wut aus meiner frühen Kindheit hochkam, gleichzeitig zeigten sich aber auch Ebenen der Freiheit und des Wissens, in denen

ich mein mentales Gefängnis hinter mir lassen konnte. Die Frage fiel in sich zusammen, weil sie meine psychologische Struktur war, und sie hat Liebe und Mitgefühl Platz gemacht. Ich konnte ihr Herz sehen und mich daran erinnern, dass sie Seelen auf einer Reise sind und dass sie auch das Gute wollen und nicht wissen, wie sie dieses Gute vollkommen verwirklichen können. Je mehr ich der Frage zugehört habe, desto ruhiger wurde mein Gehirn. Ich hatte das Gefühl, dass ich Dinge viel weiter sehen konnte, als wäre meine Sehfähigkeit auf 360 Grad ausgeweitet, eine neue Intelligenz konnte fließen. Ich habe sofort begriffen, dass die Lösung aus einer weiten Perspektive heraus kommen muss und dass ich diese Einsicht mit meinen Eltern wie ein Geschenk teilen musste, statt sie mit aggressiver Kritik zu bombardieren, die nirgends hinführt. Verblüffenderweise verwandelte sich die schreckliche Frage durch die Ausdehnungen! Es war, als würde ein weiser Lehrer in mir aufwachen, ein Lehrer, der mir den Weg zeigte, den mein schmerzendes und verletztes momentanes Selbst einschlagen konnte. Ich konnte sehen, dass ich ein Erwachsener war, der in dieser Sache Verantwortung übernehmen musste und dass ich nichts von ihnen erwarten sollte, da sie in diesem Stadium es selbst nicht sehen können. Ich bin völlig allein und dies ist meine Lektion; ich muss Verantwortung für mich selbst übernehmen und mir selbst Eltern sein. Was auch immer ich von ihnen erwarte, das sollte ich selbst werden: Eine Quelle der Fülle, der Güte, der Schönheit und des Lichts. Ich muss ihnen die Wahrheit in klaren und eindringlichen Worten sagen, dabei aber nichts erwarten, mein Glück und meine Ganzheit hängen nicht davon ab, dass sie mich bestätigen und akzeptieren. Ich muss ihnen friedlich und einfach die Wahrheit sagen, ohne emotional zu sein, ohne mich als Opfer zu fühlen, und was immer sie damit machen wollen, ist nicht meine Angelegenheit. Ich muss einfach alles furchtlos aussprechen, um das Gefühl des Erstickens in der Kehle zu befreien; ich muss aufhören, still zu sein und alles in mir anzusammeln. Selbst wenn es sie ein wenig verletzt, kann dies auf lange Sicht eine stabilere Beziehung zwischen uns schaffen. Ich muss die Tür für sie immer offen halten, aber auch lernen, mich ihnen gegenüber nicht zu verstellen. Im Allgemeinen habe ich gesehen, dass ich mein Leben unabhängig von ihnen leben sollte, auch finanziell, und wenn sie aus Liebe an diesem Leben teilhaben wollen – umso besser. Als Eltern machen auch sie einen Prozess des Reifens durch und ihre Art, mit meiner Wahrheit umzugehen, gibt ihnen die Möglichkeit, an sich selbst zu arbeiten. Ich bin an einem Punkt, an dem ich erwarten darf, dass unsere Beziehung auf gegenseitigem Respekt basiert – eine solche Beziehung gab es zwischen uns bisher nicht. Ich bin nicht mehr ihr kleiner Junge! Diese Erkenntnisse haben mich unglaublich befreit und bald darauf eine neue Beziehung zwischen mir und meinen Eltern ermöglicht.“

Kapitel 11: Die Schnellstrasse und der Feldweg

Bis hierhin haben wir das große Potenzial betrachtet, das die Theorie der feinstofflichen Felder und der Ausdehnungsprozess sowohl auf der psychologisch-therapeutischen Ebene als auch auf der kreativen und praktischen Ebene haben. Nun wird es darum gehen, was die White Light-Methode auf der spirituellen Ebene in unserem Leben bedeutet. Zunächst einmal verändert sich radikal das Konzept von Spiritualität. Spiritualität ist in diesem Zusammenhang der bewusste Prozess der Ausdehnung des Bewusstseins – der Prozess, in dem die fünf Felder aufwachen und wir uns zunehmend in ihnen stabilisieren. Daraus folgt eine sehr wichtige Einsicht: Echte Spiritualität ist nichts anderes als die Verlagerung von einer Ebene des Bewusstseins zu einer anderen, höheren oder ausgedehnteren Ebene. So wird das spirituelle ‚Ziel', das allzu oft undurchsichtig ist, bestechend klar.

Zu Beginn des Buchs wurden die fünf Grundlagen des Ausdehnungsprozess aufgezeigt, dabei wurde eine bestimmte Unterscheidung getroffen, zu der wir jetzt zurückkehren: die Unterscheidung zwischen dem Feldweg und der Schnellstraße. Der populäre Feldweg ist der spirituelle Weg, der auf den Ebenen des Gehirns und des mental-emotionalen Felds stattfindet: eine lange und beschwerliche Reise vom Punkt X zum Punkt Y. Punkt X ist dabei unser momentaner Zustand, während Punkt Y der zukünftige Zustand ist, den wir uns wünschen. Y ist das totale Gegenteil von X. Diese Veränderung, so verspricht man uns, wird eines Tages stattfinden, solange wir mit festem Vorsatz und aller Macht nach ihr streben. Wenn wir zum Beispiel wütende

Menschen sind, spricht uns der spirituelle Weg an, weil wir die Wut in unserem Leben reduzieren und mehr Geduld haben und Verzeihen lernen wollen; wenn wir Angst haben, zieht uns das Meditieren an, um Ängste zu reduzieren und Vertrauen in das Leben und andere zu gewinnen, und wenn uns unbarmherzig Emotionen und Gedanken attackieren, sehnen wir uns danach, weniger „im Kopf" und mehr „im Hier und Jetzt" zu sein.

An diesen Beispielen können wir sehen, dass das spirituelle Ziel immer das komplementäre Gegenteil des gegenwärtigen Zustands ist. Tatsächlich ist das spirituelle Ziel zu einem großen Teil ein Konzept, eine Idee oder ein Ideal, das unser Verstand für ein Gegenmittel hält, uns von negativen und mühseligen Lebensumständen zu kurieren. Entsprechend kann man sich die Entwicklung jedes spirituellen Konzepts in der Geschichte ansehen. Beispielsweise hat sich aufgrund unserer starken Neigung, sich an Dingen und Menschen festzuklammern, auf dem Feldweg die Doktrin der Nicht-Anhaftung entwickelt, und aufgrund der narzisstischen und egoistischen Natur unserer momentanen Ebene des Denkens entstanden auf dem Feldweg viele bekannte Praktiken, die Liebe und Mitgefühl fördern sollten. Sämtliche Meditationspraktiken des Feldwegs sind nichts als Reaktionen, ein komplementärer Kontrast zur momentanen Realität unseres Daseins und des Lebens: Wenn du angespannt bist – lerne zu atmen und loszulassen. Wenn du dich zu sehr mit deinen Emotionen identifizierst – lerne zu beobachten. Wenn du außer deinen Gedanken nichts bemerkst – richte deine Aufmerksamkeit auf den Moment und schätze, was du bereits hast.

Der Feldweg stellt somit eine konzeptuelle Spiritualität dar: All seine Ideen entstammen ihrem komplementären Gegenteil, also dem Leben, wie es jetzt ist. Jene, die auf diesem Pfad schreiten, klammern sich unausweichlich an diese Vorstellungen, die ihnen Trost schenken und das Gefühl, dem Ziel näher zu kommen (das natürlich darin besteht, einen Zustand des Glücks zu erlangen, das komplementäre Gegenteil zum Zustand des Leidens). „Akzeptiere dein Leben, wie es ist"; „alles ist der Wille des Universums (oder Gottes oder des Lebens)"; „sei im

Hier und Jetzt" – dies sind nur Beispiele für die verschiedenen Gedankenformen, die das Gehirn sich zu eigen macht, damit es die ersehnte psychospirituelle Gesundheit erlangen möge.

Seit Tausenden von Jahren läuft die Menschheit auf dem Feldweg – dem Pfad des Leidens und der Hoffnung, der Angst und des Glaubens, der konzeptualisierten Spiritualität und des Mangels an Veränderungen. Auf dem Weg hält man sich an der Hoffnung auf allmähliche Besserung fest, doch hat sich das menschliche Gehirn in seinen physiologischen Grundlagen nur sehr wenig verändert, entsprechend haben sich auch die psychologischen Grundlagen nur wenig verändert. Der Grund dafür ist offensichtlich: Eine echte Evolution des Gehirns kann sich auf der gegenwärtigen Ebene des Bewusstseins nicht vollziehen, dafür braucht es einen Bewusstseinssprung.

Der Ausdehnungsprozess entlang der Felder zeigt uns durch direktes Erleben, dass die allmähliche Verlagerung von X nach Y nicht nur nicht funktioniert, sondern auch völlig unnötig ist. Schließlich befreit uns eine Ausdehnung, die uns direkt in die feinstofflichen Ebenen des Bewusstseins führt, von unserer alltäglichen Bewusstseinsebene, die ganz aus Gegensätzen besteht, aus Kontrasten und Widersprüchen. In der Ausdehnung werden wir vollkommen von X befreit, und so wird Y gänzlich irrelevant.

Durch die Verlagerung des Schwerpunkts in das dritte, mental-spirituelle Feld ist diese Freiheit bereits erreicht. Diese Freiheit ist nicht das Ergebnis der Bemühung, sich aus einem Zustand der Unfreiheit herauszubewegen und in einen Zustand der Freiheit zu versetzen. Diese Freiheit liegt ganz einfach in der Natur eines weiteren Bewusstseins, das frei von Widersprüchen ist. Während wir auf dieser Ebene des Bewusstseins verweilen, können wir das Bedürfnis nach einer konzeptuellen Spiritualität nicht mehr begreifen: Warum sollten wir „Nicht-Anhaftung" kultivieren, wenn wir sowieso vollständig und ganz und gar unabhängig sind? Und warum ist es so wichtig, eine gute und liebevolle Person zu werden, wenn Güte und Liebe im dritten Feld mühelos aus der Ganzheit und Harmonie unseres Wesens sprudeln? Und wer muss „im Hier und Jetzt sein“, wenn wir in diesem Feld doch jenseits der Zeit existieren?

Durch den Ausdehnungsprozess begreifen wir unmittelbar, was transformative Spiritualität bedeutet: Transformation meint eine tatsächliche Veränderung der Form, ein Übergang von einer Ebene des Bewusstseins zu einer anderen, ganz neuen Ebene, auf der alle Zusammenhänge, alle Interpretationswege und grundlegenden Konzepte sich völlig verwandeln. Transformative Spiritualität wird dann als eine Reise erkennbar, die sich eindeutig von der allmählichen Veränderung auf dem Feldweg unterscheidet.

Zweifellos macht die Tatsache an sich, dass wir Achtsamkeit, Wachsamkeit und Vorsatz in unser Leben bringen – wie es auf dem Feldweg geschieht – unsere Prozesse der Veränderung deutlich intensiver und schneller; anders als bei den meisten Menschen, die sich nur gegen ihren Willen verändern, nämlich dann, wenn großer Druck im Leben sie dazu zwingt. Nichtsdestotrotz gibt uns nur die Schnellstraße die Schlüssel für eine echte Entwicklung, für einen echten Sprung auf eine Bewusstseinsebene also, die weit über die bedrückenden Grenzen des gewohnten menschlichen Erlebens hinausreicht.

Während der Feldweg Konzepte, Glauben, Bräuche, Rituale und die Wiederholung bestimmter Emotionen kultiviert, konzentriert sich die Schnellstraße auf einen immer stabiler werdenden Zustand innerhalb der ausgedehnteren Ebenen des Bewusstseins. Trotz ihres Namens liegt der große Wert der Schnellstraße hauptsächlich nicht in der Tatsache, dass sie schneller ist (obwohl sie definitiv schneller ist!), sondern mehr darin, dass sie viel direkter ist: Statt uns zu bemühen, unsere momentane Bewusstseinsebene zu verbessern, die ihrem Wesen nach konfliktbeladen und voller innerer Widersprüche ist, steuert sie unser Bewusstsein auf eine gleichzeitig vertikale und horizontale Weise, in äußerst hoch entwickelte Ebenen des Bewusstseins.

Auf der Schnellstraße wird die Fähigkeit, die feinstofflichen Felder aufzuwecken und sich in ihnen zu bewegen, wie der Name schon sagt, schnell gesteigert, dennoch kann man auch auf dieser Reise kein Element überspringen. Um sich wirklich von seiner momentanen Ebene des Bewusstseins zu trennen, muss man einen Prozess durchlaufen, in dem einerseits Erinnerungszusammenhänge im mental-emotionalen Feld gelöst werden und in dem andererseits eine immer tiefer werdende Versenkung in die feinstofflicheren Felder des Bewusstseins stattfindet. Es ist extrem wichtig, dass beide Prozesse parallel ablaufen, da wir, solange das Gehirn an sich nicht frei von psychologischen Erinnerungen ist, nach dem Ende jeder Erinnerungen lösenden Technik wieder zur konditionierten Ebene des Bewusstseins zurückkehren müssen. In jedem Fall sind diese beiden Aspekte des Entwicklungsprozesses durch White Light vollkommen zugänglich. Gleichwohl ist es nicht nötig, alle Erinnerungszusammenhänge im mental-emotionalen Feld aufzulösen. Jeder Mensch besitzt eine gewisse Anzahl wesentlicher Erinnerungszusammenhänge, die seine eingeschränkte Persönlichkeit formen und auf diese Weise ein vordergründiges Hindernis in der Evolution seines Bewusstseins darstellen. Diese Hindernisse müssen mittels einer positiven Therapie sorgsam abgebaut werden. Gleichzeitig füllt die Person sich aber auch immer wieder mit echter Glückseligkeit und Inspiration an, die beide aus der endlosen Freiheit heraus entstehen, die in jedem einzelnen Moment durch die Ausdehnung für den Menschen zugänglich wird. Der Akt der Ausdehnung gewöhnt die Person daran, sich immer und immer wieder von der ganzen Bandbreite an Gedanken, Emotionen, Begierden und Ängsten, die sie auf der gewohnten Ebene ihres Bewusstseins hat, zu trennen, und immer länger in den feinstofflichen Ebenen des Bewusstseins zu verweilen.

Die Schnellstraße ist kein Weg, auf dem wir in irgendeiner Weise auf eine göttliche Gnade warten, die uns von unserem Elend erlösen könnte. Es ist genau umgekehrt: Dieser Weg zeichnet sich durch das fundamentale Verständnis einer absoluten Eigenverantwortung und durch eine beträchtliche Eigenbemühung aus. Der Feldweg ist eine Straße der Hoffnungen und der Erwartungshaltung, die Schnellstraße hingegen ist ein evolutionärer Pfad, den wir selbst durch unsere eigene Kraft beschreiten können. Wir haben die Macht, unser eigenes

Bewusstsein zu entwickeln – je mehr Energie und Achtsamkeit wir in einen solchen Prozess investieren, desto mehr Früchte können wir ernten. Keine göttliche Gunst ist nötig, um Erinnerungszusammenhänge aufzulösen, und auch das Eindringen in die Felder des Bewusstseins und unser Aufenthalt nach eigenem Belieben ist auf diese Gunst nicht angewiesen. Jede Technik im White Light ist ein lebendiger Beweis dafür, dass Bereitschaft und Eigenbemühung ausreichen, außergewöhnliche Bewusstseinszustände zu erreichen. Und bedeutet das nicht, dass wir selbst die göttliche Gunst verkörpern?

Im Laufe der Zeit haben viele spirituelle Seher auf die Existenz der Felder hingewiesen (unsere verborgenen Körper), diese dienten normalerweise jedoch mehr der Kartierung des Bewusstseins und weniger als praktisches Werkzeug, das aktiviert werden kann, wenn wir das wünschen. Indem wir die Felder nun durch unsere Achtsamkeit und unseren freien Willen aktivieren, öffnet sich für uns eine Tür, durch die wir uns als ein Bewusstsein entdecken können, das in seiner Essenz nicht psychologisch ist; es ist in seiner Essenz ein spirituelles Bewusstsein. Mithilfe dieses Werkzeugs erkennen wir, dass wir in vielerlei Hinsicht eigentlich frei von psychologischen Verflechtungen sind und uns mit ihnen auch nicht identifizieren müssen – und daher gibt es für uns keine Entschuldigung mehr, weiter zu leiden.

Manche behaupten vielleicht, dass es immer noch besser sei, die Schnellstraße und den Feldweg zu kombinieren. Dieser Vorschlag entstammt dem Gefühl, dass der Feldweg humaner und geduldiger ist, was den langsamen und allmählichen Prozess anbelangt, den wir brauchen, damit wir uns verändern können. Wer dies behauptet, hatte noch nicht Gelegenheit, die Schnellstraße wirklich kennenzulernen. Denn auch die Schnellstraße ist zweifellos ein allmählicher Prozess. Schließlich handelt es sich nicht um einen engen und oberflächlichen Pfad, und in jedem einzelnen Stadium dieses Weges muss das gesamte Wesen des Praktizierenden sich in einer allumfassenden und gründlichen Weise immer wieder neu in Einklang bringen, von den Gedanken über die Emotionen bis hin zur letzten Zelle seines Körpers.

Oft steckt hinter diesem Zögern, vom Feldweg abzulassen, die Tatsache, dass dieser Pfad uns ein Gefühl der Erleichterung gewährt – während die Schnellstraße ein Gefühl der Anspannung und Unruhe in uns weckt, wie evolutionärer Druck es nun einmal verursacht. Wer sein Leben ausreichend positiv erlebt, setzt evolutionärem Druck vermutlich nicht allzu viel Widerstand entgegen. Für Menschen aber, die ihr Leben prinzipiell negativ erleben, fühlt sich dieser Druck wie eine unfaire Aufforderung an, sich über ihr momentanes Befinden hinaus zu erheben. Solange wir das Leben als negativ empfinden, sehnen wir uns nach der Entspannung, die der Feldweg uns zu geben vermag, wir sehnen uns nach seinen tröstenden Konzepten und nach seinen Praktiken, die eine nostalgische Sehnsucht nach einer imaginären oder tatsächlichen Vergangenheit in uns zum Klingen bringen, in der alles „einfacher" war. In diesem Kontext ist es wichtig zu erkennen, dass die wirkliche Aufgabe einer authentischen Spiritualität nicht darin besteht, Leiden zu mildern. Sie soll uns reifen helfen, damit wir uns verantwortungsvoll weiterentwickeln und schließlich Ebenen erreichen, auf denen Leiden ein Ding der Unmöglichkeit ist.

Spirituelle Praktiken auf dem ‚Feldweg' und auf der ‚Schnellstraße'

Es gibt eine beachtliche Anzahl an Übungen, die das Gehirn und das mental-emotionale Feld beruhigen und entspannen und das elektromagnetische Feld des Menschen ins Gleichgewicht bringen sollen. Diese Übungen sind, auch wenn sie für gewöhnlich nicht transformativer Art sind und dies auch nicht vorgeben, auf ihre Weise wichtig, und sie haben ihren Platz. Manche Schulen und Traditionen bieten eine ganze Bandbreite spiritueller Praktiken an (inklusive Meditationen), die eine radikale Transformation des Menschen zum Ziel haben. Diese Praktiken sind ohne Ausnahme Methoden, die entwickelt wurden, um das Bewusstsein auszudehnen. In diesem Sinne ist jede spirituelle Technik direkt oder indirekt, bewusst oder unbewusst darauf ausgerichtet, in die feinstofflichen Felder zu gelangen. Die White Light-Methode ist einfach ein sehr bewusster Weg, die Absicht einer jeden spirituellen Praxis dieser Welt zu erfüllen.

Letztlich bedeutet Meditation, sich in den feinstofflichen Feldern aufzuhalten, und aus diesem Grund ist die effizienteste Meditation diejenige, die eine Person direkt und sehr systematisch in die verborgenen Felder des Bewusstseins führt (dagegen ist eine Meditation, die uns lediglich in einen Zustand der Entspannung bringt, während wir auf unserer normalen Bewusstseinsebene gefangen bleiben, ineffizient). Entsprechend dieser Definition eignen sich viele White Light-Techniken als Ersatz für traditionelle Meditationsübungen.

Generell gibt es drei Arten der Entspannung oder Beruhigung, genauer gesagt: der Stille:

1. Die Stille, die entsteht, wenn man sich aller Gedanken entleert
2. Die Stille, die entsteht, wenn man über das Denken hinausgeht
3. Allumfassende Stille

Bei der für die Praktiken des Feldwegs typischen Stille, die entsteht, wenn man sich aller Gedanken entleert, handelt es sich um eine zufällige und absichtslose Stille. Sie ist das Ergebnis der Energie, die sich während der Meditation oder jeder anderen spirituellen Praxis in uns ansammelt. In der Terminologie des Ausdehnungsprozesses hat diese Stille ein Ende und eine Grenze, sie ist jedoch sehr wichtig für das Gleichgewicht von Körper und Geist. In bestimmten Momenten merken wir, wie wir mehr und mehr in einen Zustand extremer Entspannung hineinsinken und wie alles in uns zum Stillstand kommt. Wann immer wir zeitweise einen solchen Zustand erreichen, nährt er uns auf eine hochgradig positive, innerliche Weise.

Im Gegensatz dazu ist die Stille, die jenseits des Denkens liegt (und für viele mit dem mental-spirituellen Feld verbundene Praktiken der Schnellstraße charakteristisch ist) ein Zustand der Transzendenz, in der das Bewusstsein weiter ausgedehnt ist und in dem das gewohnte Denken nicht existieren kann. Dies ist dann also ein Zustand jenseits der mentalen Ebene, ein ekstatischer Raum, der der Welt des Denkens vorausgeht. In diesem freien Zustand erwacht in uns eine große Menge Energie, als würden wir mit einem Mal eine unaufhörliche Quelle finden, die das ganze Gewebe von Körper und Geist füllt. Diese Art der Stille macht eine große Befreiung aus, da wir hier nicht mehr von äußeren Umständen und Veränderungen im Leben abhängen und in uns selbst die Emotionen finden können, die wir immer in der Außenwelt gesucht haben. Mit der Entdeckung, dass wir uns mithilfe dieser Stille bedingungsloses Glück und nicht-kausale Zufriedenheit schenken können, finden wir unsere wahre Freiheit.

Die dritte, seltenere Art der Stille ist die allumfassende Stille (die mit dem fünften Feld reinen Gewahrseins verbunden ist). Diese Stille ist keine neue oder höhere Ebene – es ist die Stille, in der alle Ebenen des Bewusstseins existieren; sie umfängt alles, da sie die Ausdehnung oder der offene Raum ist, in der jeder Zustand und jede Sache, ja sogar das ganze Universum aufscheint. Sie liegt jenseits von Freiheit und Unfreiheit und hängt deshalb nicht von bestimmten Zuständen ab. Der amerikanische Philosoph Ken Wilber erklärt dies mit der folgenden wunderschönen Metapher: Wenn wir uns vorstellen, dass alle Ebenen des Bewusstseins, eine nach der anderen, auf ein Papier geschrieben stehen, dann ist diese Art Stille das Papier selbst, auf der alle Ebenen erscheinen.

Die Kraft des Ausdehnungsprozesses im White Light liegt darin, die Person immer und immer wieder auf sehr systematische Weise in den nicht-kausalen Zustand der Stille zu führen, die jenseits des Denkens liegt – und in einigen der White Light-Übungen ist es außerdem möglich, in die allumfassende Stille einzutauchen. Letzteres ist ziemlich einzigartig, da die allumfassende Stille mittels einer Technik sehr schwer, ja fast unmöglich zu erreichen ist – schließlich wird dieser Zustand nicht umsonst als von Natur aus „unerreichbar“ bezeichnet!

White Light-Meditation

Im Grunde kann man jede White Light-Technik als tägliche Meditationsübung nutzen, ebenso kann uns jedes Objekt, das wir ausdehnen möchten, sei es eine negative Emotion oder eine philosophische Idee, als Basis einer Meditation dienen. Wenn der Ausdehnungsprozess ausdrücklich zum Meditieren eingesetzt wird – und nicht zu therapeutischen Zwecken oder für kreatives Handeln – so wird die Ausdehnung und das lange Eintauchen in die feinstofflichen Felder zur eigentlichen Absicht. Wir können so in dem Moment, in dem wir einen ausgedehnten Bewusstseinszustand erreichen, nach Herzenslust darin verweilen und auf diese Weise auf intensive Weise mit unserem wahren Selbst in Berührung kommen, das jenseits des Denkens und jenseits der Turbulenzen des Lebens existiert.

In der gleichen Weise kannst du deine tägliche Meditationspraxis, was auch immer sie sein mag, durch den Prozess der Ausdehnung erweitern. Dies mag dir vielleicht als Wagnis erscheinen, weil du von der traditionellen Vorgehensweise der Praxis abweichst. Aber wenn du diese Verwegenheit in dir spürst, es einmal auszuprobieren, ist es sehr gut möglich, dass sich deine Meditationspraxis unwahrscheinlich viel wirksamer gestaltet. Wer Zazen praktiziert – die stille Meditationspraxis des Zen-Buddhismus – kann von Zeit zu Zeit die reine Essenz oder das Gefühl des „Hier und Jetzt" ausdehnen; wer Vipassana praktiziert – die buddhistische Praxis der Beobachtung – kann hervorstechende Empfindungen ausdehnen, die sich im Körper zeigen, und wer transzendentale Meditation praktiziert, kann alle paar Minuten sein Mantra ausdehnen. Behalte die Absicht des Ausdehnungsprozesses im Sinn: Das höchste oder am weitesten ausgedehnte Potenzial jeder einzelnen Sache auszuschöpfen, dazu gehört auch das Potenzial deiner spirituellen Praxis.

Für jene, die keine der traditionellen Meditationsformen praktizieren oder jene, die etwas Neues ausprobieren möchten, folgt nun eine neue, sehr einfache Übung für die tägliche Praxis. Im White Light für

Essenzen kannst du den Prozess der Ausdehnung auf die grundlegenden Elemente und Kräfte des Lebens und des Universums anwenden: Wahrheit, Liebe, Freiheit, Gott, Tod, göttliche Gnade und so weiter. Du kannst in der gleichen Weise auch Mantras oder spirituelle Symbole ausdehnen. So kannst du auf eine sehr tiefe Weise mit der essenziellen Wahrheit in Berührung kommen, die hinter diesen Konzepten steckt. Von einer Ausdehnung zur nächsten wirst du tiefer in das dritte, mental-spirituelle Feld eintauchen können und so in dir das tiefste Geheimnis dieser Essenz erkennen können.

Viel Glück!

ÜBUNG:

White Light für Essenzen

1. Schließe die Augen... Wähle die Essenz oder das Prinzip aus, mit dem du gerne eins werden möchtest (Beispiele: Weisheit, Einsicht, Wissen, Sicherheit, Klarheit, Zuhören, Ganzheit, Liebe, Licht, Stille, Gott, Erleuchtung, sexuelle Energie, Tod, Realität, Shiva, Jesus und so weiter...)
2. Halte (...Name der Essenz) über die nächsten Minuten hinweg in deinem Bewusstsein. Erlaube ihr, sich voll und ganz zu zeigen, als kraftvolle Präsenz in deinem Bewusstsein. Richte deine Aufmerksamkeit auf ihr Herz, ihr Innerstes, auf das Mysterium, das sie umgibt und das auch in ihrem Zentrum verborgen liegt. Lass diese Essenz deine persönlichen Gefühle und Gedanken reflektieren...
3. (Nach ein paar Minuten) Was kommt dir in Bezug auf (...Name der Essenz) in den Sinn?... Du bist kurz davor, in das Mysterium von (...Name der Essenz) einzudringen. Fühle (...Name der Essenz) tief. Bewege dich in ihre Tiefe, in ihr Herz hinein. Versuch, sie auszusprechen – wie fühlt es sich an?... Wie noch?... Schau, welcher Teil deines Körpers am meisten damit

verbunden ist... finde eine Form oder ein Bild... eine Farbe... eine allgemeine Empfindung... und einen Geruch…

4. Jetzt atme in (...Name der Essenz) hinein und lass es deinen Körper und dein Wesen füllen. Indem du (...den Teil des Körpers) und (...das Bild oder die Form) nutzt, atme und dehne aus, atme und dehne aus, bis es seine äußerste Grenze erreicht, bis es sich nicht mehr weiter ausdehnen kann. Sprich innerlich die Bitte aus: „(... Name der Essenz), zeige dich mir ganz!“... Gib mir ein Zeichen, wenn du spürst, dass (...der Name des Phänomens) seine äußerste Grenze erreicht hat, und sich nicht weiter ausdehnen kann…
5. Gib dem ausgedehnten Zustand einen Namen. Atme in (...den ausgedehnten Namen) hinein. Bewege dich in seine Tiefe, in sein Herz hinein. Versuch, es auszusprechen – wie fühlt es sich an?... Schau, welcher Teil deines Körpers am meisten damit verbunden ist... finde eine Form oder ein Bild... eine Farbe... eine allgemeine Empfindung... und einen Geruch…
6. Jetzt atme in (...den ausgedehnten Namen) hinein und lass es deinen Körper und dein Wesen füllen. Indem du (...den Teil des Körpers) und (...das Bild oder die Form) nutzt, atme und dehne aus, atme und dehne aus, bis es seine äußerste Grenze erreicht, bis es sich nicht mehr weiter ausdehnen kann. Sprich innerlich die Bitte aus: „(... ausgedehnter Name), zeige dich mir ganz!“... Gib mir ein Zeichen, wenn du spürst, dass (...der ausgedehnte Name) seine äußerste Grenze erreicht hat, und sich nicht weiter ausdehnen kann…
7. Gib dem ausgedehnten Zustand einen Namen. Atme in (...den ausgedehnten Namen). Bewege dich in seine Tiefe, in sein Herz hinein. Versuch, es auszusprechen – wie fühlt es sich an?... Schau, welcher Teil deines Körpers am meisten damit verbunden ist... finde eine Form oder ein Bild... eine Farbe... eine allgemeine Empfindung... und einen Geruch... Was ist aus diesem Zustand des (...ausgedehnten Namens) deine Beziehung zu (...Name der Essenz)?…

8. Wasche dein ganz Wesen mit weißem Licht – Gedanken, Emotionen und Empfindungen. Gib dem Körper-Geist-Komplex die Anweisung: „Verwandele dich in das Licht des ausgedehnten Zustands!"...
9. Jetzt atme in (...den ausgedehnten Namen) hinein und lass es deinen Körper und dein Wesen füllen. Indem du (...den Teil des Körpers) und (...das Bild oder die Form) nutzt, atme und dehne aus, atme und dehne aus, bis es seine äußerste Grenze erreicht, bis es sich nicht mehr weiter ausdehnen kann. Sprich innerlich die Bitte aus: „(... ausgedehnter Name), zeige dich mir ganz!"... Gib mir ein Zeichen, wenn du spürst, dass (...der ausgedehnte Name) seine äußerste Grenze erreicht hat, und sich nicht weiter ausdehnen kann...
10. Gib dem ausgedehnten Zustand einen Namen. Atme in (... den ausgedehnten Namen). Bewege dich in seine Tiefe, in sein Herz hinein. Versuch, es auszusprechen – wie fühlt es sich an?... Schau, welcher Teil deines Körpers am meisten damit verbunden ist... finde eine Form oder ein Bild... eine Farbe... eine allgemeine Empfindung... und einen Geruch... Was ist aus diesem Zustand des (...ausgedehnten Namens) deine Beziehung zu (...Name der Essenz)?...
11. Du hast das Geheimnis des (...Name der Essenz) erreicht. Aus diesem Geheimnis heraus, wasche dein ganzes Wesen mit weißem Licht. Wasche dein Wesen mit heilendem und befreiendem weißen Licht, das es bis in die Ebene der Moleküle hinein reinigt und verändert, das seinen genetischen Code und die Erinnerung der Zellen neu codiert, sie in die Qualität reinen, weißen Lichts taucht und sie in eine neue, allumfassende Ausrichtung bringt. Gib den Zellen die Anweisung, sich neu zu codieren: "Verwandelt euch in ein Licht des (...Name der Essenz)!...
12. Kannst du sehen, was sich in (...Name der Essenz) verbirgt?... Erkläre, was du über (...Name der Essenz) verstehst... Überprüfe: Wer bist du in diesem Zustand?... Dieses kraftvolle Element kann

dir seine grenzenlose Kraft schenken, sodass du deine innere und äußere Wirklichkeit verwandeln kannst, falls dies nötig ist. Du kannst so zu (...Name der Essenz) werden... Kannst du sehen, wie du die Essenz von (...Name der Essenz) in dein momentanes Leben integrieren kannst?... Wie nimmst du das Leben aus diesem Zustand wahr, in dem du mit (...Name der Essenz) verschmilzt?... Aus diesem Zustand kannst du jetzt ganz und gar mit (...Name der Essenz) verschmelzen, bis du spürst, dass es zwischen dir und diesem energetischen Prinzip keinen Unterschied gibt, keine Barriere und nichts zwischen euch. Bitte es, in dich hineinzuströmen, sodass es dich bis in deine Tiefen erreicht und sie in deinem ganzen Leben aktiv werden kann...

13. Tauche schließlich dein ganzes Selbst in diesen Zustand der Erneuerung für Körper und Geist ein... und wenn du damit fertig bist, kannst du deine Augen sanft öffnen.

Kapitel 12: Erleuchtung im Licht der feinstofflichen Felder

Erleuchtung ist der schwer fassbare Zustand des Bewusstseins, über den spirituelle Lehrer aller Traditionen im Laufe der letzten Jahrtausende berichtet haben. Sei es das ‚Nirvana' und ‚Sunyata' von Gautama dem Buddha, ‚Atman' und ‚Brahman' im Yoga, ‚Ejn Sof' (Unendlichkeit) und ‚Ejn' (Nichts) in der Kabbala oder irgendein anderer Begriff für diesen Zustand aus der Welt spiritueller Kulturen: Alle beschreiben einen einzigen Zustand. Je mehr wir in den Prozess der Ausdehnung tauchen und so die Grenzen unseres Bewusstseins immer mehr durchbrechen, desto mehr wird dieser Zustand für uns zu einer direkten und dauerhaften Erfahrung und einer weitreichenden evolutionären Möglichkeit, die keine Grenze hat.

Natürlich werden wir zu Beginn unserer Praxis mit White Light wieder an die Grenze dessen stoßen, was wir erleben können. Wir werden zum Beispiel die berückenden Ausdehnungen des dritten, mental-spirituellen Felds erreichen und das Gefühl haben, dass sie unbegrenzt und schrankenlos sind. Wieder und wieder wird sich aber im Laufe der Zeit zeigen, dass ein Zustand, der uns zunächst unbegrenzt vorgekommen ist, ebenfalls als Struktur erkannt und ausgedehnt werden kann. Unser Bewusstsein wird beginnen, die wahre Unendlichkeit zu berühren, die jenseits der Grenzen der Wahrnehmung und des Wissens liegt.

Das lässt sich mit der Ankunft in einem neuen, exotischen Land vergleichen. Wenn wir durch seine Straßen laufen, erfahren wir vielleicht einen Kulturschock und wir fühlen uns völlig verloren. Wir verstehen die Sprache nicht und die Sitten dieses Ortes erscheinen uns seltsam. Wenn wir aber wieder und wieder in dieses Land zurückkehren, gewöhnen wir uns langsam, aber sicher daran und erfreuen uns schließlich sogar an ihm. Wir finden unseren Weg und können mit den Bewohnern kommunizieren. Dieses Bild passt sehr gut zu dem, was wir erleben, wenn wir zum ersten Mal dem mental-spirituellen Feld begegnen: Unser Bewusstsein muss sich an die neuen und unbekannten Ausdehnungen erst gewöhnen, als wären sie ein neues Land, und erst, wenn es sich gut darin zurechtfindet, kann es sich selbstbewusst zum vierten, kosmisch-seelischen Feld vortasten und anschließend auch in das fünfte Feld des reinen Gewahrseins.

In den ersten Kapiteln dieses Buchs wurde der Prozess der Verengung göttlichen Lichts beschrieben, der es möglich machte, dass sich verschiedene Strukturen ausformten und herauskristallisierten. Es wurde gezeigt, wie alles im Universum – ein Gedanke, ein Elefant oder eine menschliche Persönlichkeit – eine Struktur ist, die ihre spezifischen Merkmale und Grenzen hat. Wir haben gesehen, dass die Ausdehnung tatsächlich ein Prozess ist, der dies umkehrt: Die Grenzen der Struktur werden durchbrochen, sodass sie gleichsam in den ursprünglichen, ganz ausgedehnten Zustand zurückkehrt, der keine Merkmale und keine Grenzen hat. Dies ist der ursprüngliche Seinszustand vor der Schöpfung (oder, in unserer Terminologie, vor jeder Verengung).

Beim Ausdehnungsprozess, wie er in der White Light-Methode angewendet wird, geht es darum, diesen ursprünglichen Seinszustand wieder anzustreben. Da jede Struktur im Universum im uralten Gedächtnis jenes Zustands liegt, das allem Zusammenziehen vorausging, wohnt ihr auch eine Sehnsucht nach Rückkehr in das schrankenlose Dasein inne, nach einer Auflösung aller Grenzen. Diese Grenzen, dieses Zusammengezogensein, sind – bewusst oder unbewusst – die ursprünglichste Form des Leidens in jeder einzelnen Struktur. Ausdehnung ist, im Gegensatz zur Verengung, das tiefste Glück, das es für uns geben kann. Wann immer wir unsere Grenzen verlieren und wir uns weit fühlen, über uns selbst hinaus ausgedehnt, erfüllt uns höchste Wonne. Eine bewusste Sehnsucht nach diesem Zustand der Weite ist das, was uns auf den spirituellen Weg bringt.

Man muss nicht bis ins fünfte Feld gehen, um zu erkennen, dass dieses Prinzip auch in unserem Privatleben gilt. Wenn wir unsere glücklichen Erinnerungen genau betrachten, wird uns klar, dass die stärksten Glücksmomente sich durch das Gefühl auszeichnen, dass unsere Grenzen sich aufgelöst haben, dass wir uns ausdehnen, unsere Grenzen lockern oder aufgeben und über sie hinausgehen. Viele Menschen suchen dieses Erlebnis der totalen Selbstvergessenheit in Erlebnissen mit psychedelischen Drogen, mit Alkohol, Grenzerfahrungen, Sex und sogar im Rausch der Macht. Im krassen Gegensatz dazu werden negative Erlebnisse immer mit dem Gefühl der Einschränkung in Zusammenhang gebracht, als würde alles eng werden, unmöglich und bedrückend.

Erleuchtung bedeutet, einfach gesagt, dass jedes Gefühl der Begrenzung transzendiert wird: die Ausdehnung des Bewusstseins in die Unendlichkeit und darüber hinaus. In der Sprache des White Light zeigt sich der Erleuchtungszustand in den weitesten Ausläufern des fünften Felds, in der Grenzlinie zum fünften Feld des Universums.

Das fünfte Feld ist, wenn es zunehmend realisiert wird, das Feld, durch das unser Bewusstsein mit dem reinen und ursprünglichen Sein in Berührung kommt und sich damit vereint. Hier werden sogar das dritte und vierte Feld als Strukturen erkannt – als limitierte Strukturen, die Grenzen und Umrisse haben, Merkmale und Eigenschaften. Nur das fünfte Feld kann unser Bewusstsein mit dem Einen verbinden, das keine Struktur hat, das die Quelle aller Strukturen ist – das man Gott nennen könnte. Wenn also das fünfte Feld realisiert wird, zerbricht die Grenze dessen, was wir erfahren können und wir gehen in einen Zustand über, in dem nichts mehr erfahren wird.

Auf dem Weg dahin lernen wir die feinstofflichen Schichten der universellen Einheit immer besser kennen – eine Einheit, auf die unsere moderne Physik immer wieder hinweist. Sie kann nur durch direktes Erleben mithilfe der verborgenen Felder erkannt werden. Auf dem ganzen Weg müssen wir uns mit der kulturellen Konditionierung auseinandersetzen, die vor allem aus den monotheistischen Religionen stammt: dass Gott jemand oder etwas sei. Unser direktes Erleben wird uns das genaue Gegenteil zeigen, sie führt uns in Zustände, die keinerlei Merkmale oder Eigenschaften haben, keinen Inhalt, sie sind formlos und frei von allen sentimentalen Emotionen. So wird uns zunehmend klar, dass ‚Gott' ebendiese totale Leere ist, ganz wie Gautama der Buddha es vor etwa zweitausendsechshundert Jahren aufgezeigt hat. In diesem Sinne ist Gott etwas ganz anderes als der ‚Gott der Gedanken', das aus dem menschlichen Denken hervorgegangene Bild Gottes. Dies ist besonders für religiöse Menschen eine Erkenntnis, die sie bis ins Mark erschüttern kann, dennoch lässt sich nicht leugnen: Endlich hat das Gehirn zum ersten Mal Kontakt mit etwas aufgenommen, das völlig jenseits von ihm liegt, etwas, das es nicht selbst erfinden oder kontrollieren kann, das es mit seinem Denken nicht zu fassen bekommen und in eine kleine Schublade des Gedächtnisses stopfen kann.

Wenn wir auf einer solchen Reise wirklich erfolgreich sein wollen, müssen wir uns darauf vorbereiten, an keiner Station dieses Weges stehenzubleiben, so angenehm und aufregend es dort auch sein mag. Vor allem das mental-spirituelle Feld schenkt uns eine ganze Welt aufregender Erlebnisse: das Ende des Leidens und das Auftauchen von Emotionen tiefer Zufriedenheit und Liebe; mystische Symbole und Visionen; starke Intuition und das Erwachen okkulter Wahrnehmungen sowie Zustände tiefer Stille und des Seins im Hier und Jetzt, jenseits der Zeit. In diesem Feld erfahren wir zum ersten Mal eine echte Freiheit von all unseren psychischen und physischen Abhängigkeiten. Aus diesem Grund sind viele versucht, hier anzuhalten und sich damit zufriedenzugeben, als wäre dies die Grenze dessen, was wir erfahren können. Oft verwechseln Menschen dies auch mit dem Bodhi-Zustand des fünften Felds. Deshalb sollten wir stets darauf beharren, über jede Grenze und jede Struktur hinauszugehen, selbst über die feinstofflichsten, spirituellsten Strukturen, um Erleuchtung zu erlangen – den einzigen Zustand, der ganz und gar frei von allen Strukturen ist.

Die große Einheit

Die Theorie der feinstofflichen Felder erlaubt uns, das Mysterium des Erleuchtungszustands zu erklären.

Indem wir wieder und wieder den Prozess der Ausdehnung durchleben, können wir die fünf Felder unseres Bewusstseins erwecken und sogar unsere Beziehung zu ihnen immer weiter stärken. Im Laufe der Zeit können wir uns durch konzentrierte Praxis in den feinstofflichen Feldern niederlassen. Wir gewöhnen uns daran, uns selbst im Alltag mit ihnen zu verbinden. Je tiefer dieser Prozess wird, desto mehr geschieht etwas Wundersames: Durch unsere individuellen fünf Felder kontaktieren wir die fünf Felder des Universums.

Während wir spirituell reifen, beginnen unsere individuellen fünf Felder damit, sich an die fünf Felder des Universums anzugleichen. Die Verbindung zwischen ihnen ist nicht mehr zufällig. Eine zufällige Beziehung kann durch verschiedene spirituelle Erlebnisse ermöglicht werden, manchmal sogar durch psychedelische Drogen und psychoaktive Pflanzen. Wenn man so zum Beispiel Kontakt mit dem mentalspirituellen Feld und den spirituellen Dimensionen des Universums bekommt, oder im fünften Feld der „Meditation des Kosmos" begegnet. Eine Angleichung zwischen den individuellen und den universellen Feldern ist damit nicht zu vergleichen: Ihr Ziel ist ein Verschmelzen des persönlichen und des göttlichen Bewusstseins, ein unvorstellbarer Zustand der Einheit, in dem die Person nicht mehr zwischen ihrem eigenen Selbst und dem Universum oder dem universellen Selbst unterscheiden kann.

Man kann dies, im Geiste der Sufi-Tradition, mit der Beziehung zwischen Liebhaber und Geliebter vergleichen. Im ersten Stadium kommt es zu kurzen Momenten der Vereinigung, doch die Sehnsucht, alle Grenzen zu verlieren und mit dem anderen in einem unumkehrbaren Akt des Liebemachens ganz zu verschmelzen, wächst stetig.

Während die Verbindung zwischen den individuellen Feldern und den kosmischen Feldern stabiler wird, kehrt sich die Identität des Individuums vollkommen um: Sie ändert sich von einer persönlichen, privaten und abgetrennten Identität zu einer universellen, allumfassenden. Der Mensch erlebt nicht mehr nur vorübergehend eine Beziehung mit den weiten Feldern des Universums, da sein Selbst sich mit dem einen und einzigen Selbst vereint, dem Selbst, das absolut alles umfasst. Mehr und mehr ziehen seine energetischen Sinne, seine Felder, die kosmischen Felder magnetisch an und werden von diesen gefüllt – bis schließlich die große Vereinigung geschieht: Die individuellen Felder werden in die ausgedehnteren Felder aufgenommen und die kosmische Identität wird zu einem ständigen Zustand.

Der Prozess, in dem die individuellen Felder sich mit den kosmischen Feldern angleichen, geht allmählich vonstatten: Zunächst fließt intensives kosmisches Prana aus dem elektromagnetischen Feld in die feinstoffliche Anatomie des Menschen (das Chakrensystem und die zentrale Säule, und zwar vor allem durch das Kronenchakra). Dann fließen göttliche Emotionen und Gedanken wie höchstes Glück und eine Verbindung zur Unendlichkeit aus dem mental-emotionalen Feld des Universums in die Gedanken und Gefühle des Menschen. Nach einiger Zeit wird der Mensch mit dem Gefühl einer göttlichen Existenz jenseits von Zeit und Raum und ihren zahllosen Dimensionen und Schichten erfüllt (drittes Feld), mit Einheits-Bewusstsein und göttlicher Wahrheit (viertes Feld) und schließlich mit dem absoluten göttlichen Sein des fünften kosmischen Felds. Die individuellen Felder füllen sich mehr und mehr mit kosmischer Energie an und diese Energie richtet sie neu aus – das Gehirn und der gesamte Körper passen sich in der Folge dieser neuen Ausrichtung an. An einem bestimmten Punkt, wenn die Energien des vierten und fünften kosmischen Felds zu strömen beginnen, vereinen sich die Felder und Erleuchtung entsteht.

Als Folge dieser großen Vereinigung wird dem Liebhaber und der Geliebten ein Baby geboren, ein neues, gemeinsames Feld, welches das individuelle und das universelle Bewusstsein in einer wundersamen Mischung aus Mensch und Gott kombiniert.

White Light für die Selbstidentität

Im Laufe dieses Buchs wurde aufgezeigt, dass wir unser Bewusstsein ausdehnen können. Man könnte jedoch der Verwirrung aufsitzen, Bewusstsein sei etwas, das wir besitzen, eine Art Objekt, das wir wieder und wieder ausdehnen. Wenn wir Erleuchtung erlangen wollen, müssen wir uns daran erinnern, dass im tiefsten Sinne wir das Bewusstsein sind – es ist faktisch unser Selbst. Deshalb ermöglicht uns der Ausdehnungsprozess, die feinstofflichen Ebenen und Schichten unseres eigenen Selbst besser kennenzulernen. Es ist sehr gut möglich, dass wir uns dessen bewusst sind, während wir damit beschäftigt sind, die Erinnerungszusammenhänge im mental-emotionalen Feld aufzulösen. Wenn sich aber unser Bewusstsein bis ins Unendliche ausdehnt, verstehen wird dann, dass tatsächlich wir diese Unendlichkeit sind?

Unser wahres Selbst ruht wie ein schlummerndes Samenkorn in uns, das ein großes Potenzial hat: Wenn es richtig gepflegt wird, dehnt es sich aus und wächst nach außen, in unsere individuellen feinstofflichen Felder hinein, und von dort aus in das ursprüngliche Sein, das vor aller Schöpfung liegt. Es ist ergreifend, sich eine kleine Eichel anzusehen und darüber nachzusinnen, dass sich in dieser Eichel das Potenzial für einen majestätischen Eichenbaum befindet. Genauso ist es mit unserem ganz ausgedehnten Selbst – das Potenzial seiner Verwirklichung verbirgt sich, so unvorstellbar das sein mag, in unserem jetzigen, winzigen Ich.

Anders als bei manchen bekannten spirituellen Traditionen geht es in der White Light-Methode nicht darum, das Ich-Gefühl auszulöschen oder es zu beseitigen (was in einem spirituellen, nicht psychologischen Kontext gleichbedeutend mit dem ‚Ego' ist). Es gibt dafür zwei Gründe: Erstens wird im White Light nichts ausgelöscht oder verworfen, da alles, was ist, das Potenzial hat, das Bewusstsein immer weiter auszudehnen. Zweitens ist unserem Ich-Gefühl eine große Bestimmung zugedacht – in seiner ultimativen Ausdehnung offenbart es sich als das göttliche Ich, nicht mehr und nicht weniger! Wenn man dies in einen kosmologischen Kontext bringt, so hat das Universum sich über Milliarden von Jahren abgemüht, bis es schließlich einen Organismus hervorbringen konnte, der die Fähigkeit zur Selbsterkenntnis besaß, ein existenzielles Gefühl, das sich seiner selbst bewusst ist – oder, mit anderen Worten, ein bewusstes Ich. Hinter diesem kosmischen Bestreben verbirgt sich die höchste aller Bestimmungen: Es will sich durch dieses Ich seiner selbst gewahr werden. Jeder Einzelne von uns ist dazu bestimmt, Teil der Selbsterkenntnis des Universums zu werden. Aus diesem Grund trägt unser Ich in sich wie ein Samenkorn die Fähigkeit, in ein allumfassendes Ich hineinzuwachsen. Und das erweist sich im Prozess der Ausdehnung als eine sehr einfache Tatsache: Wenn wir das Ich-Gefühl ausdehnen, führt uns das in einen Zustand, in dem wir selbst so weit sind, dass außer uns selbst nichts ist und nichts sein kann.

Letztlich ist das eigentliche Ziel jeder spirituellen Reise die Evolution – oder Ausdehnung – unseres Ich-Gefühls.

Jeder von uns trägt in sich Muster und mentale Strukturen, die er liebend gerne loswerden würde – wenn er nur wüsste wie. Echte Spiritualität aber, eine transformative Spiritualität also, will die erste Struktur – die Struktur des Ich – zerschlagen. Dafür wird wieder und wieder erlebt, wie die Grenzen des Ich durchbrochen und die Schranken des gewohnten Selbst überschritten werden. In der White Light-Methode ist es nicht schwer, die Grenzen des Selbst zu überschreiten.

Nicht das Ich-Gefühl muss ausgelöscht werden, sondern all die unnötigen Schichten, die es aus allen Richtungen umschließen und verbergen: Zahllose Erinnerungszusammenhänge haben sich um unser jetziges Ich gesponnen, daraus sind zwanghafte Gedanken und Emotionen hervorgegangen. Was sich auflösen muss, ist die Pseudo-Persönlichkeit, die das Ich-Gefühl umgibt und seine ganze Vitalität und Herrlichkeit aufsaugt. Daher befreit eine echte Spiritualität das Ich-Gefühl aus dem gesamten mentalen, emotionalen und sinnlichen Dickicht, bis es endlich nackt und frei ist. Dies ist die erste und essenziell wichtige Stufe der spirituellen Reise. Zahlreiche Meditationstechniken wurden entwickelt, damit sie erreicht werden kann, wie etwa Koan und Zazen im Zen-Buddhismus, Vipassana im Buddhismus und viele andere Ansätze, in denen es darum geht, Gedanken, Emotionen und Empfindungen zu beobachten.

Sobald das Ich-Gefühl aus der Umzingelung von all den Merkmalen befreit ist, die aus den Erinnerungen stammen – Erinnerungen an Umstände in diesem oder anderen Leben, frühere Erfahrungen, alle Arten von Selbstdefinitionen und mehr – dehnt es sich immer weiter aus, es begibt sich auf die eine aufregende Reise zu seinem Ziel – seinem endgültigen Ziel:

1. Die erste Ausdehnung bringt uns in das elektromagnetische Feld. Wir erleben: „Ich bin nicht der Körper, sondern eine Lebenskraft, die den Körper belebt und umfängt. Ich bin eine Energie, eine Vibration des Lebens." Wer schon einmal gesehen hat, wie ein Mensch stirbt, hat wahrscheinlich über den Moment gestaunt, in dem die Lebenskraft aus dem Körper genommen wurde und nur ein lebloser Leichnam übrig blieb. Was auch immer diesen Körper in Betrieb gehalten und ihm eine Persönlichkeit gegeben hat, Gedanken und die Wärme von Emotionen, ist fort, als wäre es niemals da gewesen. Dieses Beispiel kann in uns ein Gefühl dafür zum Leben erwecken, dass wir nicht dieser Leichnam sind, sondern die Energie, die das Leben in ihn gebracht hat.

2. In der zweiten Ausdehnung, die uns ins mental-emotionale-Feld bringt, erkennen wir, dass das Ich frei von Gedanken und Emotionen ist und als schlichte Achtsamkeit oder reine Präsenz hier und jetzt existiert. Dieses Ich kann man durch Übungen, in denen man Gedanken und Emotionen beobachtet, leicht erkennen. Hier lautet

die Erfahrung: „Ich bin nicht meine Gedanken und Emotionen, sondern der Beobachter aller Gedanken und Emotionen."

3. In der dritten Ausdehnung, die ins mental-spirituelle Feld führt, erkennen wir uns wie folgt: „Ich bin ein unsterbliches spirituelles Wesen, das jenseits von Zeit und Raum existiert. Ich bin niemals geboren und werde niemals sterben. Ich bin immer frei gewesen und werde immer frei sein. Ich bin unzerstörbar und unangreifbar." Wie zuvor erwähnt, liegt hier die Obergrenze dessen, was viele erleben können. Man neigt dazu, dies für den befreiten Buddha-Zustand zu halten. Es ist jedoch nur eine weitere Stufe der Ausdehnung des Ich.

4. In der vierten Ausdehnung, im kosmisch-seelischen-Feld, offenbart sich das Ich-Gefühl als Ich des ganzen Universums, entsprechend erkennen wir uns als allgegenwärtiges Ich. In einer noch tieferen Identitätsschicht liegt im kosmisch-seelischen Feld ein Gefühl der Einheit mit der Energie und Intelligenz, die das Universum geboren hat.

5. In der fünften Ausdehnung, im Feld reinen Gewahrseins, erkennen wir unser Selbst wie in der weithin bekannten Yogi-Aussage „Ich bin das!" – ich bin also das göttliche, ursprüngliche Selbst, das vor aller Schöpfung besteht; das weiteste Ich, aus dem alle anderen Ich-Gefühle in diesem Universum gekeimt sind. Auch hier gibt es eine noch tiefere Schicht, ein vollständiges Aufgehen in das uranfängliche Nichts – ein unbeschreiblicher Zustand.

Sicher kann diese Beschreibung den Prozess, in dem sich die Selbst-Identität ausdehnt, nur teilweise erfassen (wer mehr wissen will, kann sich yogischen Schriften wie der Yoga Vasishta zuwenden oder die Hierarchien lesen, die große spirituelle Lehrer wie Maharishi Mahesh Yogi skizziert haben). Dennoch reicht diese Beschreibung aus, um diesen entscheidenden Punkt zu verdeutlichen: Wir sollten uns vom Persönlichsten zum Unpersönlichsten bewegen, vom Individuellen zum Universellen. Indem wir dies zunehmend tun, erkennen wir das ruhende

Potenzial des winzigen Ich-Gefühls, mit dem wir die Reise begonnen haben. Natürlich spottet die Bedeutung einer solchen Ausdehnung jeder Beschreibung – immerhin liegt in ihr die ergreifende Erkenntnis, dass wir, zumindest in einem gewissen Grad, Gott sind.

Die folgende Technik ist so gestaltet, dass sie dich Schritt für Schritt durch den Prozess der Ausdehnung des Ich führt und dein Bewusstsein so direkt mit dem erleuchteten Zustand des Selbst verbindet. Während wir in anderen Technik ein bestimmtes Objekt ausdehnen, dehnen wir hier das Subjekt selbst aus, unser Selbst also – und genau deswegen können wir mit dieser Technik so weit reichen, wie es überhaupt geht; bis in die Tiefen des fünften Felds, dem Feld reinen Gewahrseins.

Der Anfangspunkt dieser Technik ist das grundlegende Ich-Gefühl, das wir alle miteinander teilen. Wir sind meistens nicht daran gewöhnt, direkt mit ihm Kontakt aufzunehmen – unser Kontakt mit dem Ich-Gefühl ist normalerweise indirekt, vermittelt durch die zahllosen Empfindungen, Gedanken und Handlungen, die in Bezug zu ihm stehen. Dieses Ich ist wie die Wurzel eines dicken Baumes, und tatsächlich kann man ohne seine Hilfe überhaupt nichts spüren, fühlen oder wissen. Jeder Mensch sagt leichthin: „Ich denke... Ich fühle... Ich weiß... Ich hoffe... Ich liebe..." Aber wie viele von uns haben gemerkt, dass in der Wurzel all dieser Handlungen, Emotionen und Gedanken immer das gleiche und einmalige Ich liegt? Wir sind ihm vielleicht in Meditationen begegnet, wenn Gedanken, Emotionen und Empfindungen uns zeitweise verlassen haben und nur ein Gefühl reiner Existenz übrig blieb. Wir beginnen daher mit unserem grundlegenden Gefühl der eigenen Präsenz und lassen es fünf Ausdehnungen durchlaufen.

Das Gefühl des Ich kann uns auf die schnellste und direkteste Weise in das fünfte Feld führen. Sobald es von den Umständen und den alltäglichen Merkmalen und Definitionen befreit ist, die sich daran geheftet haben, durchbricht es seine Grenzen und wird schon bald danach allumfassend und unendlich. Aber dies reicht noch nicht aus: Mit jeder Ausdehnung erforschen wir sorgsam, welche Bedeutung die Evolution des Ich hat, da sich alles ändert, wenn das existenzielle Gefühl sich ausdehnt – das ist es, was Erleuchtung bedeutet. Wir untersuchen also, wie sich innere Eigenschaften verändern, wie die Beziehung zum Körper ist, welche Weltsicht es gibt, wie der Sinn des Lebens verstanden wird und welche Rolle wir dabei spielen, welche Beziehung wir zu Gedanken und Emotionen haben, welchen Willen, welches Verlangen und welche Entscheidungen im Leben wir aus diesem Zustand heraus treffen würden.

Es ist enorm wichtig, die Bedeutung dieser Transformation auf derart sorgfältige Weise zu untersuchen: Denn es ist eine Sache, in einem unergründlichen meditativen Zustand zu verweilen, in dem wir erkennen, dass unser Bewusstsein die Ewigkeit selbst ist. In jedem Moment diesen Zustand leben zu können, ist etwas ganz anderes. Es geht bei dieser Untersuchung in jedem Stadium des Prozesses also darum, diese Zustände in unser alltägliches und normales Bewusstsein zu integrieren – wir lernen mehr und mehr, das weiteste Selbst mit der Ebene des verengtesten Ich zu verbinden und die perfekte Mitte zwischen dem Erleuchtungszustand und einem Leben in der Welt zu finden. Wir sollten beharrlich lernen, aus diesen gewaltigen Zuständen nicht nur in die Schranken unseres Körpers und Geists zurückzukehren, sondern beides miteinander zu verbinden und so eine göttliche, kosmische, erleuchtete und unendliche Präsenz in die sichtbare Welt zu bringen.

Mit dem Ende des Ausdehnungsprozesses erreichen wir Absatz 23. Sein ganzer Zweck besteht darin, tiefe Verbindungen zwischen unserem unendlichen und universellen Selbst und dem eigentlichen Leben zu festigen. Viele sind, wenn sie zum ersten Mal mit dieser Technik üben, zu sprachlos und verblüfft, um irgendeine Form von Integration durchführen zu können. Das ist ganz normal: Wir sind nicht daran gewöhnt, derart weit ausgedehnt zu sein! Eine zweite Barriere liegt darin, dass wir uns zu sehr an dem reinen, ausgedehnten und mühelosen Zustand festhalten können und dann das Integrieren vermeiden, weil wir das Gefühl haben, weit weg von dem normalen Zustand zu sein, der voller Elend und Herausforderungen ist. In einem solchen Fall ist es gut, sich daran zu erinnern, dass dies eine typische Reaktion eines schwachen ersten Chakras ist. Für eine Person, die das Leben negativ erlebt und sich tief im Inneren wünscht, sich für immer davon zu lösen, ist es offenkundig verführerisch, ganz im ausgedehnten Zustand zu verbleiben. Erleuchtung ist aber keine raffinierte und subtile Art des Selbstmords – sie ist eine Wiedergeburt in das Leben selbst. Der integrierende Teil der Technik ist also keine optionale Luxus-Frage. In jeder Hinsicht widmen wir uns der Aufgabe, die Integration ins Leben zu tragen, weil das unermessliche Wunder unseres ausgedehnten Daseins sonst nie mehr sein kann als ein Samenkorn inneren Wissens, das sich nicht verwirklicht.

Viel Glück!

ÜBUNG:

White Light für die Ausdehnung der Selbst-Identität

1. Schließe die Augen. Atme langsam und tief, langsam und tief... Entspanne dich mehr und mehr mit jedem Atemzug... Richte deine Aufmerksamkeit auf das Gefühl deiner eigenen Präsenz, die Wahrnehmung der eigenen Existenz... Dies ist die reinste Wahrnehmung des „ICH BIN". Sie existiert noch vor jeglichen Gedanken und Gefühlen, noch vor dem „Ich fühle", „Ich denke" und sogar vor dem „Ich lebe". Es ist einfach ein „Ich bin" oder „Ich bin da"... Denk daran, dass das „Ich" das ist, was „Ich lebe", „Ich verstehe", „Ich liebe" und „Ich sehe" gemeinsam haben... Lass jetzt also alle Gefühle, Gedanken und Empfindungen los, die normalerweise mit deiner Wahrnehmung der eigenen Existenz einhergehen und richte deine Aufmerksamkeit ganz einfach auf das Sein an sich... (Gib dir einige Minuten Zeit, um dich still darin zu vertiefen).

2. Wende deine Aufmerksamkeit nun deinem „Ich bin“ zu, der Wahrnehmung deiner Existenz, dem grundlegenden Gefühl „Ich existiere“... Atme in das „Ich bin“ hinein, bewege dich in seine Tiefe, in seinen Kern... Sprich es aus: Wie fühlt es sich an?... Was noch?... Schau, welcher Teil deines Körpers am stärksten damit verbunden ist... finde eine Form oder ein Bild... eine Farbe... eine Empfindung... und einen Geruch...
3. Nun atme in das „Ich bin“ und lasse es sich mehr und mehr ausdehnen. Lass es deinen ganzen Körper und dein ganzes Wesen durchdringen... indem du (...den Teil des Körpers) und (...das Bild oder die Form) nutzt, atme und dehne es aus, atme und dehne es aus, bis es seine äußerste Grenze erreicht, bis es sich nicht weiter ausdehnen kann. Sprich die Bitte aus: „ICH BIN, zeig’ dich mir ganz!“... Gib mir ein Zeichen, wenn du spürst, dass das „Ich bin“ seine äußerste Grenze erreicht hat und sich nicht mehr weiter ausdehnen kann...
4. Gib dem ausgedehnten „Ich bin“ einen Namen... Atme in (... ausgedehnter Name) hinein. Bewege dich in seine Tiefe, in seinen Kern... Sprich es aus – wie fühlt es sich an?... Was sind deine Eigenschaften und Merkmale als (...ausgedehnter Name)?... Was ist aus diesem Selbstverständnis heraus deine Beziehung zu deinem Körper?... Wie nimmst du als (...ausgedehnter Name) die Welt wahr?... Wie verstehst du als (...ausgedehnter Name) den Sinn des Lebens?... Wie nimmst du als (...ausgedehnter Name) deine Rolle in der Welt wahr?... Würdest du aus diesem Zustand heraus deinen täglichen Gedanken und Gefühlen anders begegnen?... Auf welche Weise?... Was ist dein Wille als (...ausgedehnter Name)?... Würdest du aus diesem Zustand heraus andere Entscheidungen in deinem Leben treffen?... Welche Entscheidungen würdest du dann treffen?... Wie nimmst du als (...ausgedehnter Name) die Entscheidungen wahr, die du bist jetzt getroffen hast?... Kannst du also sehen, wie sich alles verändert, wenn deine Selbstwahrnehmung eine andere ist?...

5. Wasche aus diesem Selbst heraus dein gesamtes Wesen mit weißem Licht: deine Gefühle... Gedanken... Empfindungen... Codiere deinen Körper-Geist-Komplex: „Verwandele dich in das Licht des (...Name der ausgedehnten Identität)!"...
6. Schau, welcher Teil deines Körpers am stärksten mit diesem Zustand verbunden ist...finde eine Form oder ein Bild...eine Farbe...eine Empfindung... und einen Geruch...
7. Nun atme in (...Name der ausgedehnten Identität) und lasse es sich mehr und mehr ausdehnen. Lass es deinen ganzen Körper und dein ganzes Wesen durchdringen. Indem du (...den Teil des Körpers) und (...das Bild oder die Form) nutzt, atme und dehne es aus, atme und dehne es aus, bis es seine äußerste Grenze erreicht, bis es sich nicht weiter ausdehnen kann. Sprich die Bitte aus: „(...Name der ausgedehnten Identität), zeig' dich mir ganz!"... Gib mir ein Zeichen, wenn du spürst, dass (...Name der ausgedehnten Identität) seine äußerste Grenze erreicht hat und sich nicht mehr weiter ausdehnen kann...
8. Gib dem ausgedehnten „Ich bin" einen Namen... Atme in (...ausgedehnter Name). Bewege dich in seine Tiefe, in seinen Kern... Sprich es aus – wie fühlt es sich an?... Was sind deine Eigenschaften und Merkmale als (...ausgedehnter Name)?... Was ist aus diesem Selbstverständnis heraus deine Beziehung zu deinem Körper?... Wie nimmst du als (...ausgedehnter Name) die Welt wahr?... Wie verstehst du als (...ausgedehnter Name) den Sinn des Lebens?... Wie nimmst du als (...ausgedehnter Name) deine Rolle in der Welt wahr?... Würdest du aus diesem Zustand heraus deinen täglichen Gedanken und Gefühlen anders begegnen?... Auf welche Weise?... Was ist dein Wille als (...ausgedehnter Name)?...Würdest du aus diesem Zustand heraus andere Entscheidungen in deinem Leben treffen?... Welche Entscheidungen würdest du dann treffen?... Wie nimmst du als (...ausgedehnter Name) die Entscheidungen wahr, die du bis jetzt getroffen hast?... Kannst du also sehen, wie sich alles verändert, wenn deine Selbstwahrnehmung eine andere ist?...

9. Wasche aus diesem Selbst heraus dein gesamtes Wesen mit weißem Licht: deine Gefühle... Gedanken... Empfindungen... Codiere deinen Körper-Geist-Komplex: „Verwandele dich in das Licht des (...Name der ausgedehnten Identität)!"...
10. Schau, welcher Teil deines Körpers am stärksten mit diesem Zustand verbunden ist... finde eine Form oder ein Bild... eine Farbe... eine Empfindung... und einen Geruch...
11. Nun atme in (...Name der ausgedehnten Identität) und lasse es sich mehr und mehr ausdehnen. Lass es deinen ganzen Körper und dein ganzes Wesen durchdringen. Indem du (...den Teil des Körpers) und (...das Bild oder die Form) nutzt, atme und dehne es aus, atme und dehne es aus, bis es seine äußerste Grenze erreicht, bis es sich nicht weiter ausdehnen kann. Sprich die Bitte aus: „(...Name der ausgedehnten Identität), zeig' dich mir ganz!" ...Gib mir ein Zeichen, wenn du spürst, dass (...Name der ausgedehnten Identität) seine äußerste Grenze erreicht hat und sich nicht mehr weiter ausdehnen kann...
12. Gib dem ausgedehnten „Ich bin" einen Namen... Atme in (... ausgedehnter Name) hinein. Bewege dich in seine Tiefe, in seinen Kern... Sprich es aus – wie fühlt es sich an?... Erkennst du, dass sich all das hinter deinem alltäglichen Selbstverständnis versteckt?... Was sind deine Eigenschaften und Merkmale als (...ausgedehnter Name)?... Was ist aus diesem Selbstverständnis heraus deine Beziehung zu deinem Körper?... Wie nimmst du als (...ausgedehnter Name) die Welt wahr?... Wie verstehst du als (...ausgedehnter Name) den Sinn des Lebens?... Wie nimmst du als (...ausgedehnter Name) deine Rolle in der Welt wahr?... Würdest du aus diesem Zustand heraus deinen täglichen Gedanken und Gefühlen anders begegnen?... Auf welche Weise?... Was ist dein Wille als (...ausgedehnter Name)?... Würdest du aus diesem Zustand heraus andere Entscheidungen in deinem Leben treffen?... Welche Entscheidungen würdest du dann treffen?... Wie nimmst du als (...ausgedehnter Name) die Entscheidungen wahr, die du bist jetzt getroffen hast?... Kannst du also sehen, wie sich

alles verändert, wenn deine Selbstwahrnehmung eine andere ist?…

13. Wasche aus diesem Selbst heraus dein gesamtes Wesen mit weißem Licht: deine Gefühle... Gedanken... Empfindungen... Codiere deinen Körper-Geist-Komplex: „Verwandele dich in das Licht des (...Name der ausgedehnten Identität)!“…
14. Schau, welcher Teil deines Körpers am stärksten mit diesem Zustand verbunden ist...finde eine Form oder ein Bild...eine Farbe...eine Empfindung... und einen Geruch…
15. Nun atme in (...Name der ausgedehnten Identität) und lass es sich mehr und mehr ausdehnen. Lass es deinen ganzen Körper und dein ganzes Wesen durchdringen. Indem du (...den Teil des Körpers) und (...das Bild oder die Form) nutzt, atme und dehne es aus, atme und dehne es aus, bis es seine äußerste Grenze erreicht, bis es sich nicht weiter ausdehnen kann. Sprich die Bitte aus: „(...Name der ausgedehnten Identität), zeig' dich mir ganz!“... Gib mir ein Zeichen, wenn du spürst, dass (...Name der ausgedehnten Identität) seine äußerste Grenze erreicht hat und sich nicht mehr weiter ausdehnen kann…
16. Gib dem ausgedehnten „Ich bin“ einen Namen... Atme in (... ausgedehnter Name) hinein. Bewege dich in seine Tiefe, in seinen Kern... Sprich es aus – wie fühlt es sich an?... Erkennst du, dass sich all das hinter deinem alltäglichen Selbstverständnis versteckt?... Was sind deine Eigenschaften und Merkmale als (...ausgedehnter Name)?... Was ist aus diesem Selbstverständnis heraus deine Beziehung zu deinem Körper?... Wie nimmst du als (...ausgedehnter Name) die Welt wahr?... Wie verstehst du als (...ausgedehnter Name) den Sinn des Lebens?... Wie nimmst du als (...ausgedehnter Name) deine Rolle in der Welt wahr?... Würdest du aus diesem Zustand heraus deinen täglichen Gedanken und Gefühlen anders begegnen?... Auf welche Weise?... Was ist dein Wille als (...ausgedehnter Name)?... Würdest du aus diesem Zustand heraus andere Entscheidungen in

deinem Leben treffen?... Welche Entscheidungen würdest du dann treffen?...Wie nimmst du als (...ausgedehnter Name) die Entscheidungen wahr, die du bis jetzt getroffen hast?... Kannst du also sehen, wie sich alles verändert, wenn deine Selbstwahrnehmung eine andere ist?...

17. Wasche aus diesem Selbst heraus dein gesamtes Wesen mit weißem Licht: deine Gefühle... Gedanken... Empfindungen... Codiere deinen Körper-Geist-Komplex: „Verwandele dich in das Licht des (...Name der ausgedehnten Identität)!"...
18. Schau, welcher Teil deines Körpers am stärksten mit diesem Zustand verbunden ist... finde eine Form oder ein Bild... eine Farbe... eine Empfindung... und einen Geruch...
19. Nun atme in (...Name der ausgedehnten Identität) hinein und lasse es sich mehr und mehr ausdehnen. Lass es deinen ganzen Körper und dein ganzes Wesen durchdringen. Indem du (...den Teil des Körpers) und (...das Bild oder die Form) nutzt, atme und dehne es aus, atme und dehne es aus, bis es seine äußerste Grenze erreicht, bis es sich nicht weiter ausdehnen kann. Sprich die Bitte aus: „(...Name der ausgedehnten Identität), zeig' dich mir ganz!"... Gib mir ein Zeichen, wenn du spürst, dass (...Name der ausgedehnten Identität) seine äußerste Grenze erreicht hat und sich nicht mehr weiter ausdehnen kann...
20. Gib dem ausgedehnten „Ich bin" einen Namen... Atme in (...ausgedehnter Name). Bewege dich in seine Tiefe, in seinen Kern... Sprich es aus – wie fühlt es sich an?... Erkennst du, dass sich dies hinter deinem alltäglichen Selbstverständnis versteckt?... Was sind deine Eigenschaften und Merkmale als (...ausgedehnter Name)?... Was ist aus diesem Selbstverständnis heraus deine Beziehung zu deinem Körper?... Wie nimmst du als (...ausgedehnter Name) die Welt wahr?... Wie verstehst du als (...ausgedehnter Name) den Sinn des Lebens?... Wie nimmst du als (...ausgedehnter Name) deine Rolle in der Welt wahr?... Würdest du aus diesem Zustand heraus deinen täglichen Gedanken und

Gefühlen anders begegnen?... Auf welche Weise?... Was ist dein Wille als (...ausgedehnter Name)?... Würdest du aus diesem Zustand heraus andere Entscheidungen in deinem Leben treffen?... Welche Entscheidungen würdest du dann treffen?... Wie nimmst du als (...ausgedehnter Name) die Entscheidungen wahr, die du bis jetzt getroffen hast?... Kannst du also sehen, wie sich alles verändert, wenn deine Selbstwahrnehmung eine andere ist?...

21. Wasche aus diesem Selbst heraus dein gesamtes Wesen mit weißem Licht: deine Gefühle... Gedanken... Empfindungen... Codiere deinen Körper-Geist-Komplex: „Verwandele dich in das Licht des (...Name der ausgedehnten Identität)!"...
22. Schau, welcher Teil deines Körpers am stärksten damit verbunden ist...finde eine Form oder ein Bild... eine Farbe... eine Empfindung... und einen Geruch...
23. Erkennst du, dass all das DU BIST, dass dies nicht nur eine weitere Erfahrung dieses oder jenes Zustands ist, sondern vielmehr deine innerste Selbstidentität?... Du bist (...Name der Identität von Absatz 20)... Ja, wir sind zu deinem ursprünglichen Selbst zurückgekehrt – von deinem dichtesten Selbst zurück zu deinem ganz ausgedehnten Selbst... Erzähle mir die Geschichte als (... Name der ausgedehnten Identität von Absatz 20), deine Reise vom Beginn der Schöpfung – tue das in der Rolle des Ich-Erzählers... Was ist die Absicht deiner Reise?... Was ist dein Antrieb für diese Reise?... Nimm dich wahr, in deiner Ganzheit, von deinem ganz ausgedehnten bis hin zu deinem dichtesten und persönlichsten Selbst... Jetzt erlaube deinem ganz ausgedehnten Selbst, in dein dichtestes Selbst einzutreten, das mit einem konkreten Körper und Geist in Raum und Zeit verbunden ist – erlaube dem ganz ausgedehnten Selbst (...Name des ausgedehnten Selbst von Absatz 20), durch (...Name des ausgedehnten Selbst von Absatz 16) in das dichteste Selbst hineinzufließen... von (...Name des ausgedehnten Selbst von Absatz 16) durch das

(...Name des ausgedehnten Selbst von Absatz 12)... und von (...Name des ausgedehnten Selbst von Absatz 12) durch das (...Name des ausgedehnten Selbst von Absatz 8)... und von (...Name des ausgedehnten Selbst von Absatz 8) durch das (...Name des ausgedehnten Selbst von Absatz 4) – bis du schließlich dein dichtestes, am stärksten begrenztes „Ich bin" erreichst... und dann betrachte dein aktuelles Leben aus Sicht dieser Identität. Was ist jetzt deine Beziehung zu deinem persönlichen Leben? ... Sieh genau hin, wie lebt dieses ausgedehnte Selbst (...Name des ausgedehnten Selbst von Absatz 20) in der Welt von Raum und Zeit?... Wie würdest du von jetzt an entsprechend deiner ausgedehnten Identität (...Name der ausgedehnten Identität von Absatz 20) handeln und dich verhalten?... Tauchen neue Impulse aus deinem Inneren auf, Impulse von deiner wahrhaftigen, uralten Reise?... Höre nicht auf, bis du die gesamte Verbindung und Brücke zwischen deinem ausgedehnten Selbst (Name des ausgedehnten Selbst von Absatz 20) und deiner ganz alltäglichen und begrenzten Erfahrung im Körper spürst... Kannst du die Verbindung sehen?... (Du kannst nun zwei- bis drei Minuten still meditieren).

24. Gib deinem Körper-Geist-Komplex die Anweisung, sich anhand dieser wichtigen und tiefgreifenden Erinnerung neu zu codieren: „Körper-Geist-Komplex, verwandle dich in das erweiterte Selbst, das „ICH BIN"... Bade dich ein letztes Mal in der ausgedehnten Identität (...Name der ausgedehnten Identität von Absatz 20), um die Erinnerung an dich selbst und deine Befreiung zu vertiefen... Bevor du deine Augen öffnest, kannst du wählen, in deinem Herzen mit dieser Identität in Kontakt zu bleiben, auch in deinem alltäglichen Bewusstseinszustand. Jetzt kannst du deine Augen sanft öffnen.

Ein Erfahrungsbericht

E., 62 Jahre alt, nach ihrer ersten Erfahrung mit White Light für die Selbst-Identität:

„Es war eine innere Reise, wie ich sie noch nie erlebt habe! Am Anfang habe ich das Ich-Gefühl im Zentrum des Körpers gesehen, als eine Art helle Ellipse. Aber schon in der ersten Ausdehnung bin ich in einen Zustand aufgestiegen, den ich ‚Die Quelle des Denkens' genannt habe. Dieser Zustand war mit dem Herzen verbunden und es gab darin einen unaufhörlichen, strahlenden Strom der Weisheit. Der Körper spielte keine Rolle mehr, er war nur noch ein Werkzeug dieser Weisheit. Die Bedeutung des Lebens auf dieser Ebene war, als Leitmedium der Weisheit zu dienen und Wissen zu verbreiten. Alles fühlte sich stärker konzentriert an, gleichzeitig aber auch fließender. In der zweiten Ausdehnung habe ich strahlende Liebe erreicht. Wie ein goldener Lichtstrahl, der sich ausdehnen und alles überfluten will. In diesem Zustand gab es den Wunsch, mit anderen meine Fülle zu teilen. Die Welt zeigte sich als Schauplatz, in dem sich alles gegenseitig beeinflusst und an dem ich harmonisch und aktiv teilhaben sollte. Ich habe gelernt, dass meine Teilnahme an der Gesamtheit umso größer sein kann, je offener ich bin. In der dritten Ausdehnung habe ich die Weisheit des Herzens erreicht – eine Ausdehnung, die Herz und Weisheit zusammenführt, Emotionen und Liebe mit Wissen, alles war hier mit einer glänzend strahlenden Hülle umgeben. In dieser Ausdehnung ist in mir ein ungewohnter Drang erwacht, mich immer tiefer in der Welt zu verwurzeln und ihr mein Herz zu geben. In der vierten Ausdehnung ging es noch tiefer. Ich erreichte eine allumfassende Ebene. Hier ist der Drang, mich mit anderen zu verbinden – einen echten Dialog zu führen, Nähe ohne jedes Gefühl der Trennung zu spüren – noch mehr erwacht.In der fünften Ausdehnung schließlich habe ich das Maximum dessen erreicht, was für mich an diesem Tag möglich war: Eine Ausdehnung, die ich, weil ich keine anderen Worte mehr dafür hatte, das weiße Licht nannte. Auf dieser Ebene hatte ich keine Eigenschaften und Merkmale mehr, ich

war vollkommen von der Welt befreit. Ich hatte in dieser Ausdehnung nur einen Wunsch – jeden Ort, an dem es dieses Licht nicht gab, mit Licht zu füllen. Alles andere erschien mir irrelevant.

Es war das authentischste Selbst, das ich jemals in mir entdeckt habe, ein ursprüngliches und unbeflecktes Selbst. Scheinbar existierte es schon seit Anfang aller Zeiten, als es sonst noch nichts gab: keinen Körper, keine Gedanken und keine Welt – und dennoch war es bereits ein Feld großer Macht, nicht eine Art Vakuum. Ich habe mir einfach nur noch gewünscht, zu sein, denn ich wusste, dass alles aus sich selbst heraus geschieht. Von dieser Ebene aus habe ich mein persönliches Leben betrachtet und gesehen, dass es ganz harmonisch sein kann, frei von Reibungen und Sorgen, da das Strahlen des weißen Lichts alles erhellt, was geschieht. Je harmonischer das Leben ist und je weniger Hintergrundgeräusche es gibt, desto mehr kann man tiefere Schichten enthüllen und sich mit einer neuen Leichtigkeit bewegen. Auf dieser Ebene war mir klar, dass das weiße Licht alles erhellen und so alle Hindernisse und Probleme mühelos aus dem Weg räumen kann."

Die große Bestimmung der Ausdehnung

Die Kraft, die uns dazu bringt, das Bewusstsein auszudehnen, ist nicht nur der Wunsch, frei von Leiden zu sein. Tatsächlich passt die Sehnsucht nach einer Befreiung von Leiden nur zu den frühesten Stadien unserer Evolution. Manchmal nutzen wir die ausgedehnten Zustände auch aus, um vor dem Leben zu flüchten. Im Laufe der Zeit, wenn das Leiden abnimmt und die positiven Elemente unseres Wesens immer aktiver werden, sehen wir jedoch, dass es eine fundamentale Kraft gibt, die uns dazu bringt, das Ausdehnen fortzusetzen.

Ich nenne diese Kraft den Drang zur Vereinigung. Dieser Drang ist nichts Persönliches, es ist der Wille des Lebens selbst, der in uns pulsiert. Sein Ursprung liegt in den feinstofflichen Feldern des Universums und keimt vielleicht zum ersten Mal in unserem mental-spirituellen Feld, wenn wir den Drang spüren, uns spirituell zu entwickeln. Ich behaupte, dass dieser Drang die Antriebskraft echter Spiritualität ist. Gleichzeitig ist er auch die Antriebskraft der enormen evolutionären Bewegung, die wir heute kennen: der Prozess der Entwicklung des gesamten Universums – von der Ebene der Physik zur Ebene der Chemie und von der Ebene der Chemie zur Ebene der Biologie, von der biologischen Ebene zur Ebene der Selbsterkenntnis und von ihr zu den feinstofflichen Feldern des Bewusstseins. Der Kosmos an sich wird vom Drang zur Vereinigung angetrieben. Es ist der ständige Drang, Beschränkungen hinter uns zu lassen und alle Teile im größeren Ganzen aufgehen zu lassen. Es ist der Drang, neue, vielschichtige Strukturen zu erschaffen und auch der Drang, fortwährend alle vorhandenen Grenzen zu überschreiten und den nächsten Schritt zu tun.

So schreibt Beatrice Bruteau, eine zeitgenössische Theoretikerin spiritueller Evolution, über das Wesen der Evolution: „Es gibt im Leben einen grundsätzlichen Drang zu wachsen, sich auszudehnen, neu zu werden und erneuert. Wir könnten sogar sagen, dass am Leben sein heißt, sich in einem ständigen Prozess zu befinden, in dem eine neue Schöpfung entsteht. Dies passiert im kleinen Maßstab mit jeder biologischen Form, die wir kennen, und es geschieht im großen Maßstab mit dem Universum als Ganzem. Mindestens eine zeitgenössische Sichtweise sieht den Kosmos als ein einziges, dynamisches, sich entwickelndes Wesen, das durch eine Reihe verschiedener Zustände geht, in denen seine Formen und innerlichen Beziehungen immer neue Muster annehmen. Einige Evolutionstheoretiker weisen darauf hin, dass sich die Komplexität der Muster auf jeder Entwicklungsstufe steigert. Evolution ist also ein Zeitraum, in dem einfache Ordnungsformen sich zu komplexeren Ordnungsformen entwickeln. Damit einher geht ein wachsendes Bewusstsein, ein Gefühl der Einheit innerhalb der organisierten Ganzheit also. Man stellt sich diesen Prozess für gewöhnlich als eine Reihe aufeinanderfolgender kleiner Schritte vor. Aber manchmal gibt es einen großen Schritt. Große Schritte geschehen, wenn die kosmische Ordnung zu einer weiteren Ebene der Komplexität übergeht.

Dies geschieht, indem die Elemente der vorhergehenden Ebene vereint werden...Die gesamte Evolution hat sich durch eine Reihe kreativer Vereinigungen vorwärtsbewegt. Komplexere und bewusstere Wesen formen sich aus der Vereinigung weniger komplexer und weniger bewusster Elemente. Subatomare Teilchen formen sich zu Atomen, Atome vereinen sich zu Molekülen, Moleküle vereinen sich, um Zellen zu bilden und Zellen vereinen sich, um Organismen zu bilden. Auf jeder dieser Ebenen reproduziert sich das gleiche Muster, bei dem etwas Neues, Komplexeres und Bewussteres geschaffen wird, indem sich das weniger Komplexe und Bewusste miteinander vereint. Weil wir zurückschauen und das Muster sehen können, wie es sich wiederholt...können wir das Muster ableiten und in die Zukunft projizieren und uns auf eine weitere kreative Vereinigung freuen, in der wir die Elemente sein werden, die sich vereinen."[2] (s. S. 269)

Alles ist mit dem Verlangen gefüllt, sich auszubreiten und auszudehnen, mit dem Verlangen, keine gefangene Struktur mehr zu sein, sondern in komplexere und weniger eingeschränkte Strukturen aufzugehen. Alles strebt danach, sich auf eine komplexere, bewusstere und intelligentere Ebene des Daseins vorwärtszubewegen. Dies ist die Kraft, welche die menschliche Gattung letztlich dazu gebracht hat, sich von der natürlichen Evolutionsrichtung des Planeten zu lösen und eine eigene Fähigkeit des Denkens und der Reflexion zu entwickeln. Dies ist die Kraft, die für jeden erstaunlichen Evolutionssprung verantwortlich ist, der im Universum passiert ist, und daher ist dies auch die Kraft, die die Entwicklung vom Affen zum Menschen bewirkt hat. Es ist auch die Kraft, die für den Sprung vom normalen menschlichen Bewusstsein in ein ausgedehntes und spirituell befreites Bewusstsein sorgen wird.

Jedes Mal, wenn wir das Verlangen haben, eine Ausdehnung durchzuführen, bedeutet das, dass die unvollständigen und begrenzten Anteile in uns ihre Grenzen durchbrechen und in das Weitere und Vollkommenere aufgehen wollen. Das Verlangen nach Ausdehnung führt uns, wenn wir ihm erlauben, uns von allen Schranken zu befreien, zur

Erkenntnis des vollen Potenzials unseres Bewusstseins: Wir erkennen die fünf Felder, stabilisieren uns darin und erreichen letztlich spirituelle Befreiung.

Der Drang zur Vereinigung hat in der Ausdrucksform des menschlichen Bewusstseins nur ein einziges Interesse: Er will über Grenzen hinausgehen, will stets herausfinden, was jenseits der gegenwärtigen Stufe des Bewusstseins liegt und das verwirklichen, was vollkommener und umfassender ist. Letztlich ist also der Ausdehnungsprozess im White Light nichts anderes als eine Möglichkeit, diesen Drang aufzuwecken. Es ist eine Möglichkeit, ihn im Menschen zu aktivieren. Ein Abbauen und ein Wiederaufbauen jeder einzelnen Ebene, ein Aufnehmen und Transzendieren jedes möglichen Zustands, eine ständige Bewegung, die das Bekannte zurücklässt und ein Fragen, das seinen Blick auf die Schwelle zum Unbekannten richtet. In diesem Sinne ist der Drang zur Vereinigung nicht nur die Antwort auf die Sehnsucht, die in den Tiefen unseres ursprünglichen Wesens liegt, das keine Grenzen und Einschränkungen kannte, er ist auch ein Drang, der sich in die Zukunft richtet: Er strebt danach, ein immer komplexeres, intelligenteres und achtsameres Bewusstsein und Leben zu schaffen; er will das Leben selbst ausdehnen und auf diese Weise eine neue Zukunft kreieren.

Der Drang zur Vereinigung hat einen großen Vorteil: Er hält ein ständiges Maß evolutionärer Anspannung aufrecht – jene Spannung, die zwischen einem Potenzial und seiner Verwirklichung besteht. Vielleicht missverstehen wir die Bedeutung der spirituellen Reise und glauben, ihr Zweck bestünde darin, uns in einen Zustand zu führen, in dem alle Spannung aufhört und totale Gelassenheit eintritt. Wir sollten jedoch darauf achtgeben, dass die positive Anspannung im Leben nicht aufhört. Das Leben kennt auch eine positive Frustration und ebenso ein positives Bestreben, die beide ihrem Wesen nach der Evolution dienen. Wir entdecken sie genau dann, wenn wir das Leben positiver und friedlicher erleben, wenn der Drang zur Vereinigung sich in die Kraft verwandelt, die unser ganzes Wesen antreibt.

Ausdehnung und die Zukunft der Menschheit

Jedes Mal, wenn ich zwischen den Teilnehmern eines White Light-Seminars umhergehe, während sie den Ausdehnungsprozess üben, ist eins unbestreitbar: Der Raum wird von der kraftvollen Vibration der feinstofflichen Felder des Bewusstseins überflutet. In solchen Momenten lächele ich oft still und zufrieden, da es mir offensichtlich scheint, dass sich nicht nur das Leben und das Bewusstsein der Teilnehmer ändern werden, nachdem sie in einen direkten Kontakt mit den Feldern getreten sind. Auch in der planetarischen Struktur an sich und im kollektiven menschlichen Bewusstsein wandelt sich etwas, wenigstens bis zu einem gewissen Grad, als Folge eines solchen Seminars. Man kann letztlich definitiv annehmen, dass jeder Durchbruch in die Felder des Bewusstseins, selbst wenn er in einem relativ kleinen Ausmaß passiert, es allen anderen Menschen deutlich einfacher macht, das Gleiche zu tun.

Das in mancher Hinsicht umstrittene Phänomen, das als „Prinzip des hundertsten Affen“ bezeichnet wird, kann hierfür als Beispiel dienen. Viele kennen den Bericht japanischer Wissenschaftler über die ansteckenden Verhaltensmuster von Affen aus der Mitte der siebziger Jahre. Die Wissenschaftler beobachteten im Jahre 1952 Makaken-Affen auf der japanischen Insel Koshima. Sie fanden heraus, dass einige der Affen sich angewöhnt hatten, Süßkartoffeln zu waschen und dass die jüngere Generation der Affen diese Gewohnheit allmählich übernahm. Auf wundersame Weise schien es, als habe diese Gewohnheit unter den Affen der Insel eine Art Eigendynamik entwickelt, sie breitete sich auf benachbarte Inseln aus, wo ein ähnliches Verhalten beobachtet wurde. Der Biochemiker Rupert Sheldrake bezog sich auf diesen Fall, um die Existenz von Feldern zu belegen (welche er selbst als morphogenetische Felder bezeichnet). Seither ist diese Geschichte zu einem beliebten Beispiel geworden, das zeigen soll, wie eine Idee oder ein Bewusstseinszustand sich über die menschliche Bevölkerung hinweg ausbreiten kann. Die Idee wird zu einem selbstverständlichen Bestandteil des allgemeinen Bewusstseins, sobald sie bei einer ausreichenden Anzahl von Menschen Fuß gefasst hat.

Selbstverständlich ist diese bekannte Studie anfechtbar, und dennoch sind wir mit der White Light-Methode ebenfalls auf dieses Phänomen gestoßen. In den ersten Stadien der Methode fanden viele Menschen den Prozess der Ausdehnung sehr schwierig, sie mussten sich dafür stark anstrengen und große Konzentration aufbringen – und zwar in einem solchen Maße, dass die Lehrer der Methode bei den ersten Treffen zunächst Techniken anwendeten, die der Entspannung und mentalen Flexibilität dienten, damit sie in der nächsten Sitzung dann den eigentlichen Prozess der Ausdehnung angehen konnten. Seltsamerweise gibt es heute – mehr als vier Jahre, nachdem der Prozess der Ausdehnung entwickelt wurde – fast niemanden mehr, der Schwierigkeiten mit diesem Prozess hat. Teenager, ältere Menschen, Männer und Frauen, spirituell Suchende und Geschäftsmänner: Fast jeder dehnt problemlos aus und erreicht das mental-spirituelle Feld. Ich gehe nicht davon aus, dass dies daher rührt, dass wir mit der Zeit überzeugender geworden sind – schließlich sind die Anleitungen der Techniken noch immer die gleichen wie ganz am Anfang und die Lehrer lesen sie einfach laut vor. Ich nehme an, der Grund ist, dass sich die Gewohnheit der Ausdehnung auf ansteckende Weise in den kollektiv geteilten Feldern verbreitet hat.

Das Bewusstsein der meisten Menschen hat sich noch nicht in einem Maße entwickelt, dass sie den persönlichen Befreiungsprozess, den sie durchlaufen, im breiteren Kontext der Evolution des Bewusstseins und der Zukunft der Menschheit sehen können. Daher haben die meisten Menschen, die in diesem Stadium White Light-Prozesse erleben, ohne ihr Wissen Anteil an einem umwälzenden Ereignis: der Entstehung eines komplexeren, intelligenteren und wissenderen Bewusstseins, das dazu bestimmt ist, eine entscheidende Rolle in der Zukunft der Menschheit und des gesamten Planeten zu spielen.

Die Tatsache, dass viele sich immer leichter damit tun, mit den feinstofflichen Feldern des Bewusstseins Kontakt aufzunehmen, ist für sich genommen bereits ein enormer evolutionärer Sprung für die Menschheit. Über Tausende von Jahren hinweg galt als sicher, dass ein Kontakt mit den feinstofflichen Feldern nur als Resultat einer enormen Anstrengung – viele Jahre der Meditation und spirituelle Praktiken etwa – und einer göttlichen Gnade geschehen kann. Jetzt dringen selbst Menschen, die keinerlei Erfahrungen mit dem Meditieren und kein spirituelles Vorwissen haben, mit erstaunlicher Leichtigkeit in sehr tiefe Bewusstseinszustände vor. Mehr noch, sie lernen sogar, sie für unterschiedliche Zwecke zu nutzen. Das Aufkommen der feinstofflichen Felder als Schichten des menschlichen Bewusstseins und die Entdeckung ihrer praktischen Aspekte bringen bedeutende Implikationen mit sich. Darunter das Ende des psychologischen Leidens und das Aufkommen einer neuen post-psychologischen Ära. Vor allem aber kann die Aktivität der Felder das menschliche Gehirn neu formen und ihm eine neue Ebene der Verarbeitung erschließen, die wie als Zuhören und Einsicht beschreiben können. Ein solches Gehirn kann uns einen Zugang zu kreativen und holistischen Lösungswegen erschließen, der konfliktbeladenen Dynamik der Welt ein Ende setzen und eine noch unbekannte Intelligenz offenlegen.

Wenn viele Menschen mit ihrem Bewusstsein Zugang zu den feinstofflichen Feldern haben, kann der Drang zur Vereinigung mehr und mehr als zentrale Antriebskraft im menschlichen Wesen erwachen. Der Drang zur Vereinigung ist das Element, das uns dazu bringt, die Zukunft zu gestalten und unsere Entwicklung voranzutreiben. Es ist die zutiefst positive Kraft, die den Menschen zum Handeln bringen kann – der Wille, ewig weiter zu wachsen, weil die positive Spannung des Lebens gespürt wird. Der Drang zur Vereinigung bringt uns dazu, alle Dimensionen unseres Wesens und unseres Lebens immer weiter auszudehnen. Durch ihn kann das ekstatische Bewusstsein ein neues Potenzial menschlicher Existenz enthüllen und neue Möglichkeiten, unsere momentane Lebenserfahrung zu transzendieren, können sich entfalten. Unserem Bewusstsein, Herz, Gehirn, unseren Gedanken und Emotionen sind keine Grenzen gesetzt, sie können sich immer weiter ausdehnen und entwickeln. Anders, als Zyniker meinen, kann man keinesfalls behaupten, das alles sei bereits geschehen: Es gibt jenseits der jetzigen Grenzen immer noch Neues zu entdecken.

Die vielleicht entscheidendste Veränderung, die die Entdeckung der feinstofflichen Felder mit sich bringt, ist jedoch das Aufkommen einer absoluten Eigenautorität. Die Ausdehnung der Selbst-Identität durch die Felder weckt in uns zunehmend das Gefühl, dass wir für alles verantwortlich sind – immerhin konnten wir in der Ausdehnung sehen, dass sich der gesamte Kosmos in unserem Ich verbirgt. Das Universum liegt also in unserem Bewusstsein, und somit gibt es außer uns niemand anderen. Bei dieser Erkenntnis, dass es keine Kraft außerhalb des Menschen gibt, handelt es sich nicht um Größenwahn. Sie bedeutet, dass eine volle Verantwortung dafür übernommen wird, die Zukunft zu gestalten, und dies vielleicht zum ersten Mal in der Geschichte der Menschheit. Sobald wir aufhören, uns von externen und schicksalsleitenden Kräften abhängig zu wähnen, lassen wir auch alle Hoffnung und alles Warten sein. Daraus folgt direkt, dass nur wir die Welt zur Hölle machen können – und nur wir können sie in ein Paradies verwandeln.

Im Unterbewusstsein der Menschheit liegen immer noch Erinnerungszusammenhänge aus der Zeit, als große Religionen unsere Weltsicht formten. Alle großen Religionen basieren auf Versprechungen, Hoffnung und Warten: Sei es das Warten auf den Messias oder das Ende aller Zeiten, oder sei es, dass wir gut zu sein versuchen, damit wir in der künftigen Welt oder im Himmelreich unseren Platz verdienen. Wir erleben uns deshalb immer noch als Opfer einer riesigen Welt, fragen uns, warum es Böses in der Welt gibt, ob Gott existiert und warum es überhaupt so etwas wie Leiden gibt. Nun können wir aufwachen und der einfachen Tatsache ins Gesicht sehen, dass Leid und das Böse nichts weiter als das direkte Resultat einer niedrigen Bewusstseinsebene sind. Das Böse und das Leiden werden also enden, wenn ein höherer Bewusstseinszustand erreicht ist.

Während unsere Selbst-Identität sich ausdehnt und allumfassend wird, verwandeln wir uns in erstaunlicher Weise, bis man in uns keine Spur einer gebeutelten Persönlichkeit mehr finden kann: Wir sind aufgewacht und spüren nun ein ungeheures Gefühl der Verantwortung, wir fließen über mit der Leidenschaft, uns für eine bessere Welt einzusetzen und die Zukunft zu gestalten und wir erkennen, dass wir selbst die Quelle der Güte, Fülle, Weisheit und Liebe sind. Wir spüren, wie in uns (aus dem vierten, kosmisch-seelischen Feld) der Drang aufsteigt, den Lauf des Lebens zu erschaffen und mitzugestalten, wir begreifen, dass Gott sich, sofern er dort draußen tatsächlich existiert, genau dies wünscht: dass wir Partner werden, die die Schöpfung mitgestalten, und dass wir mehr und mehr die Aufgabe schultern sollten, ein Leben zu führen, das in jeder Hinsicht bewusst ist. Um es in religiöser Weise auszudrücken: Der Sohn sollte eines Tages selbst zum Vater werden.

Nur, wenn die Selbst-Identität sich weiterentwickelt, kann dieses neue Selbst, das mit seinem Vorgänger nichts mehr gemein hat, entstehen – dem alten Selbst, das die Welt in einen derart schwierigen und konfliktreichen Schauplatz verwandelt hat. In einem kleinen Maßstab können wir mit dieser Tatsache immer dann in Berührung kommen, wenn wir die Ausdehnungen im White Light für die Selbst-Identität erleben.

Meiner Meinung nach hängt die Zukunft der Menschheit vollkommen von der Entwicklung des Bewusstseins ab. Die Qualität des Bewusstseins bestimmt unsere Gegenwart und auch die Zukunft. Wenn sich das Bewusstsein nicht auf entscheidende Weise weiterentwickelt, könnte der Mensch auf der uns wohlbekannten psychologischen Ebene gefangen bleiben. Entsprechend bliebe er auch ein Gefangener seiner konditionierten Gedankenstrukturen, deren Natur es ist, sich immerzu im Kreis zu bewegen, konfliktreich zu sein und sich radikalen Veränderungen zu widersetzen. Ohne eine erhebliche Weiterentwicklung des Bewusstseins können wir es nicht schaffen, unserer Bestimmung zu entsprechen und den wundersamen Himmel auf Erden zu schaffen. Genau dies ist das Geschenk einer transformativen Spiritualität, die wir aus irgendeinem Grund als esoterische Beschäftigung für Menschen, „die sich selbst suchen“, zu sehen gewohnt sind: Sie schenkt uns die Werkzeuge, mit deren Hilfe wir uns in Richtung dieses ersehnten Bewusstseins bewegen können. Dieses Bewusstsein hat die Kraft, eine Zukunft und eine Menschheit zu schaffen, die einer ganz neuen Ordnung folgen.

s. S. 45 ff. und S. 55 ff.

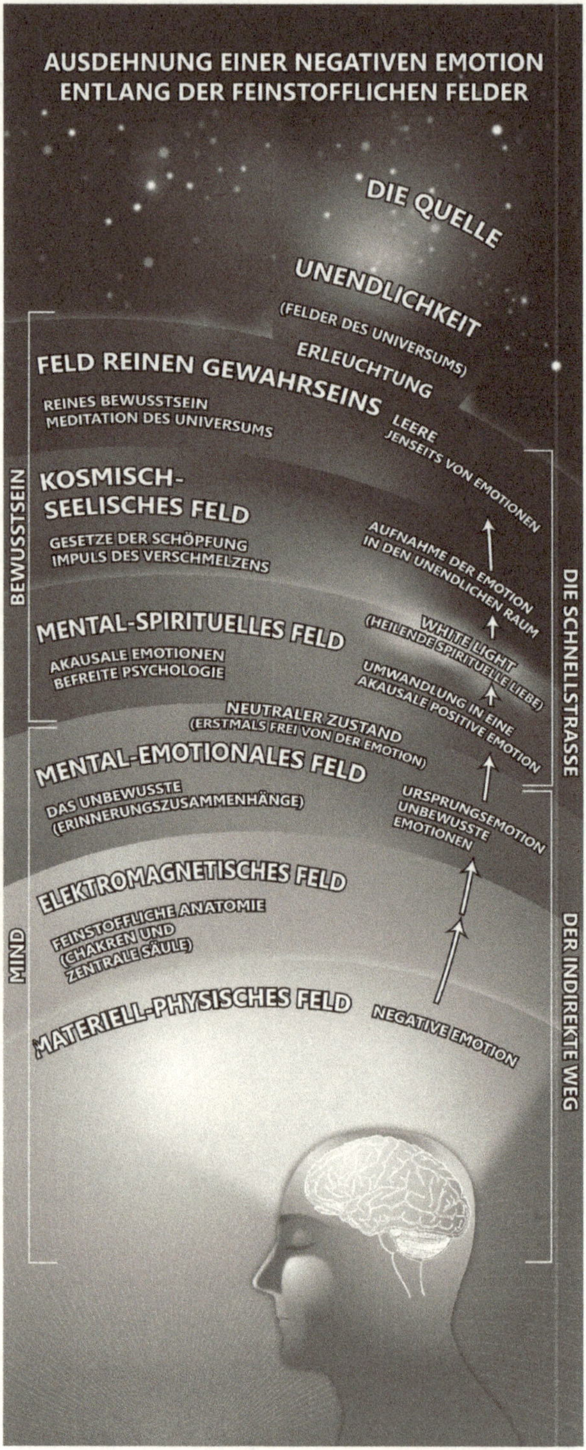

s. S. 127 ff.

Infografiken von Oliver Bruehl - www.oliverbruehl.de

Über den Autor

Shai Tubali wurde 1976 in Israel geboren. Er ist Autor zahlreicher Veröffentlichungen in hebräischer und englischer Sprache. Sein Erstlingswerk *Die Sprache des Körpers* gewann den jährlichen Buchpreis des israelischen Bildungs- und Kulturministeriums. In Israel, Indien und Deutschland hat Tubali in den letzten zwölf Jahren zahlreiche Teilnehmer in spiritueller Transformation und Therapie unterrichtet.

In seiner Lehre kombiniert Tubali psychologische Erkenntnisse mit yogischen Lehren über die Chakren und spirituelle Erleuchtung. Er hat „White Light" entwickelt, eine Methode zur Bewusstseinsarbeit, mit der jeder Mensch sein Bewusstsein ausdehnen kann. Dieser ausgedehnte Zustand kann zur Heilung und Transformation genutzt werden. Tubali wurde in der yogischen ‚Nityananda Tradition' als vollständig befreiter (erleuchteter) Lehrer anerkannt. Inzwischen lebt und lehrt er vorwiegend in Deutschland.

Informationen zu Seminaren, Ausbildungen und Events unter:

www.thewhitelight.de

Quellen

1 Frankl, Viktor (1970): Man's search for meaning: an introduction to Logotheraphy, translation: Haim Isaac, Tel Aviv, Israel, Dvir.

2 Bruteau, Beatrice (2002): A song that goes on singing, WIE magazine, Ausgabe 21.

Aufwachen –
und was kann ich tun?

Alle, die schon länger auf dem spirituellen Weg sind, kennen die brennende Frage: „Und – was kann ich tun?" Selten wurde diese Frage so umfassend und praktisch beantwortet wie in diesem Buch.

Man kann sehr viel tun: Es braucht ein radikales Anhalten und ein Entdecken, wer ich wirklich bin. Ein wahrer Schatz an Übungen und praktischen Hinweisen lädt zum Ausprobieren ein und macht die Auszüge aus einem Retreat mit Christian Meyer lebendig und erfahrbar.

www.zeitundraum.org

Christian Meyer
Aufwachen
Der Weg der inneren Erfahrung
270 Seiten, Broschur
ISBN 978-3-89901-174-6

j kamphausen
weltinnenraum.de